全国高等教育自学考试指定教材

广告学

（含：广告学自学考试大纲） 课程代码 13142

（2024年版）

全国高等教育自学考试指导委员会 组编

主编 王 昕

中国人民大学出版社
· 北京 ·

中国人民大学出版社自考数字教材配套数字资源使用指南

凡是购买正版教材的考生，可凭封面的兑换码免费兑换教材配套数字资源。

数字资源获取方法和使用说明如下：

（1）扫描并关注“人大社 e 自考”微信公众号。

（2）点击“课程中心”中的子菜单“兑换中心”。

（3）刮开本书所附卡片涂层，获取数字资源兑换码，即可兑换教材配套数字资源。

（4）在“课程中心”中的子菜单“我的课程”里找到已兑换的课程进行学习。

如兑换码有误或有其他问题，请关注“人大社 e 自考”微信公众号并留言。

组编前言

21 世纪是一个变幻莫测的世纪，是一个催人奋进的时代。科学技术飞速发展，知识更替日新月异。希望、困惑、机遇、挑战，随时随地都有可能出现在每一个社会成员的生活之中。抓住机遇，寻求发展，迎接挑战，适应变化的制胜法宝就是学习——依靠自己学习、终身学习。

作为我国高等教育组成部分的自学考试，其职责就是在高等教育这个水平上倡导自学、鼓励自学、帮助自学、推动自学，为每一个自学者铺就成才之路。组织编写供读者学习的教材就是履行这个职责的重要环节。毫无疑问，这种教材应当适合自学，应当有利于学习者掌握和了解新知识、新信息，有利于学习者增强创新意识，培养实践能力，形成自学能力，也有利于学习者学以致用，解决实际工作中所遇到的问题。具有如此特点的书，我们虽然沿用了“教材”这个概念，但它与那种仅供教师讲、学生听，教师不讲、学生不懂，以“教”为中心的教科书相比，已经在内容安排、编写体例、行文风格等方面都大不相同了。希望读者对此有所了解，以便从一开始就树立起依靠自己学习的坚定信念，不断探索适合自己的学习方法，充分利用自己已有的知识基础和实际工作经验，最大限度地发挥自己的潜能，达到学习的目标。

欢迎读者提出意见和建议。

祝每一位读者自学成功。

全国高等教育自学考试指导委员会

2023 年 6 月

目 录

组编前言

广告学自学考试大纲

广告学

全国高等教育自学考试

广告学
自学考试大纲

全国高等教育自学考试指导委员会　制定

大纲前言

为了适应社会主义现代化建设事业的需要，鼓励自学成才，我国在 20 世纪 80 年代初建立了高等教育自学考试制度。高等教育自学考试是个人自学、社会助学和国家考试相结合的一种高等教育形式。应考者通过规定的专业课程考试并经思想品德鉴定达到毕业要求的，可获得毕业证书；国家承认学历并按照规定享有与普通高等学校毕业生同等的有关待遇。经过 40 多年的发展，高等教育自学考试为国家培养造就了大批专门人才。

课程自学考试大纲是规范自学者学习范围、要求和考试标准的文件。它是按照专业考试计划的要求，具体指导个人自学、社会助学、国家考试及编写教材的依据。

为更新教育观念，深化教学内容方式、考试制度、质量评价制度改革，更好地提高自学考试人才培养的质量，全国考委各专业委员会按照专业考试计划的要求，组织编写了课程自学考试大纲。

新编写的大纲，在层次上，本科参照一般普通高校本科水平，专科参照一般普通高校专科或高职院校的水平；在内容上，及时反映学科的发展变化以及自然科学和社会科学近年来研究的成果，以更好地指导应考者学习使用。

全国高等教育自学考试指导委员会

2024 年 6 月

Ⅰ　课程性质与课程目标

一、课程性质和特点

“广告学”是全国高等教育自学考试市场营销、公共关系、新闻学等多个专业的一门课程，是为培养和检验自学考试考生的广告学基础理论、基本知识和基本技能而设置的。这门课程既是深入学习广告学理论和技能的基础性课程，也是了解和掌握广告活动的一般知识和规律、提升广告学素养的普及性课程。

二、课程目标

作为深入学习广告学理论和技能的基础性课程，“广告学”可使考生比较全面地了解广告活动的目标、流程，理解广告学覆盖的范围和研究的重点，了解适用于广告学各门课程的一般知识和理论，了解广告的基础理论、历史和基本规律。通过这一基础性课程的学习，将为考生进一步深入学习广告学专业的理论课程以及实践课程创造有利条件。

“广告学”课程设置的目标是使考生能够：

（1）比较全面地了解广告相关概念和定义的内涵与外延，理解广告的类型和特点，熟悉广告活动的参与主体和基本流程，了解广告行业和广告理论发展的历史进程和未来趋势，树立正确的广告专业观念和思维，了解基本的广告法规，正确识别并分析常见的广告伦理现象。

（2）比较全面地理解广告的导向观念、广告的三重价值，从心理学的角度理解和分析广告作用的梯级分布；理解并把握广告内容加工和生产的三个原则，理解广告作为交叉学科与心理学、社会学、传播学以及营销学的关联；建立全面、系统的广告专业知识结构。

（3）了解和掌握广告的构成要素，熟悉广告分类的八个依据，并能在实际研究和分析广告现象和广告活动中进行熟练运用，对广告活动流程和结构形成基础认知。

（4）了解广告发展简史，掌握媒介发展历程以及中外广告发展的重要时间阶段的特点和代表性史实；掌握广告学说溯源和发展历程，了解数位著名广告人的专业思想、创新观点和标志性案例。

（5）熟悉广告产业各主体的定义、职责、功能及各自参与广告活动的方式，了解新的传播技术环境下各广告主体的变化趋势和发展方向；理解广告产业链的整体结构、主要环节和合作方式；了解新型广告产业的结构变化和发展趋势。

（6）熟悉我国广告法规体系，了解广告法规的演变历程和广告管理前沿，了解广告伦理的原则和常见问题。

（7）为进一步学习广告学专业知识和技能打下基础。

三、与相关课程的联系和区别

“广告学”作为市场营销、公共关系、新闻学等专业的一门课程，是考生全面理解相关专业知识体系、构建完整专业知识图谱的重要内容，其内容涵盖广告学基础理论、基本规律和应用技能，体现了广告学专业知识体系的整体面貌，是考生系统学习和理解广告学的基础，在市场营销、公共关系、新闻学等专业的人才培养中发挥着重要的基础性作用。

四、课程的重点与难点

本课程重点内容为：对广告、广告活动、广告产业的基本认识，如何塑造正确的广告观，广告内容的三个原则，广告的学科属性，广告的定义及要素，广告活动的流程与结构，广告学说溯源及发展历程，广告主的职责与分类，广告公司的操作流程，我国媒体结构的主要特点，数字媒介的特点及应用，广告产业链结构等。

本课程难点内容为：广告定义的演进与再造，广告的三重价值，广告作用的梯级分布，广告的分类，媒介发展历程，数字媒体环境对企业营销理念的影响，数字媒体环境对广告公司的影响，融媒体环境，数字媒体环境对广告的影响，新型广告产业的结构变化和发展趋势等。

另外，由于本课程的交叉融合性特点较强，内容涵盖广告学专业理论和技能的方方面面，又面对媒体传播环境的快速变迁，不确定性较强，这些因素的组合构成了一定的课程难点。

Ⅱ 考核目标

本大纲在考核目标中，按照识记、领会、简单应用和综合应用四个层次规定考生应达到的能力层次要求。四个能力层次是递进关系，各能力层次的含义是：

识记（Ⅰ）：要求考生能够识别和记忆本课程中有关广告学的概念、原理、方法的主要内容，并能够根据考核的不同要求，作出正确的表述、选择和判断。

领会（Ⅱ）：要求考生能够领悟和理解本课程中有关广告学的概念、原理、方法的内涵及外延，理解广告学相关知识的区别和联系，并能够根据考核的不同要求对广告实践活动的相关问题进行分析、论证和思考，作出正确的判断、解释和说明。

简单应用（Ⅲ）：要求考生能够根据已知的广告活动面临的环境和基础条件，对广告活动及实践问题进行理论结合实践的分析和论证，对广告活动的定位、目标和执行环节进行正确的分析研究或作出正确的判断、选择。

综合应用（Ⅳ）：要求考生能够根据已知的广告活动面临的环境和基础条件，对广告活动的相关问题进行包括营销策划、内容创意和执行传播等方面的综合分析和论证，初步提出解决企业营销问题的综合方案。

Ⅲ　课程内容与考核要求

第一章　广告与广告学

一、学习目的与要求

通过本章的学习，考生对广告的内涵及广告学的研究对象和内容有较全面、正确的了解与认识；重点掌握广告定义的演进路径、广告定义的再造方向以及不同时期广告定义存在的共性特征、广告学的研究对象和研究方法等内容。

二、课程内容

（一）什么是广告
（二）广告定义之古今流变
（三）广告学的研究对象、内容及研究方法

三、考核知识点与考核要求

（一）什么是广告

1. 识记：广告。

2. 领会：（1）“广告”一词的发展；（2）广告学在中国的发展；（3）广告学在西方国家的发展。

3. 简单应用：分析广告学在中国和在西方国家的出现动因及发展背景的异同。

（二）广告定义之古今流变

1. 识记：（1）1890 年西方国家的广告定义；（2）1894 年美国的广告定义；（3）李叔同的广告观点；（4）蔡元培的广告观点；（5）徐宝璜的广告观点；（6）戈公振的广告观点；（7）1932 年美国的广告定义；（8）1948 年美国的广告定义；（9）1995 年到 2015 年中国的广告定义；（10）2015 年广告的定义；（11）2016 年广告的定义；（12）多元视角的广告定义。

2. 领会：（1）广告定义的共性特征；（2）广告定义演变的原因和动力；（3）不同时期广告定义的局限性；（4）新时期广告定义再造的重点问题；（5）广告定义中变化最显著的部分。

3. 综合应用：（1）不同时期广告定义流变的特点和原因；（2）重新定义广告需要把

握的要素。

（三）广告学的研究对象、内容及研究方法

1. 识记：（1）理论广告学；（2）应用广告学；（3）历史广告学。

2. 领会：（1）理论广告学的研究内容；（2）应用广告学的研究内容；（3）历史广告学的研究内容；（4）实证研究范式；（5）思辨研究范式。

3. 简单应用：（1）广告学的学科体系；（2）广告学研究内容之间的关系。

4. 综合应用：广告专业学习中如何实现三个领域的均衡发展？

四、本章重点、难点

本章的重点是广告的定义及要素；广告定义的古今流变；具有代表性的广告定义；广告定义的共性特点；广告学研究的主要内容。本章的难点是广告定义演变的原因和动力；不同时期广告定义的局限性；新时期广告定义再造的重点问题。

第二章　广告概述

一、学习目的与要求

通过本章的学习，考生从总体上认识广告的基本知识，理解什么是正确的广告观念，如何树立广告导向观念，进而明确广告的价值、作用以及广告内容应符合的三个原则；了解广告学作为综合性学科的基本属性，为以后学习广告学专业知识的具体内容奠定基础。

二、课程内容

（一）塑造正确的广告观

（二）树立广告导向观念

（三）广告的三重价值

（四）广告作用的梯级分布

（五）广告内容的三个原则

（六）广告学的学科属性

三、考核知识点与考核要求

（一）塑造正确的广告观

1. 识记：广告观。

2. 领会：为什么塑造正确广告观对学习广告至关重要？

3. 简单应用：如何在广告学习和实践中塑造正确的广告观？

（二）树立广告导向观念

1. 识记：广告导向观念的相关要求。

2. 领会：（1）广告导向问题的演变历程；（2）强调广告导向问题的现实意义；（3）广

告导向观念对广告实践的指导作用。

3. 简单应用：简述树立广告导向观念需要注意的四个问题。

（三）广告的三重价值

1. 识记：（1）广告的国家价值；（2）广告的产业价值；（3）广告的企业价值。

2. 领会：（1）理解广告的三重价值之间的关系和影响；（2）分别举出几个相关的例证来说明广告的三重价值；（3）广告在推广国家形象和理念方面可以发挥的作用。

3. 简单应用：（1）广告的国家价值体现在哪些方面？（2）广告的产业价值体现在哪些方面？（3）广告的企业价值与品牌构建之间有什么关系？

4. 综合应用：结合实践案例，说说广告在企业走向国际、提升品牌资产价值方面可以发挥哪些作用？

（四）广告作用的梯级分布

1. 识记：（1）广告在感受层面的作用；（2）广告在心理层面的作用；（3）广告在行为层面的作用。

2. 领会：（1）提高广告感受层面作用的方法；（2）提高广告心理层面作用的方法；（3）消费者个性特征；（4）产品的固有属性；（5）产品外部因素；（6）消费环境。

3. 简单应用：如何理解广告的作用并不存在逻辑递进次序这一观点？

4. 综合应用：在广告实践中，广告作用的梯级分布可以给我们哪些实践指导和理论借鉴？

（五）广告内容的三个原则

1. 识记：（1）应俗；（2）语言规范性；（3）逻辑诱导；（4）广告的女性观念；（5）适度原则。

2. 领会：（1）应俗的广告有哪些特征？（2）为什么广告不能“应俗”？（3）广告在设置逻辑诱导的时候应当注重哪些问题？（4）如何把握广告中的“度”？（5）广告中应当如何呈现对生活的思考？

3. 简单应用：如果请你制作一则环保主题的公益广告，你会选取哪些极致化案例进行情感表现？

（六）广告学的学科属性

1. 识记：（1）广告学出现的背景和过程；（2）心理学；（3）刺激-反应原理；（4）马斯洛需求层次理论；（5）异质性原理；（6）社会学；（7）参照群体；（8）亚文化；（9）传播学；（10）5W 模式；（11）传播效果；（12）意见领袖；（13）营销学；（14）市场细分；（15）产品生命周期；（16）整合营销传播。

2. 领会：（1）广告学的综合学科属性表现在哪些方面？（2）心理学为广告提供了哪些理论和方法的支撑与借鉴？（3）社会学为广告提供了哪些理论和方法的支撑与借鉴？（4）传播学为广告提供了哪些理论和方法的支撑与借鉴？

3. 综合应用：试着在学完所有广告学专业课程之后，根据相关学科与广告学的关系，绘制出你自己头脑中的广告学专业理论的知识地图。

四、本章重点、难点

本章的重点一是领会树立正确的广告观和广告导向观念的重要性，并理解为什么要树立和如何树立；重点二是理解广告价值的梯级分布，从微观到宏观的不同层级，广告在传播中体现了什么样的价值，学生应当如何去理解相应的价值层级，建立对于广告价值的整体认识。本章的难点是从心理学的角度去理解广告作用的梯级分布，这是科学评价广告效果的核心依据。

第三章　广告的定义及类别

一、学习目的与要求

通过本章的学习，考生深入理解广告的常见定义，并能够剖析广告定义中的相关要素；能够根据不同的广告活动进行广告分类，了解各种类型广告之间的差异和分类标准的依据及价值，同时建立对广告活动的一般流程和结构的基本认识。

二、课程内容

（一）广告的定义及要素
（二）广告的分类
（三）广告活动的流程与结构

三、考核知识点与考核要求

（一）广告的定义及要素

1. 识记：(1) 广告出资人；(2) 媒介；(3) 广告传播内容；(4) 广告活动；(5) 劝服；(6) 广告活动参与者；(7) 广告人。

2. 领会：(1) 广告的非人员性；(2) 广告传播内容的“有形”和“无形”；(3) 广告活动的有偿性；(4) 广告活动的组织性；(5) 广告活动的劝服性。

3. 简单应用：(1) 简述广告活动的参与者；(2) 广告活动主要参与者的职责与分工；(3) 分别基于广告人的狭义内涵和广义内涵谈谈对广告活动的理解。

（二）广告的分类

1. 识记：(1) 消费者广告；(2) 行业广告；(3) 印刷媒介广告；(4) 电子媒介广告；(5) 数字互动广告；(6) 地方性广告；(7) 区域性广告；(8) 全国性广告；(9) 国际广告；(10) 产品广告和企业形象广告；(11) 告知性广告；(12) 竞争性广告；(13) 提示性广告；(14) 铺垫性广告；(15) 理解广告；(16) 确信广告；(17) 行动广告；(18) 商业广告；(19) 公共广告。

2. 领会：(1) 基本需求广告和选择性广告；(2) 直接响应广告和延迟响应广告；(3) 理性诉求广告；(4) 感性诉求广告。

3. 简单应用：(1) 产品不同生命周期与广告的关系；(2) 感性诉求广告和理性诉求

广告分别有什么特点？如何结合具体情况选择广告的诉求方式？（3）基本需求广告有哪些功能？应当如何运用？

4. 综合应用：（1）结合广告实践活动进行广告的分类，理解不同类型的广告对企业的营销传播活动有哪些具体的作用；（2）能够根据不同维度划分广告的类型；（3）能够从心理学和营销学的视角理解感性诉求广告和理性诉求广告、直接响应广告和延迟响应广告等不同类型广告的理论依据和实际应用。

（三）广告活动的流程与结构

1. 识记：（1）广告的目标；（2）痛点；（3）市场分析；（4）品牌差异性；（5）语言钉；（6）视觉锤。

2. 领会：（1）广告塑造品牌差异性的基本步骤；（2）广告信息如何抵达用户心智？

3. 综合应用：参考《保鲜铝钛箔广告设计》案例，选取一个旅游品牌，制定其广告活动流程。

四、本章重点、难点

本章的第一个重点是广告的分类标准和主要的广告类型，要求学生能够根据具体的广告活动需要进行广告分类标准的选取，形成相应的广告类别，有助于广告活动的开展和研究；本章的第二个重点在于对于广告活动的基本流程和结构建立理解和认知，要求在头脑中建立广告活动开展的一般性方法和流程，熟悉广告的关键节点和要素。本章的第一个难点是理解不同广告类型存在的差异，理解广告分类标准的适用范围，进行有针对性的调整和转换。是否能够与具体的营销环境和目标相结合，进行广告活动流程的设计，是本章的第二个难点。

第四章　广告发展简史

一、学习目的与要求

通过本章的学习，考生对媒介发展的历程，中国从古代到现代广告发展的整体历程以及外国广告发展的重要历史阶段及相关标志性历史节点有基本的认识和了解；重点掌握媒介发展的特点与变化路径、我国改革开放后广告的发展历程、外国广告发展与经济环境变化之间的关系等主要内容。

二、课程内容

（一）媒介发展概述
（二）中国广告简史
（三）外国广告简史——以美国为例

三、考核知识点与考核要求

（一）媒介发展概述

1. 识记：（1）媒介；（2）符号；（3）文字；（4）纸媒介；（5）电波媒介；（6）现代

传媒

2. 领会：(1) 示现传播系统；(2) 再现传播系统。

3. 简单应用：(1) 简述人类传播从符号到文字的发展演变过程；(2) 简述现代传媒发展的主要阶段和整体历程。

(二) 中国广告简史

1. 识记：(1) 口头广告；(2) 音响广告；(3) 实物陈列；(4) 悬物广告；(5) 招牌广告；(6) 彩楼广告；(7) 印刷广告；(8)《察世俗每月统记传》；(9)《遐迩贯珍》；(10)《申报》；(11) 月份牌；(12) 城市景观广告；(13) 闵泰广告社；(14) 中华广告公会。

2. 领会：(1) 山东济南刘家针铺的广告中的品牌意识；(2) 古代广告的特征及局限；(3) 近代广告的主要类型；(4) 民国时期广告对中华民族爱国热情的体现。

3. 简单应用：简述改革开放以来中国广告发展的主要阶段和各自特点。

4. 综合应用：从类型、特征等方面对比古代广告和现代广告的发展变化情况，并在此基础上思考古代广告对现代广告的借鉴和启发。

(三) 外国广告简史——以美国为例

1. 识记：(1) 约翰内斯·古登堡；(2)《波士顿新闻信》；(3) 本杰明·富兰克林；(4) 媒介掮客；(5) 广告代理公司；(6) 媒介零细化；(7) 广告集团。

2. 领会：(1) 大生产时期美国广告业发生巨变的原因和驱动力；(2) 调查对于广告活动的意义和价值；(3) 广告公司业务拓展与收费模式之间存在不同步问题的原因。

3. 简单应用：(1) 从媒介掮客公司到广告代理公司的转型是如何出现的？(2) 美国广告公司业务多元化探索与中国广告公司的业务拓展有哪些异同？(3) 广告对于塑造和引领美国的社会认知发挥了哪些具体作用？

4. 综合应用：对比中国改革开放至今和美国广告发展的历程，谈谈两国广告业在环境和发展路径方面存在的主要差异。

四、本章重点、难点

本章的重点是通过媒介发展的历程，理解中国改革开放以来广告业发展的不同阶段和主要特点以及美国广告业发展的经验。要求学生在全面了解中外广告发展历程的基础上，对于主要的广告发展阶段进行深入分析和思考，能够理解并掌握其中的关键知识点和发展脉络，在研究历史的同时对广告业当前和未来的发展进行延伸性思考。本章的难点在于对广告发展历史的梳理和思考，包括：如何认识媒介变迁对广告的影响，如何进行古今广告形式和理论层面的对比研究，古代广告活动对今天的广告研究有哪些借鉴和启发等。

第五章 广告学说

一、学习目的与要求

通过本章的学习，考生能够理解广告具有的交叉学科属性和由此形成的广告学说特点；重点掌握广告学说的起源和发展过程，熟悉对广告学说发展演进作出卓越贡献的多位专家学者；对早期著名广告人的思想和代表性案例形成深入理解，并结合当前的市场环境进行应用和借鉴。

二、课程内容

（一）广告学说的边界
（二）广告学说溯源及发展历程
（三）著名广告人的思想及作品

三、考核知识点与考核要求

（一）广告学说的边界

1. 识记：（1）广告学的交叉学科属性；（2）广告学的综合学科属性。

2. 领会：（1）广告学的交叉属性；（2）广告学学理建构；（3）跨学科研究；（4）广告学理论体系。

3. 简单应用：如何理解关于“广告学学理建构在不断地演化发展”这一观点？

（二）广告学说溯源及发展历程

1. 识记：（1）乔治·罗厄尔和《印刷品》；（2）沃尔特·迪尔·斯科特和《广告原理》；（3）《广告心理学》；（4）福泽谕吉和《告商人书》；（5）滨田四郎和《实用广告法》；（6）山崎繁树和笠原正树；（7）徐宝璜和《新闻学》；（8）戈公振和《中国报学史》；（9）沃尔特·迪尔·斯科特；（10）美国广告教师协会；（11）北京大学新闻学研究会；（12）《报业管理概论》；（13）A. C. 尼尔森；（14）丹尼尔·斯塔奇；（15）读者反应；（16）乔治·盖洛普；（17）美国广告学会。

2. 领会：（1）广告研究的系统化；（2）广告教育的起步；（3）市场营销教育发展对广告教育的影响。

3. 简单应用：广告学发展成独立学科的过程。

4. 综合应用：从广告学发展历程来看，广告学的独立学科属性是如何逐步确立起来的？

（三）著名广告人的思想及作品

1. 识记：（1）阿尔伯特·拉斯克尔；（2）史丹利·雷索；（3）雷蒙德·罗必凯；（4）李奥·贝纳；（5）威廉·伯恩巴克；（6）克劳德·霍普金斯；（7）罗素·瑞夫斯；（8）大卫·奥格威。

2. 领会：（1）品牌喜好因素试验；（2）感性推销；（3）品牌虚拟人物。

3. 简单应用：（1）列举几个中国品牌应用比附定位进行广告活动的案例并进行分析；（2）结合案例简要说明，USP理论适用于达成什么样的品牌塑造目标。

4. 综合应用：结合案例，分析和总结某品牌在构建自身品牌形象和广告活动过程中的主要经验和存在的问题。

四、本章重点、难点

本章的重点是广告学说的溯源及发展过程，要求学生全面掌握中国和外国广告专业从实践探索到专业教育的转型发展过程，理解多元学科与广告专业的融合路径，初步建立广告专业的学理性框架和整体的理论结构；熟悉广告理论奠基人的代表性观点和作品。本章的难点是对具有一定历史纵深的史实和发展脉络进行总结归纳，从而最终形成对广告专业理论架构的整体性认知。

第六章　广告主概述

一、学习目的与要求

通过本章的学习，考生可以了解广告主的定义、职责与分类；掌握企业广告部门的价值、主要类型和主要职责，企业品牌经理制度与广告的关系，广告效果测量方式；重点掌握广告主与品牌之间的互动关系，数字媒体环境如何影响企业的营销理念等内容。

二、课程内容

（一）广告主的定义、类型与职责
（二）企业广告部门与品牌经理制度
（三）数字媒体环境对企业营销理念的影响

三、考核知识点与考核要求

（一）广告主的定义、类型与职责

1. 识记：(1) 广告主；(2) 广告主的类型；(3) 广告主的职责。

2. 领会：(1) 地方性广告主；(2) 区域性广告主；(3) 全国性广告主；(4) 跨国广告主。

3. 简单应用：广告主选择合适的广告公司需要考虑的因素。

（二）企业广告部门与品牌经理制度

1. 识记：(1) 企业广告部门；(2) 企业品牌经理制度；(3) 品牌。

2. 领会：(1) 设立企业广告部门的意义；(2) 企业广告部门的主要类型；(3) 企业广告部门的主要职责；(4) 品牌经理制度的优势。

3. 简单应用：(1) 广告经理的主要责任；(2) 企业品牌经理制度与广告的关系；(3) 广告主与品牌之间的互动关系。

4. 综合应用：为什么广告部门的存在并不能取代广告公司？

（三）数字媒体环境对企业营销理念的影响

1. 识记：(1) 数字媒体环境？(2) 广告效果测量。

2. 领会：(1) 企业营销正在经历何种变革？(2) 广告主可采取何种方式来实现合作伙伴的多元化？(3) 广告主与品牌如何找到更具创意的方式来吸引和留住消费者的注意力？

3. 简单应用：(1) 消费升级、媒介技术进步以及受众特点出现变化，企业的营销理念如何作出调整？(2) 数字媒体时代背景下，企业应如何适应新的广告效果测量方式？

4. 综合应用：（1）数字媒体环境如何影响企业的营销理念？（2）数字媒体快速发展的背景下，传统媒体的广告模式是否仍有价值？

四、本章重点、难点

本章的重点是广告主的职责及重要性，要求考生通过具体案例，掌握企业广告部门与品牌经理制度的作用；知晓品牌与广告主之间至关重要的密切关系；企业营销如何在传统媒体与数字媒体之间取得平衡。本章的难点是考生应明确知晓在数字媒体环境下，广告主应具备哪些营销观念以及制定何种营销策略，才能适应新的形势，既能满足现代消费者的需求，提升产品销量，也能维护和传播品牌优势，从而在竞争激烈的营销市场中获得成功。

第七章　广告公司概述

一、学习目的与要求

通过本章的学习，考生了解广告公司的定义和类型；熟悉广告公司的操作流程和实施步骤，并理解数字媒体环境对广告公司的影响；掌握广告公司的组织结构和内部运作模式，并学习成功的广告公司是如何在数字时代抓住机遇、应对新的挑战等。

二、课程内容

（一）广告公司的定义及发展

（二）广告公司的类型

（三）广告公司的操作流程

（四）广告公司的组织结构

（五）数字媒体环境对广告公司的影响

三、考核知识点与考核要求

（一）广告公司的定义及发展

1. 识记：广告公司。

2. 领会：（1）广告公司的起源和演变；（2）广告公司的角色与职责；（3）广告公司的社会责任和影响；（4）广告公司的价值观；（5）广告公司的商业道德和行业标准。

3. 简单应用：（1）广告公司在品牌建设中起什么作用？（2）广告公司如何帮助客户塑造品牌形象？

（二）广告公司的类型

1. 识记：（1）综合广告代理服务公司；（2）专业广告代理公司；（3）专属广告公司；（4）创意工作室；（5）媒介购买公司；（6）网络广告公司。

2. 领会：（1）综合广告代理服务公司的业务范围；（2）专业广告公司的服务项目。

3. 简单应用：结合具体案例，探讨专属广告公司的优点和缺点。

4. 综合应用：试举例说明哪些是综合广告代理服务公司，哪些是专业广告公司，以及这些公司对应的成功案例。

（三）广告公司的操作流程

1. 识记：（1）市场调研；（2）策划；（3）创意设计；（4）制作和生产；（5）发布和推广。

2. 领会：广告公司市场调研流程。

3. 简单应用：（1）广告公司策划的主要步骤；（2）广告公司创意设计的主要步骤；（3）广告公司制作和生产阶段的工作内容；（4）广告公司的发布和推广流程。

4. 综合应用：结合具体案例，分析广告公司的操作流程及对应的活动。

（四）广告公司的组织结构

1. 识记：（1）资源集中式结构；（2）小组作业中心制；（3）客户部门；（4）市场调研部门；（5）广告策划部门；（6）创意部门；（7）媒介部门；（8）制作部门。

2. 领会：（1）综合广告代理公司的组织形态；（2）广告代理公司为客户提供的服务。

3. 简单应用：广告公司的人员配置及分工方式，可用具体实例进行说明。

4. 综合应用：结合案例，分析广告公司设置了哪些职能部门和职位，以及对应的具体功能和作用。

（五）数字媒体环境对广告公司的影响

1. 识记：（1）虚拟现实（VR）；（2）增强现实（AR）；（3）社交媒体；（4）社交媒体营销；（5）社交媒体影响者合作；（6）视频内容；（7）互动广告；（8）用户参与；（9）用户生成内容（UGC）。

2. 领会：（1）数字化广告的创意和制作；（2）数字媒体环境中，广告公司如何做到精准定位；（3）数字媒体环境中，广告公司如何实现个性化营销；（4）社交媒体营销的效果；（5）数字媒体广告的实施数据分析和效果追踪效果；（6）移动设备广告优化效果；（7）数字媒体广告的网络安全和隐私保护。

3. 简单应用：（1）分析数字媒体时代，视频内容的作用，以及视频内容为何能够触动观众内心并引起观众共鸣，最终实现广告营销效果；（2）结合具体实例，分析互动广告的优势和特征。

4. 综合应用：结合具体案例，分析新兴媒体在广告行业中的应用及特征。

四、本章重点、难点

本章的重点是深入了解广告公司的核心理论和工具，掌握以 4A 广告公司为代表的广告专业机构在方法论层面具备的共性特征，为考生今后的实际应用提供更好的参考。本章的难点在于考生应充分理解并熟悉数字媒体环境下的广告创意和制作，懂得广告已不再限于简单的硬性传播模式，而是一个多元化、立体化、交互式的体验过程。

第八章　广告媒介及信息平台概述

一、学习目的与要求

通过本章的学习，考生重点理解广告媒介的定义；掌握数字化趋势下，我国媒体结构的主要特点及媒体融合现状；了解广告媒介的演变历程及发展趋势，以及各类广告媒介在信息传递和品牌建设中的具体作用；熟悉广告媒介传播的多层面特性等内容。

二、课程内容

（一）广告媒介的定义
（二）我国媒体结构的主要特点
（三）融媒体环境
（四）印刷媒介的特点及在广告中的运用
（五）户外媒介的特点及在广告中的运用
（六）电波媒介的特点及在广告中的运用
（七）数字媒介的特点及在广告中的运用
（八）数字媒体环境对广告媒介的影响

三、考核知识点与考核要求

（一）广告媒介的定义

1. 识记：(1) 广告媒介；(2) 标准媒体；(3) 非标准媒体。

2. 领会：(1) 媒介在广告活动中的作用；(2) 广告媒介的分类；(3) 标准媒体的优势；(4) 非标准媒体的优势；(5) 广告媒介面临的挑战与应对策略。

3. 简单应用：(1) 广告媒介的作用与分类；(2) 广告媒介对消费者的行为产生的影响。

（二）我国媒体结构的主要特点

1. 识记：(1) 国有媒体；(2) 国际传播。

2. 领会：(1) 国有媒体的现状及特点；(2) 新媒体形态的特点；(3) 媒体发展水平在不同地区的差异性；(4) 大城市与农村地区的媒体资源差距；(5) 媒体市场的商业化趋势；(6) 广告和内容付费的竞争与多样性。

3. 简单应用：我国媒体在国际传播和文化交流过程中起到何种作用？可结合具体案例进行分析。

4. 综合应用：(1) 媒体环境变革具体体现在哪些方面？(2) 当前，媒体环境的主要特点有哪些，以及在媒体变革背景下，广告主应如何实现长远发展？

（三）融媒体环境

1. 识记：(1) 融媒体；(2) 芒果 TV；(3) 看看新闻 Knews；(4) 长江云；(5) 中广

天择 MCN。

2. 领会：(1) 融媒体的发展背景；(2) 融媒体的应用领域。

3. 简单应用：(1) 融媒体的具体成功案例以及它们成功的原因；(2) 融媒体的未来趋势。

（四）印刷媒介的特点及在广告中的运用

1. 识记：(1) 印刷媒介；(2) 报纸广告；(3) 杂志广告。

2. 领会：(1) 报纸的特点；(2) 报纸在广告中的具体运用；(3) 杂志的特点；(4) 杂志在广告中的具体运用。

3. 简单应用：结合具体案例，分析印刷媒介的广告效果及特征。

（五）户外媒介的特点及在广告中的运用

1. 识记：户外媒介。

2. 领会：(1) 户外媒介的特点；(2) 户外媒介在广告中的具体运用；(3) 户外广告的效果评估。

3. 简单应用：数字传播背景下，户外媒介的发展转型及发展策略。

（六）电波媒介的特点及在广告中的运用

1. 识记：(1) 电波媒介；(2) 广播广告；(3) 电视广告。

2. 领会：(1) 广播的特点；(2) 广播在广告中的具体运用；(3) 电视的特点；(4) 电视在广告中的具体运用。

3. 简单应用：面临数字时代的挑战，电视广告应如何应对并发展？可结合具体实例进行分析。

（七）数字媒介的特点及在广告中的运用

1. 识记：(1) 数字媒介；(2) 社交媒体广告；(3) 搜索引擎广告；(4) 内容营销；(5) 移动应用广告；(6) 电子邮件营销；(7) 视频广告；(8) 程序化广告；(9) 虚拟现实（VR）和增强现实（AR）广告；(10) 互动广告。

2. 领会：数字媒介的特点。

3. 简单应用：数字媒介在广告中有哪些具体应用？可结合案例进行分析。

（八）数字媒体环境对广告媒介的影响

1. 识记：(1) 用户体验；(2) 个性化广告；(3) 用户数据分析；(4) 社交媒体广告；(5) 口碑营销；(6) 移动应用广告；(7) 响应式网页设计；(8) 内容营销；(9) 影响者营销；(10) 数据隐私；(11) 广告伦理。

2. 领会：(1) 数字媒体如何精准定位用户？(2) 广告内容如何实现个性化制作？(3) 社交媒体广告的特点及影响力；(4) 口碑营销的传播效果；(5) 社交媒体营销的特点；(6) 移动应用广告的效果；(7) 响应式广告设计的理念；(8) 移动广告的数据驱动及社交整合；(9) 虚拟现实和增强现实技术对广告产生的影响。

3. 简单应用：(1) 数字媒体时代，内容营销的特点及优势；(2) 影响者营销策略的重要性及具体作用。

四、本章重点、难点

本章的重点在于深入探讨广告媒介的发展现状及特点，以及广告媒介对广告效果所产生的深远影响。通过学习相关理论，考生能够结合具体案例进行分析，并在实际的创作过程中，精准选择广告媒介以达到良好的传播效果。本章的难点在于如何在当前媒体发展水平参差不齐、媒体资源分布不均的背景下，巧妙利用新兴技术，实现现有媒体的高度融合，从而确保信息的有效流动，同时获得良好的广告传播效果。

第九章　广告产业

一、学习目的与要求

通过本章的学习，考生重点掌握广告产业链的概念、特征、驱动力和发展变化，并理解对应的运营原则；熟悉受众在广告产业活动中的价值创造及主体性作用；深入了解传统广告产业链的结构特征、类型板块、利润分配，以及广告产业结构的发展趋势等内容。

二、课程内容

（一）广告产业链
（二）传统广告产业链变化
（三）新型广告产业的结构变化和发展趋势

三、考核知识点与考核要求

（一）广告产业链

1. 识记：（1）产业链；（2）广告产业链。

2. 领会：（1）提出广告产业链的主要理论依据；（2）广告产业链包括的主体；（3）广告产业链并非一成不变；（4）广告产业链的发展和变化，以及需要注意的原则；（5）传统广告产业链利润分配的具体类型；（6）广告产业利润分配的决定因素；（7）传统广告产业微笑价值曲线。

3. 简单应用：传统广告产业链的结构及利润分配板块。

（二）传统广告产业链变化

1. 识记：（1）广告主；（2）广告公司；（3）所有权转移；（4）业务转型；（5）媒体；（6）TMT 融合；（7）受众。

2. 领会：（1）广告产业链变化的两组驱动力；（2）广告公司板块的主要变化；（3）行业融合加剧形势下，媒体产业边界淡化；（4）从媒介资源产品到产业化思考；（5）从媒介资源产品到平台化运作；（6）以内容为中心的产业链重构；（7）用户接触信息与回避广告的双重能力；（8）碎片化受众的标签化重聚；（9）受众的主动性与主体性。

3. 简单应用：（1）结合具体实例分析现阶段广告产业链出现的新兴主体；（2）新的媒介生态环境下，媒体如何摆正位置，提炼优势，促进发展？可结合具体案例进行分析。

4. 综合应用：传统广告产业链发生了哪些变化，以及广告主、媒体和受众在其变化过程中如何发挥效力？

（三）新型广告产业的结构变化和发展趋势

1. 识记：（1）流量造假；（2）泛媒体化；（3）“流量”经济。

2. 领会：（1）广告产业结构呈现的新变化；（2）广告产业链结构从“链状”到“环状”发生的具体变化。

3. 简单应用：（1）广告产业链较为典型的三种类型，以及对应的结构特征；（2）广告产业结构的发展趋势。

4. 综合应用：新型广告产业活动中，围绕用户关系和企业营销需求，正在形成新的稀缺性资源，具体体现在哪些方面？

四、本章重点、难点

本章的重点是广告产业的结构变化及发展趋势，媒体在广告市场中的身份和优势，以及现阶段广告产业链出现的新兴主体及其对应的价值。本章的难点是学生需要通过自学和独立思考，理解新的市场环境和媒体格局下，传统广告产业链结构和价值增值环境发生了哪些调整和变化，广告产业主体在变化的环境中有什么样的表现和特征，以及未来广告产业发展变化可能存在哪些方向和趋势。

第十章　广告伦理与广告法规

一、学习目的与要求

通过本章的学习，考生能够深入理解广告伦理的核心特征和主要原则，探究广告伦理失范问题及其各种表现形式；重点掌握广告法规的演变历程以及我国现行的广告法制体系构成；了解互联网广告的特点、挑战及出现的问题；熟悉相关广告法规和管理条例等。

二、课程内容

（一）广告伦理

（二）广告法规

三、考核知识点与考核要求

（一）广告伦理

1. 识记：（1）伦理；（2）广告伦理；（3）广告伦理规范；（4）广告伦理失范；（5）虚假宣传；（6）误导性陈述；（7）虚假代言；（8）低级庸俗广告；（9）隐私侵犯广告；（10）强迫侵扰广告；（11）歧视伤害广告。

2. 领会：（1）广告伦理的特点；（2）广告伦理的主要原则；（3）广告伦理失范行为；（4）广告虚假欺诈现象的表现形式；（5）低级庸俗广告的表现形式。

3. 简单应用：（1）举出广告伦理失范的案例，并分析其主要问题；（2）分析数智时代，广告引发的科技伦理隐患。

（二）广告法规

1. 识记：（1）《中华人民共和国广告法》；（2）《广告管理条例》；（3）部门规章、规范性文件；（4）地方性法规、规章；（5）互联网广告；（6）《互联网广告管理办法》。

2. 领会：（1）我国广告法规的演变历程；（2）我国现行的广告法制体系构成；（3）《互联网广告管理办法》的特点。

3. 简单应用：结合具体案例，分析互联网广告的特点、挑战及出现的问题。

四、本章重点、难点

本章的重点是探讨在互联网背景下，广告伦理的重要性、特点及主要原则，以及常见的广告伦理失范等问题。本章的难点在于思考数智时代下，广告引发哪些相应的科技伦理隐患，以及广告法规目前的制定情况；面对广告产业的转型升级和互联网技术的发展与普及，广告法规是否能够及时进行修订和补充。

Ⅳ　关于大纲的说明与考核实施要求

一、课程自学考试大纲的目的和作用

课程自学考试大纲是根据专业考试计划的要求，结合自学考试的特点而确定的。其目的是对个人自学、社会助学和课程考试命题进行指导和规定。

本课程自学考试大纲明确了课程学习的内容及其深度和广度，规定了课程自学考试的范围和标准。因此，它是编写本课程自学考试教材和辅导书的依据，是社会助学组织进行自学辅导的依据，是自学者学习教材、掌握课程内容知识范围和程度的依据，也是进行自学考试命题的依据。

二、课程自学考试大纲与教材的关系

课程自学考试大纲是进行学习和考核的依据，教材则包含了学习掌握课程知识的基本内容与范围，教材的内容是大纲所规定的课程知识和内容的扩展与发挥。课程内容在教材中可以体现一定的深度或难度，但在大纲中对考核的要求一定要适当。

大纲与教材所体现的课程内容应基本一致；大纲里面的课程内容和考核知识点，教材里一般也要有；反过来，教材里有的内容，大纲里就不一定体现。如果教材是推荐选用的，其中有的内容与大纲要求不一致的地方，应以大纲规定为准。

三、关于自学教材

《广告学》，全国高等教育自学考试指导委员会组编，王昕主编，中国人民大学出版社，2024 年版。

四、关于自学要求和自学方法的指导

本大纲的考核要求是依据专业考试计划和专业培养目标而确定的。它不仅明确了课程的基本内容，而且明确了对基本内容掌握的程度。考核要求中的知识点构成了课程内容的主体部分。因此，课程基本内容掌握程度、课程考核知识点是高等教育自学考试考核的主要内容。

为了有效地指导个人自学和社会助学，本大纲已指明了课程的重点和难点，在每章的考核要求中一般也指明了该章内容的重点和难点。

本课程共 4 学分。

根据学习对象为成人、在职、业余、自学等情况，建议学习本课程的自学考试考生应充分发挥自身理解能力强的优势，结合自己的社会阅历和职业经验来理解吃透《广告学》全书的内容，全面系统地掌握当今广告学的基本理论和基本方法，切忌在没有全面系统学习教材的情况下孤立地去抓重点。具体建议有以下几点：

首先，按照课程章节进行快速泛读，全面了解《广告学》各章节内容之间的逻辑关系，初步构建自己的广告学的知识体系或逻辑思维导图。

其次，按照课程内容的各个板块（章节）进行深入、系统的学习，注重了解和掌握关于广告活动和广告学理论的基本理论和基本知识，初步掌握指导广告活动策划、创意、传播、效果分析等环节的理论和方法，明确作为广告专业的学生应当具备的专业观念和职业思维。在理解教材逻辑结构的基础上，记忆应当识记的基本概念，并掌握一些主要规则和重要方法，包括计算方法、分析判断方法等。

最后，“广告学”既是一门基础性的课程，也是一门实践性很强的课程，因此，自学考试考生在学习中应把课程内容同我国广告行业和品牌营销的实践联系起来，特别是我国现行广告活动中存在的问题以及决定广告活动的外在环境因素的发展变化趋势；在研究分析案例的过程中加深领会教材的内容，将知识转化为能力，培养与提高自己正确分析和解决广告活动基本问题、构建全面完整的专业理论框架方面的能力。

五、对考核内容的说明

1. 本课程要求考生学习和掌握的知识点都作为考核的内容。课程中各章的内容均由若干知识点组成，在自学考试中成为考核知识点。因此，课程自学考试大纲所规定的考试内容是以分解为考核知识点的方式给出的。由于各知识点在课程中的地位、作用及知识自身的特点不同，自学考试对各知识点分别按照识记、领会、简单应用和综合应用四个认知（或能力）层次确定其考核要求。

2. 在考试之日起 6 个月前，由全国人民代表大会和国务院颁布或修订的法律、法规及由相关主管部门出台的管理办法和行业规范等都将列入相应课程的考试范围。凡大纲、教材内容与现行法律、法规不符的，应以现行法律、法规为准。命题时也会对我国经济建设和科技文化发展中的重大方针政策的变化予以体现。

六、关于考试方式和试卷结构的说明

1. 本课程考试采用闭卷考试的方式，满分 100 分，60 分及格。考试时间为 150 分钟。

2. 本课程在试卷中对不同能力层次要求的分数比例大致为：识记占 20%，领会占 30%，简单应用占 30%，综合应用占 20%。

3. 试题的难易程度要合理。试题的难度可分为易、较易、较难、难四个等级。必须注意，试题的难易程度与能力层次有一定的联系，但二者不是等同的概念，在各能力层次中都有不同难度的试题，切勿混淆。

4. 本课程考试试卷采用的主要题型有单项选择题、简答题、计算题、案例分析题等。

附录：参考样卷

一、单项选择题：本大题共 20 小题，每小题 2 分，共 40 分。在每小题列出的备选项中只有一项是最符合题目要求的，请将其选出。

1. 广告学研究对象中不包括

A. 广告效果评估　　B. 广告创意设计

C. 广告市场调研　　D. 广告法律法规

2. “广告”一词的发展源于

A. 中国　　B. 英国　　C. 美国　　D. 法国

3. 广告学在中国的兴起时间是

A. 20 世纪 80 年代　　B. 20 世纪 90 年代

C. 21 世纪初　　D. 新媒体时代

4. 下列选项中不属于广告定义演进特点的是

A. 从“告”到“广”的变化

B. 从“宣传”到“传播”的变化

C. 从“单纯告知”到“影响消费者行为”的变化

D. 从“传统媒体”到“数字媒体”的变化

5. 广告伦理与法规的研究内容中不包括

A. 广告的真实性和合法性　　B. 广告的道德性和社会责任感

C. 广告的经济性和市场性　　D. 广告的隐私和安全问题

6. 广告与其他信息传播活动的区别在于

A. 推销的目的性　　B. 内容的商业性

C. 传播的大众性　　D. 时间的实时性

7. 广告学的研究方法包括

A. 定量研究与定性研究相结合　　B. 案例分析与实践操作相结合

C. 横向研究与纵向研究相结合　　D. 以上都是

8. 下列选项中不属于塑造正确广告观的内容是

A. 强调广告的实用功能　　B. 坚持真实可信的原则

C. 追求创新与个性的表达　　D. 以消费者为中心的视角

9. 广告产业变革中最重要的趋势是

A. 传统广告产业链的瓦解和重构

B. 广告主对广告公司的依赖程度不断加深

C. 广告创意和制作技术的不断创新和发展
D. 广告媒介的不断扩展和多元化

10. 广告的基本特征中不包括
A. 大众性　B. 针对性　C. 可信度低　D. 即时性

11. 广告的分类中不包括
A. 商品广告　B. 服务广告　C. 公益广告　D. 招聘广告

12. 广告活动的流程包括
A. 市场调研、广告策划、广告执行、效果评估
B. 广告创意、广告制作、广告发布、效果评估
C. 市场调研、广告制作、广告发布、效果评估
D. 广告策划、广告创意、广告执行、效果评估

13. 在数字媒体环境中，广告的成本不包括
A. 获取流量的费用　B. 流量置换的费用
C. 定向传播和推荐的费用　D. 生成和优化算法的费用

14. 广告主和广告公司之间理想的关系应当是
A. 上级和下级关系　B. 生产者和消费者关系
C. 竞争关系　D. 合作伙伴关系

15. 首次使用比附广告方式进行广告活动的企业是
A. 埃飞斯汽车租赁公司　B. 可口可乐公司
C. 耐克公司　D. 宝洁公司

16. 下列选项中不属于广告法规范畴的是
A. 广告主体的资质要求　B. 广告内容的限制和禁止规定
C. 广告活动的合同要求　D. 广告费用的结算方式

17. 数字媒体环境下广告学所面临的新挑战是
A. 互联网技术的发展使广告投放更加精准，从而提高了广告效果
B. 互联网技术的发展使广告投放更加广泛，从而提高了广告效果
C. 互联网技术的发展使消费者更容易被广告干扰，从而降低了广告效果
D. 互联网技术的发展使消费者更加主动地回避广告，从而降低了广告效果

18. 数字广告的特点中不包括
A. 互动性强　B. 传播速度快
C. 形式多样化　D. 成本高昂化

19. 广告效果评估的方法中不包括
A. 曝光量评估法　B. 点击率评估法
C. 转化率评估法　D. 成本效益评估法

20. 广告学的研究对象及内容分别是

A. 广告学的研究对象是广告行业的发展历程和趋势，研究内容包括广告策略、创意、媒介选择等

B. 广告学的研究对象是广告的设计和制作过程，研究内容包括广告的表现手法、制

作技术等

C. 广告学的研究对象是广告的受众和市场，研究内容包括市场调查、消费者行为等

D. 广告学的研究对象是广告的法律和道德问题，研究内容包括广告法规、道德规范等

二、简答题：本大题共 6 小题，每小题 4 分，共 24 分。

21. 简述广告公司在广告产业链中的角色，并说明它们如何为广告主创造价值。

22. 简述广告定义的古今流变，并说明其对于现代广告业的影响。

23. 简述塑造正确的广告观的意义和途径。

24. 简述广告主在广告活动中的角色和责任。

25. 简述广告创意的生成过程及其影响因素。

26. 简述广告效果评估的重要性，并介绍两种常见的评估方法。

三、计算题：本大题共 2 小题，每小题 6 分，共 12 分。计算结果保留小数点后两位。

27. 某电商公司计划在下个季度进行广告投放，预算总额为 1 200 000 元。其中，电视广告投放预算为 500 000 元，网络广告投放预算为 400 000 元，杂志广告投放预算为 300 000 元。根据过往数据，电视广告的点击率为 1.5%，网络广告的点击率为 2.5%，杂志广告的点击率为 1%。预计广告投放后，每个点击能带来 5 元的销售额。请计算该公司广告投放的预期总销售额以及各类广告的预期销售额，并判断哪类广告的预期销售额最高。

28. 某广告主计划投入 1 000 000 元进行一项广告投放，其中电视广告投放预算为 400 000 元，网络广告投放预算为 300 000 元，其他形式广告投放预算为 300 000 元。根据历史数据，电视广告的转化率为 2%，网络广告的转化率为 3%，其他形式广告的转化率为 1.5%。预计广告投放后能够获得的总收益为 1 500 000 元。请计算该广告主的广告投放预期收益率和各类广告的预期收益率，并比较哪类广告的预期收益率最高。

四、案例分析题：本大题共 2 小题，每小题 12 分，共 24 分。

29. 阅读以下案例并回答问题。

星巴克公司是全球知名的咖啡连锁店品牌，成立于 1971 年。星巴克以其高品质的咖啡、舒适的环境和独特的品牌文化而闻名。在市场营销方面，星巴克通过广告、促销活动、会员制度等方式，提高品牌知名度和用户黏性。同时，星巴克还通过开设各种主题店、推出限量版产品等方式不断吸引消费者。2023 财年星巴克共计开设门店数量超过 38 000 家，并持续不断地推出新的产品和服务。

问题：

（1）简述星巴克公司的市场定位，并说明理由。

（2）分析星巴克公司的竞争优势，并说明其可持续发展的原因。

30. 阅读以下案例并回答问题。

耐克是全球最大的运动鞋和服装制造商，2023 财年营收达 512 亿美元。耐克以创新著称，不断推出具有划时代意义的创新产品，例如气垫鞋、运动休闲鞋、Nike+运动鞋等。耐克长期坚持多品牌战略，收购了多家知名品牌，如匡威、茵宝等，并成功将其整合到公司的全球业务中。在营销方面，耐克长期与顶级运动员合作，并以此为基础发展出一套完

整的营销策略。此外，耐克还通过社交媒体、影视、音乐等多元渠道进行品牌推广和营销活动。

问题：

（1）简述耐克公司的品牌战略，并分析其成功的原因。

（2）分别指出耐克公司在产品创新、市场推广方面的成功经验，并说明其对国内企业的启示。

大纲后记

《广告学自学考试大纲》是根据《高等教育自学考试专业基本规范（2021年）》的要求，由全国高等教育自学考试指导委员会新闻类专业委员会组织制定的。

全国高等教育自学考试指导委员会新闻类专业委员会对本大纲组织审稿，根据审稿会意见由编者做了修改，最后由新闻类专业委员会定稿。

本大纲由中国传媒大学王昕教授编写；参加审稿并提出修改意见的有北京大学谢新洲教授、中国人民大学赵曙光教授、中国社会科学院黄楚新研究员。

对参与本大纲编写和审稿的各位专家表示感谢。

全国高等教育自学考试指导委员会
新闻类专业委员会
2024年6月

全国高等教育自学考试指定教材

广告学

全国高等教育自学考试指导委员会　组编

编者的话

广告是人类社会商业活动的重要标志，是社会经济发展和资源配置的“记录仪”与“调节器”。从历史视角来看，广告记录着我国改革开放至今经济建设、社会发展、产业勃兴、市场繁荣和居民消费的发展变迁历程。就时代价值而言，广告在“构建高水平社会主义市场经济体制”“建设现代化产业体系”“全面推进乡村振兴”“促进区域协调发展”“推进高水平对外开放”等新时期我国重点发展任务和目标中承担着重要历史使命和时代责任。随着广告的社会经济作用越来越重要，国家对广告人才的培养提出了新的要求，“广告学”课程也成为市场营销专业人才培养环节一门重要的基础课程。学习广告学知识，对于学习者提升个人的专业素养、树立正确的广告观、建立专业的分析视角和知识结构，具有重要意义。

为适应我国高等教育自学考试教育发展的新形势，培养应用型人才，满足广大考生学习的需要，在全国高等教育自学考试指导委员会的指导下，我们编写了这本《广告学》教材，为参加全国高等教育自学考试的考生及其他对广告学专业知识感兴趣的读者提供力所能及的帮助。本教材旨在帮助考生和读者自学广告学的相关基础知识，形成良好的广告观念，了解广告行业的基本结构，了解广告历史、广告学说和基本操作方法。

本教材的特点如下：

（1）知识结构的完整性、基础性和前沿性。作为一本概论性教材，本教材在内容结构方面有三大特色。首先是知识的完整性，教材内容全面覆盖了广告学相关理论和知识，对包括广告的定义、分类、活动流程和结构、广告产业结构以及广告伦理与法规等知识进行了全面阐述，保证了知识体系的完整性和系统性。其次是重视对于基础理论和基本概念的介绍和阐述，帮助考生和读者打好专业学习的基础。最后是力求在教材中反映前沿性理论的研究成果和新鲜观点，加入了数字媒体的相关介绍，阐述了数字媒体环境对广告活动及广告产业的影响，引导考生和读者在学习过程中积极关注广告实践前沿发展的趋势。

（2）内容安排的针对性和应用性。在内容安排上，本教材紧密结合当前行业对于广告专业人才的培养需求，注重理论学习与实践应用的紧密结合，针对当前广告行业中容易被忽略的理论问题和实践短板进行了集中讲述，尤其是对“广告观念”“广告伦理和法规”“广告学说”等重要内容进行了专题介绍，突出了对考生和读者在广告理论和能力方面的训练和培养。

（3）案例选择的生动性和多样性。本教材结合基础理论和相关知识点，选择了大量鲜活的广告案例帮助考生和读者理解和掌握教学内容，所选取的案例涵盖了古今中外广告领域正反两方面在广告策划和创意方面的经验和教训，在生动体现相关知识点的同时，提升考生和读者融会贯通、举一反三的能力。

本教材由王昕教授担任主编，完成正文部分的撰写及全部文字的审校。教材扩展阅读部分及配套数字资源中的案例由施丹、施真、徐诺亚、张渺、洪诗颖、朱婕等中国传媒大学硕士研究生、博士研究生参与编写。

本教材在案例收集和编写过程中，参考了许多专家、学者和互联网上未署名者的相关研究成果，吸收了许多观点，在此对相关作者致以诚挚的谢意。

本教材在策划、编写和出版过程中，得到了全国高等教育自学考试指导委员会新闻类专业委员会的大力支持和帮助，谨表深切谢意。

由于时间、精力和水平有限，书中难免有不妥之处，欢迎广大读者批评指正。

王昕

2024 年 6 月

绪论　生活中的广告学

本教材旨在帮助读者自学关于广告学的相关基础知识，建立良好的广告观念，了解广告行业的基本结构，了解广告历史、广告学说和基本操作方法。客观来说，要实现上述目标，并非一件容易的事。因为越是生活中常见的东西，其原理和内涵往往越容易被忽视。本教材的主题词“广告”亦是如此。

提起广告，相信每个人都不陌生，因为在我们生活的空间中，经常都能看到各式各样的广告信息。法国广告评论家罗贝尔·格兰曾经说：“我们呼吸着的空气，是由氮气、氧气和广告组成的。”① 虽然广告如此司空见惯，但不同的广告给人的感受却有很大差异：有些广告让人感到舒适，有些广告令人感到恐惧；有些广告人们看后没有显著的心智改变，但有些广告却能够激发人们购买和体验的欲望。那么，是什么原因使广告产生了不同的传播效果呢？同时，在当今这样一个信息爆炸的时代，各种媒体承载着大量丰富多彩的信息，随着时间的流逝，有些广告在我们眼前一晃即逝，产生的记忆痕迹迅速消散，而有些广告则会长期留存在我们的记忆之中，成为经典的创意案例。那么，是什么原因导致广告影响力的差异呢？当我们将广告与社会、国家以及人类商业文明联系在一起的时候，经常会感叹广告的镜像作用和社会发展记录器的价值。从广告中我们可以还原中国改革开放、经济建设、产业崛起的伟大成就，可以展望新时代人民对于美好生活的期待和追求，可以回溯一代又一代中国人谋求发展、全力建设社会主义市场经济的集体记忆。那么，是什么原因赋予了广告记录时代发展的价值和功能呢？这些问题，都是我们学习和思考广告学的动因与目标。

广告学与生活息息相关，在学习中也要注重相关知识的生活化还原。建议读者在学习广告学专业知识的时候保持以下三个方面的思维习惯：

第一，建立广告敏感性。广告学知识的学习不仅在书本和课堂中，更重要的是要沉浸在我们的生活之中。当我们开始专业的学习和研究，就意味着要改变之前随机观看广告、回避广告的习惯，而是要随时留意生活中遇到和看到的广告现象，对广告案例和作品、活动中的商业价值、信息价值、文化价值和传播效果保持谨慎、理性的分析态度，逐步养成乐于接触广告的心理和习惯，主动识别广告、观察广告、思考广告、研究广告，建立广告敏感性，不断提升自身的广告素养。

第二，保持广告宽容度。广告学习生活化的第二个重要表现，在于能够保持较高的广告宽容度。这主要表现在以下两个方面：一方面，不要急于屏蔽或回避广告信息。在日常

① 潘西令．商业广告面面观［J］．楚天主人，1995（5）：22－25．

生活的很多场景下，我们会不自觉地将广告信息作为一种干扰，从而习惯性回避。然而，作为一位广告专业知识的学习者，我们应当给予广告现象更多的宽容，要主动接触广告。另一方面，我们不但要看自己喜欢的广告，更应该认真分析和研究自己不喜欢的广告。很多广告专业的学习者都有一个共同的感受，就是赏析经典广告时非常愉悦，大家都愿意主动进行搜索和观赏。但对于一些画面、文字不是非常精美，甚至由于某些原因被广泛批评的广告，大家往往不愿意多看细想。对于广告学习者而言，我们应当建立从正反两个方面去研究和分析广告的完整视角，不仅要乐于接触和分析自己喜欢的广告，更要乐于去剖析自己不喜欢的广告，找出广告策划、创意或传播执行过程中可能存在的问题，这样才能提升自身的广告专业能力，并在未来的广告职业生涯中避免出现这些问题。所以，保持较高的广告宽容度，尤其是深入剖析问题广告，是提升自身专业能力的有效学习手段。

第三，从专业视角去解读广告。在学习广告之前，大多数学习者仅凭自身的兴趣以及审美好恶来选择性接触广告。而从系统学习广告学知识的那天开始，我们就应当学会将自己放在专业的广告研究者角度，运用广告学的理论工具和研究视角，进行广告现象的深入研究和思考。要逐步培养自己通过专业视角、借助专业知识去分析广告现象的能力，逐步培养自己的专业思维。专业的广告学习者和单纯的广告受众，在看待广告现象时，必然会产生很大的认知差异，这一差异也体现在对于广告现象的分析结果层面。例如，普通广告受众往往倾向于从整体的角度形成对广告信息的判断，而专业学习者则应擅长解构广告作品，进行广告理念的推演，甚至从广告表现来反推企业的品牌营销战略。其中，对广告信息的拆解和分析能力就是专业思维的一种表现。又如，对于一则成功的广告作品，普通广告受众会感受到广告带来的影响，可能是购买，也可能是观念的转变。而专业学习者则应当将重点放在思考为什么会出现这些改变的层面，包括：广告的诉求方式是理性还是感性；广告使用的媒体表现要素之间的组合方式；广告传播渠道的媒体组合方式；广告传播效果是在感受层面、心理层面还是在行为层面，抑或是兼而有之。这些都是广告专业学习者应当具有的知识能力和专业思维。学习本教材中的理论知识，可以帮助读者进行上述能力的针对性强化训练。

从广告的社会功能来看，改革开放至今广告的发展变化，记录了我国市场经济建设和繁荣发展的伟大成就，也承载了传播技术创新、产业优化升级、民族品牌崛起等随中国经济腾飞而带来的全新发展空间。尤其是当我们面对新时代的召唤，对于广告的学习和研究，更应当将具体问题置于中国宏观经济持续发展、国际地位不断攀升、品牌国际化传播范围日益拓展等宏大背景之中，沿着党的二十大报告中所指出的“坚持以推动高质量发展为主题”的明确要求，从“构建高水平社会主义市场经济体制”“建设现代化产业体系”“全面推进乡村振兴”“促进区域协调发展”“推进高水平对外开放”等新时期我国重点发展任务和目标的高度来理解广告在其中应当发挥的作用和应当承担的时代使命。在确立宏观意识的基础上培养广告学习的专业思维，进行基于生活的沉浸式学习和研究，才能够取得较好的学习效果。希望本教材能够帮助读者发现无比精彩的广告世界，能够帮助读者探索广告与外在环境之间的关系，感受广告在历史、当下及未来图景中的多元价值。

第一章　广告与广告学

广告是什么，是广而告之吗？广告的本质是什么？广告的专业技术有哪些？广告的价值是什么？……初识广告，我们还难以回答这些问题，因此，我们需要通过深入学习广告学相关知识，才能了解广告的概念、内涵、运作方式、技术手段和效果等。

第一节　什么是广告

广告是商品经济的产物，伴随着商品经济的发展而持续变化和发展。在这一过程中，广告发展与时代变迁息息相关。在这一节，我们将结合不同时代特征，根据历史脉络的变化来介绍“广告”一词及“广告学”在国内、国外的不同发展路径。在这些发展过程中，我们既能看到文化经济交流发展对广告的影响，又能看到广告与其他关联学科的相互融合、相互发展，理解广告为什么会逐步发展成为今天的样貌和状态。

一、“广告”一词的发展

认识和学习广告，往往是从对“广告”一词的理解开始的。

英文中与“广告”一词对应的单词主要为 advertising，其变迁主要经历了三个阶段。先是在古拉丁语中，人们使用 advertere 一词来表达“注意、诱导、传播”之意。后来，进入中古英语时代（1150—1500 年），advertise 一词出现，含义演变为“使某人注意到某件事”。一般认为，英文中的 advertise 可溯源至古拉丁语的 advertere，二者间存在词源关系。到了 17 世纪末，随着欧洲工商经济大发展，advertise 这个静态的概念被赋予了动态的诠释，转化为 advertising，意指“一系列的广告活动”，如今用于表述广告的统称或广告活动的场合。

除此之外，在英文中同样表示“广告”的单词还有 commercial 和 advertisement，二者分别用来表述商业广告和具体的广告形态（如影视广告、印刷广告、平面广告等）。

汉语中“广告”一词的变迁则更为复杂。《易・系辞下》记载“日中为市，致天下之民，聚天下之货，交易而退，各得其所，盖取诸噬嗑”，其中所述“日中为市”是我国货币、商业发展的起源和基石，而广告作为沟通产销、配置资源的有效手段，从那时起就开始发挥作用。唐代高僧释道宣在《续高僧传》中把“广”与“告”组合为动词“广告”，用以传播佛教文化，被认为是汉语“广告”一词的最先使用①。其中，“广”指“广度、普

① 王凤翔．对汉语“广告”一词意义流变的考察［J］．新闻与传播研究，2016，23（4）：116－125.

度”，“告”即为“告度、劝度”，“广告”则表示“普度、教化众生”之意。

近代以来，社会的转型推动了政治、经济、思想文化的深刻变革，中国打开封闭的国门，与世界进行交流和学习，“广告”一词开始渐渐被大众了解并接受，广告的内涵也越来越接近于现代意义上的广告概念。这一变迁的过程起始于1865—1900年，在“广告”一词被广泛使用之前，“告白”一词更为常用。“告白”一词原为动词，“告”与“白”两字意思相同，意为“告知、报告、汇报”。“告白”是近代广告的中国化表达，报刊与企业通过“告白”实现双赢，获得影响市场的传播力、影响力与公信力，“告白”因此具有“产业精神”与资本价值①。随后在1901—1905年，广告的概念进入了“告白”和“广告”两词并行使用的阶段。普遍认为，1901年10月18日《申报》刊登“商务日报广告”，首次在国内使用了“广告”一词，这标志着“广告”一词在中国正式出现，并日益普及。1906—1915年，“广告”渐渐取代“告白”，成为通用的说法。1907年10月26日，“广告”一词在《政治官报章程》中正式出现，意味着这一概念得到了清政府官方认可。

另外，据日本学者考证，“广告”（kohkoku）一词是日本学者在1867年2月第一次使用，1901年该词进入中国，并迅速融入中文语汇系统②。换句话说，日语以“広告”对译英文的advertisement，在近现代完成了“回归借词”的过程，逆输入中国③，才有了如今的“广告”。

二、广告学在中国的发展

我国广告学研究发轫于五四运动前后。1918年，我国最早的广告学专著——甘永龙编译的《广告须知》（译自 *How to Advertise*）出版。同年，我国最早的广告学研究团体——北京大学新闻研究会正式成立。该研究会把广告作为新闻学专业研究和教学的组成部分，首次明确了广告学的专业定位。1919年，学者徐宝璜出版了我国第一部比较系统、全面的新闻学著作《新闻学》，书中设立专章探讨“新闻纸之广告”，该书是我国第一部专门探讨广告理论知识的专业教材。1920—1925年，上海圣约翰大学、厦门大学、燕京大学等国内高校相继开设了广告学相关的课程，广告的教学、研究和人才培养逐渐进入高校教育专业化体系之中。随着广告专业教育的出现，各种广告类的专业期刊和著作也相继出版，如蒯世勋于1929年出版了《广告学ABC》、刘葆儒于1930年出版了《广告学》、孙孝钧于1931年出版了《广告经济学》、王贡三于1933年出版了《广告学》等。虽然取得了显著进展，但这一时期，广告学对社会经济活动的影响还有较大的提升空间。除此之外，这一阶段，广告学仅作为新闻学的组成部分，研究范围主要局限于报纸广告，整体来看当时的广告理论研究还很肤浅，体系还不完善④。

新中国成立到改革开放以前，我国广告学的相关研究发展缓慢，研究领域也相对分散。不过，广告活动并未就此消失，只是广告的功能发生了转变。一是广告引导消费的功

① 王凤翔．论汉语“广告”一词的意义流变［J］．新闻与传播研究，2016，23（4）：116－125．

② 文春英，李世琳，刘小晔，等．“广告”一词在近代中国的流变［J］．当代传播，2011（2）：98－100．

③ 华珍．“广告”小考［J］．中国语文，2004（1）：92－93．

④ 陈培爱．20世纪中国广告学理论的发展［J］．厦门大学学报（哲学社会科学版），1999（4）：8－14，124．

能出现了暂时性萎缩。受社会经济发展状况、政府宣传需求等因素的影响，在 1953 年至 1959 年间，广告传递商业信息的功能被局限在产品信息、包装、告知的范围之内。广告引导消费方面的功能则随着重工业优先战略的实施不断萎缩[①]。二是广告的宣传功能被放大。国家层面开始越来越注重广告服务于政治宣传和社会生产的功能，逐步将其纳入宣传的话语体系[②]，如 1957 年，商业部发出通知，明确指出商业广告的任务之一是配合国家政策与政治运动进行宣传，要求全国商业系统认真做好广告宣传工作。除以上功能转变之外，在 20 世纪 50—70 年代，有部分中国广告人还在外贸系统和商业美术领域进行广告研究，相关领域的杂志上也出现了介绍店铺橱窗、商标包装的文字，为后续广告学科的发展奠定了一定基础。

改革开放后，我国广告学的发展迎来新契机，步入了新的阶段。1979 年 1 月 14 日，丁允朋在《文汇报》上发表文章《为广告正名》，提出应尽快有选择地恢复广告活动。该文从根本上扭转了人们关于“广告是资本主义产物”的社会偏见，因此通常被认为是中国当代广告学术研究开始的标志。1979 年 11 月 8 日，中宣部签署发布新中国第一份正式指导广告工作的文件——《关于报刊、广播、电视台刊登和播放外国商品广告的通知》，明确了发展广告的方向。自此，中国广告行业逐渐恢复，有关广告学的研究文章开始出现，于 1981 年诞生了中国改革开放后最早的两部广告学著作：《实用广告学》和《广告理论与实务》。这些成果被认为是中国当代广告学术史的逻辑起点[③]。我国广告学科也在此阶段得到建设，各高校在广告教学体系建设和人才培养方面进行开拓，如 1983 年，厦门大学设立广告学专业并于次年秋季开始招收本科生，成为改革开放后首个设立广告学的高等院校。1993 年，北京广播学院（现名为中国传媒大学）开始招收广告学硕士研究生。在行业组织领域，1981 年，中国对外经济贸易广告协会（2005 年更名为中国商务广告协会）成立。1983 年，中国广告协会成立，并于 1987 年下设中国广告协会学术委员会。

随着改革开放的深入，市场经济起步发展，媒介产业化变革开始出现，国内广告学研究呈现学术与实践紧密结合的特点。在学习和吸收西方的研究成果和实践经验后，中国广告学人将注意力转向广告学的本土化阐释方面，“互联网+”“物联网”“5G”“人工智能”等技术环境和趋势为中国广告学的发展提供了新的研究对象和应用场景，推动了学科内容和教育培养体系的不断丰富和完善。

总体而言，广告学在中国的发展经历了漫长曲折的过程，但相比其他人文社会学科，广告学的学术底蕴和理论丰富程度都较为薄弱，广告学科的发展依然有很长的路要走。同时可以预见的是，未来随着中国数字技术和应用场景的蓬勃发展，供广告研究者不断探索和扩展的新领域和新视角将不断出现。

---

① 黄升民．黄升民自选集：史与时间．上海：复旦大学出版社，2004：83.

② 孙美玲．社会、观念与实践：历史制度主义视野下新中国广告学研究 70 年（1949—2019）[J]. 新闻与传播研究，2019，26（11）：19－36，126.

③ 陈刚，祝帅．在批判中建构与发展：中国当代广告学术发展四十年回顾与反思（1979—2018）[J]. 广告大观（理论版），2018（2）：4－17.

三、广告学在西方国家的发展

广告学的萌芽，与现代广告业的产生和发展有直接关系。那么现代广告是如何产生的呢?

以今天对广告的定义来衡量，广告活动起源于17世纪媒介出现之后。1704年，第一份真正连续出版的美国报纸《波士顿新闻信》(*The Boston News-Letter*)正式出现，在其创刊号上就刊登了广告。1729年，本杰明·富兰克林(Benjamin Franklin)收购的凯默于1728年创办的《宾夕法尼亚公报》(*Pennsylvania Gazette*)，首次用线条将广告与其他内容进行明显区分并在广告中采用插图。富兰克林亲自制作了一则标题四周大量留白的肥皂广告，十分引人注目，开创了报纸广告应用艺术手法的先例。富兰克林也是目前已知的美国范围内最早在印刷广告中使用插图的人。

本书认为，真正意义上的现代广告业出现的原因是印刷媒体时代催生的规模化信息复制和大范围信息传播。18世纪中期，第一次工业革命在英国兴起，并于19世纪初延展至北美地区。得益于工业革命的赋能，机器化、标准化大大提升了产能，导致市场上的商品数量激增、商品交换活动日益频繁。而工业革命带来的印刷机器的广泛应用，商业报刊与杂志等媒体形态迅猛发展，社会信息流动的门槛不断降低，公众的信息需求持续增多，为广告提供了主要的表达方式和传播载体。

19世纪中后期，西方国家迎来第二次工业革命，城市化进程加快，生产力飞速发展，商业媒体发展迅速，广告实践在这样的经济刺激下愈发频繁。在这个时期，广告学著作和专业广告代理公司出现。英国成为近代广告发展与研究的起源地。1866年，杰卡波·拉乌德(Jacob Larwood)与约翰·卡姆登·哈顿(John Camden Hotten)合著的《路牌广告史》在英国出版；1875年，亨利·萨博逊出版了《早期广告史》，这是目前已知的最早的两部广告著作。同一时期，专业广告代理公司在美国出现。1841年，第一家广告公司由福尔尼·帕尔默兄弟在美国费城开办，宣告了广告代理业的诞生，公司主要业务是为各家报纸兜售广告版面。1869年，艾耶在费城开办了艾耶父子广告公司，这是一家具有现代广告代理业雏形的广告公司。1880年以后，艾耶父子广告公司的业务由经营报纸版面扩展至向广告客户提供劳务服务(包括文案设计和撰写、为媒体选择提供建议、制作广告)，成为美国第一个安排广告活动的现代广告公司。自此，广告服务机构与广告主之间的关系越来越紧密。

那么，现代广告又是如何发展的呢?

20世纪初，美国进入了消费社会崛起时期(1900—1918年)，社会经济在20世纪20年代达到繁荣的顶峰[①]。当时，美国广告业的专业化色彩日益明显。也就是在这个时期，美国高校的广告学课程和专业相继出现，标志着广告专业教育的开端。如1902年，密歇根大学经济系开设了最早的营销课程；1904年，宾州大学沃顿商学院开设课程“产品的营销”；1908年，密苏里大学新闻学院成为世界上第一个开设广告课程的教育机构，并于1913年在其学院单独设置了世界第一个广告专业，标志着广告以专业的形式正式进入美

① 聂晓梅. 大国崛起的映射：美国1860—1920年的广告产业发展综述[J]. 现代广告，2019(6)：4-10.

国的高等教育体系[①]；1909 年，哈佛大学开设名为“商业组织和方法”的课程，其中涉及广告方面的内容。值得注意的是，这一时期在美国，广告学设立在新闻学院和商学院的比例几乎是 1∶1，这实际上与广告学的学科属性有关：广告学交叉性较强，依托了心理学、社会学、传播学和营销学等[②]，在这些学科理论和原理被引入的基础上，广告学出现了新的研究分支，高校学者投入广告学研究，高校成为学科发展和广告学研究的重要平台，广告学科建设也呈现体系化特征。在广告学理性研究方面，早期受心理学的影响非常显著，如 1900 年，明尼苏达大学心理实验室的哈洛·盖尔（Harlow Gale）撰写《广告心理学》（*Psychology of Advertisement*）；后来，美国社会心理学家瓦尔特·狄尔·斯科特（Walter Dill Scott）于 1903 年出版《广告学原理》、1910 年出版《广告心理学》、1913 年出版《广告心理学的理论和实务》。经济学家也开始进入广告学领域的研究，如 1903 年，美国经济学家席克斯（Hicks）主编出版了《广告学大纲》；1915 年，经济学者乔治·弗兰奇（George French）出版了《广告：一个社会与经济问题》。

20 世纪 20 年代，资本主义国家先后陷入经济危机，社会购买力严重下降，为使广告能更好地吸引消费者的注意力，针对消费动机的调查逐渐普及，也是在这个时期，广告调查开始成为广告活动的重要前置性环节。如美国西北大学教授乔治·盖洛普（George Gallup）组建了调查小组，为了测验民意向读者发布问卷。由此，美国广告业受到市场调查研究的影响，走上了崇尚科学之路[③]。20 世纪 20 年代开始，现代化通信传播手段越来越多地应用于广告实践。如 1920 年，第一座商业化的广播台在美国诞生，随后的 20 年中，无线电广播明确了“以家庭主妇为主要听众”“心理广告为特色”“制作教育类和娱乐性节目”的运营理念，开启了广播业的商业化探索道路，现代媒体在广告信息传播和商品推销方面的价值得到人们认可，极大地促进了美国广告业的现代化发展。

20 世纪 40 年代，达彼斯广告公司的罗瑟·瑞夫斯（Rosser Reeves）提出独特销售主张理论，即著名的 USP（Unique Selling Proposition）理论。其理论中心归结于产品，直至 20 世纪 50 年代，其“产品本位”的广告观念都居于统治地位。

第二次世界大战后，美国政治、经济、文化和科技的发展促进广告事业的繁荣与发展，出现了以大卫·奥格威（David Ogilvy）、李奥·贝纳（Leo Burnett）、威廉·伯恩巴克（William Bernbach）等人为代表的广告先驱。这个时期的代表事件是奥格威提出了“品牌形象”理念，主张广告要通过塑造品牌独有的特征打动消费者，而任何品牌形象都可通过广告构建。这一理念影响力巨大，引发了美国广告业的理论创新和观念变革。自此，广告人跳出产品本身，将广告诉求的重点放在满足消费者心理期待与提升广告的接受度方面，广告的侧重点也从传递产品功能转为塑造品牌或产品的形象和个性。

20 世纪 70 年代，美国著名营销专家艾·里斯（Al Ries）与杰克·特劳特（Jack Trout）提出“定位理论”，视消费者的心智为品牌争夺的终极战场，也是在此时，广告实

---

① 曾琼．美欧广告学的演进：基于学科制度的视角［J］．现代传播（中国传媒大学学报），2017，39（2）：128-131，138.

② 乔均，程红．美国广告教育的历史变迁及现状分析［J］．中国广告，2007（12）：43-47.

③ 杨允．从 20 世纪美国的广告看广告传播理论的人本主义走向［J］．辽宁工学院学报（社会科学版），2004（4）：77-79.

现了由“产品本位”向“受众本位”的彻底转变。

20世纪80年代后，电子媒介飞速发展，特别是90年代互联网的普及，美国出现了众多如社交媒体、搜索引擎、移动互联网等新的媒介形式，传媒环境发生了重大变化，广告学理论也迎来了创新。20世纪90年代，唐·舒尔茨（Don E. Schultz）提出的“整合营销传播理论”（Integrated Marketing Communication，IMC）成为广告界的主流。它把消费者提升至更为重要的位置，认为企业应以满足消费者需求为导向，进而确定统一的促销目标，在营销过程中应综合运用各种传播手段、发挥各种传播工具的作用，以实现整体效果。

随着21世纪的到来，广告的流程不断改变，特征愈发丰富，研究视角也更加广泛。回顾现代广告的源起与发展历程我们可以发现，广告学理论的发展具有因时而变的特点，会随着经济环境、消费需求、媒介技术和社会文化的变化而改变。从“理论来自实践”“实践检验理论”的角度而言，广告学相关理论也在广告行业的变动发展下不断更新进步。从“理论指导实践”的角度来看，广告行业也受学科研究的影响而不断发展变革。

第二节　广告定义之古今流变

广告的定义是随着时代发展、环境变迁而不断变化和调整的，伴随着广告实践的探索，广告定义的内涵和解释力也不断经历着消解和重塑。探讨广告定义的流变发展，有助于我们在正确理解广告定义的内涵和外延的基础上明确广告定义的适用性价值。因此，本节将解读百余年来广告定义的流变过程，并介绍现代广告学者对广告定义提出的全新思考，提取、总结古今广告定义的共通之处，引入多元视角和立体维度帮助读者理解广告的定义。

一、广告定义的演进

广告的定义不是一成不变的。百余年来，受到社会经济发展情况的影响，不同时期的广告理论关注的热点和实践面对的问题各异，因此，广告的定义也处于不断调整和变化过程之中。

在1890年以前，广告被视作与新闻报道类似的传播手段，起告知作用。当时西方国家普遍认同的定义是“广告是关于产品或服务的新闻”（news about product or service），这种定义认为广告是新闻的一种，重在突出其信息性。在此阶段，广告代理公司基本上是站在媒体的角度为广告主服务，它们的价值就是帮助客户更好地选择媒体①。

1894年，随着传播技术的更新，广告的定义中首次出现了媒体形态特征的界定，开启了广告定义的新境界。美国现代广告的开创人物阿尔伯特·拉斯克（Albert Lasker）所在的广告公司Lord & Thomas提出：“广告是由因果关系驱使的、印刷形式的推销术”（salesmanship in print，driven by a reason why）。这种观点认为广告是推销，需要通过印刷形态的媒介如报纸、杂志等达成。这是第一个将广告的功能与媒介形态紧密关联起来的

① 陈刚，潘洪亮．重新定义广告：数字传播时代的广告定义研究［J］．新闻与写作，2016（4）：24－29．

定义，但囿于概念提出的时代，这一概念对广告媒介的理解天然的存在局限性。

从中国的角度来看，1912 年，在广告的定义中出现了对于社会关系的思考。李叔同在《广告丛谈》中指出，广告在现代社会中“实为经济之机纽”，为国计民生所必需。广告学作为对广告活动的学理研究，有其科学价值，“绝非单纯之技术所可限定者也”。

1917 年，蔡元培提出应当高度关注广告的社会影响，强调“若广告，以迎合一部分恶劣之心理，则亦犹国旗之污损矣”，表达了对各种虚假广告的明确批判，主张广告与新闻一样要符合社会道德。

1919 年，北京大学教授徐宝璜在《新闻学》中设立章节对“新闻纸之广告”进行论述：“广告如登载得当，其为多数人所注意也，必不让于新闻”，“为发达商业计，便利人事计，实有谋其广告发达之必要也”。此观点体现了人们对广告重要性的思考，即认为广告是提升媒介发展的重要支撑力量。

1926 年，我国著名新闻学家戈公振提出，广告除具备经济功能外，也应兼具社会和文化功能：“广告为商业发展之史乘，以及文化进步之记录。广告不仅为工商界推销出口之一种手段，实富有宣传文化与教育群众之使命也。”[①] 此定义侧重于强调广告的社会意义和公益价值。

20 世纪 30 年代，随着大众报刊的诞生，大众传播时代到来。1932 年，美国专业广告周刊《广告时代》（*Advertising Age*）将广告定义为：“个人、商品、劳务、运动，以印刷、书写、口述或图画为表现方法，由广告者出费用作公开宣传，以促成销售、使用、投票或赞成为目的。”此定义具有显著的“过程性”特征，从广告内容、传播载体、表现方法、广告目标等角度，完整阐述了广告活动的流程。

1948 年，美国市场营销协会定义委员会（The Committee on Definitions of the American Marketing Association）对广告进行定义：“广告是由可确认的广告主，针对观念、商品或服务进行的一种付费的、非人际传播的陈述与推广。”虽然该定义后来被多次修改，但由于其界定了广告的大致范畴，仍是目前影响较大的定义之一。例如，在此基础上，美国市场营销协会还曾提出过一个广告的定义：“企业、非营利组织、政府部门或者个人通过大众媒体发布公告和有说服力的信息，为了告知或者劝服（inform or persuade）特定目标市场或者受众有关的产品、服务、组织或者想法。”此定义更加强调广告的两个基本要素：“通过大众媒介完成”和“告知与劝服的目的”。

1995 年颁布的《中华人民共和国广告法》中将广告定义为：“商品经营者或者服务提供者承担费用，通过一定媒介和形式直接或者间接地介绍自己所推销的商品或者所提供的服务”。此定义较为完整地描述了广告活动的链路，对广告的传播特征进行了界定，强调“商品”和“服务”。但此定义并未将公益广告和以传播观念的商业广告囊括在内，存在一定局限性。2015 年修订后的《中华人民共和国广告法》中对广告的定义为：“商品经营者或者服务提供者通过一定媒介和形式直接或者间接地介绍自己所推销的商品或者服务的商业广告活动”。2018 年和 2021 年修正时，沿用了这一定义。此定义不再强调广告的付费对象及成本构成，而是更加突出了广告活动的通路和动机，因此可以将基于互联网、没有直

① 戈公振．中国报学史［M］．北京：三联书店，1955：220.

接付费行为的广告活动包括在内，符合数字媒体背景下广告活动的新特点。

综上，广告的定义随着时代的发展和环境的变化不断趋于丰富，始终处于调整的过程之中。一方面，广告定义的内涵从“产品”“服务”到“观念”不断丰富，随传播环境变化而调整的特点非常明显；另一方面，我国现阶段主流的广告定义更加关注商业广告，在观念型广告和公益广告的界定方面存在一定局限。

二、广告定义的再造

21 世纪是数字化时代，传播环境的数字化使得媒介形态、消费者购买习惯、企业营销方式发生改变，对于动态发展的社会来说，也需要再次思考广告的定义。因此，不少中外学者、研究机构都给出了自己的见解。

2015 年，美国西北大学、澳大利亚昆士兰大学、北京大学的多位学者通过联合调研，尝试提出了广告新定义：“广告是由一个可确定的品牌，利用付费媒体、自有媒体或者可拥有的媒体，意图劝服消费者在现在或者将来形成认知、情感或者行为上的改变的传播。”（Advertising is paid，owned and earned media communications form an identifiable brand，Intent on persuading the consumer to make some cognitive，affective or behavioral change，now or in the future.）这一定义力求概括所有可能使用到的广告媒体形式，强调广告所追求的效果，并强调了广告和品牌之间的紧密联系。

2016 年，中国学者陈刚、潘洪亮发表论文，提出：“广告是由一个可确定的来源，通过生产和发布有沟通力的内容，与生活者进行交流互动，意图使生活者发生认知、情感和行为改变的传播活动。”① 此定义意在强调广告业调整应当顺应数字化时代企业的服务化转型。2021 年，冯一然、成文胜提出了新媒体环境下广告的三种新变化：“一是重新定义了广告的多样性，产生了更为丰富的广告形式；二是重新定义了广告的精准性，大数据技术实现了广告的精准投放；三是重新定义了广告的渗透性，促使广告行业朝着增强用户参与感、代入感、活跃度的方向不断转型与变革。”②

就数字传播技术的发展现状而言，目前我们正处于数字媒体向智能媒体转型发展的关键阶段，广告作为信息传播手段，依托的媒体环境和传播工具还在不断地变化和调整，在这种情况下，广告的观念和表现方式、广告活动的组织结构还将经历调整和变化，未来的广告定义还将随着时代发展不断更迭，广告定义的重塑依然有较大的空间。

三、广告定义的共性特征

虽然广告的定义是一个不断变化的过程，但从目前来看，已经出现的广告定义具有显著的共性特征，换言之，社会空间中，能称为广告的行为和活动，通常包含下列四个基本要素：

第一，广告是需要付出一定成本进行的传播活动。在传统媒体环境中，不同于一般的

---

① 陈刚，潘洪亮．重新定义广告：数字传播时代的广告定义研究［J］．新闻与写作，2016（4）：24－29.

② 冯一然，成文胜．新媒体时代对广告的重新定义［J］．传媒，2021（9）：72－74.

新闻传播和宣传活动或者公关，广告是付费的信息传播活动。广告主通过购买媒介或向广告代理公司支付费用，把广告信息直接传递给受众。通常来说，广告主希望能通过产品销售将投在广告上的费用收回来，而投在广告上的费用往往会计入商品或服务的成本，最终反映到商品的价格上。

在数字媒体环境中，广告的成本有时候不直接表现为广告资源的购买费用。看似不花钱就能够做广告，但其实广告的成本通过其他方式得到了体现，比如获取流量的费用、流量置换的费用、定向传播和推荐的费用以及生成和优化算法的费用。因此，无论是传统媒体还是数字媒体，广告都是需要付出一定成本才能实现传播目标的活动。

第二，广告是非个人接触的。广告具有独特的说服规律：不通过具体的销售人员触达受众，不与受众发生人与人之间的、面对面的接触，而是通过一定的媒介与消费者进行沟通。这决定了广告是一种公开的信息传播行为，属于大众传播的范畴，同时，也决定了无论受众数量的多少，广告本质上都是一种规模化传播，追求的是规模效应，绝对意义上的个性化人际传播不属于广告。

第三，广告是通过一定媒体进行传播的。广告可以通过大众媒体和非大众媒体产生相应的作用。数字媒体出现之前的广告定义，普遍认为大众传媒是广告的媒体，互联网逐渐普及之后，大众媒体的类型得到了丰富，除包括报纸、电视、杂志、广播和户外等媒体之外，以移动互联网为代表的一系列新的媒体形态、应用和装置成为大众传播的主要载体。随着时代发展，媒体的多元化和细分化使得广告的通路不再局限于传统意义上的媒体，电脑、手机、数字电视机等终端，楼宇、电梯等公共场所，均可以成为传递信息的介质、广告的发生场所，广告的载体正在向着数字化、智能化的方向不断发展和变化。

第四，广告必须有可鉴别的投资者。所谓“可鉴别的投资者”，就是广告主（advertiser）。广告主是广告行为的主体，是广告信息的发布者、发起人。对广告主来说，“可鉴别的投资者”可以帮助其在一定程度上控制广告活动、获取广告活动所产生的效益，还可以规范其行为、促进其为广告的真实性负责、履行在广告中作出的承诺；对消费者来说，在商品购买过程中识别出“投资者”，能帮助其认识、了解产品，进而形成品牌信赖和品牌忠诚、降低消费风险、提高决策效率、保护自身利益。

四、其他视角下的广告定义

基于广告的多学科交叉背景，除广告本学科外，我们还可以从相关的营销学、信息学、社会学等视角进一步理解和定义广告。

在营销学视角下，广告是营销的重要工具。营销的核心是和谐地完成交换，广告在企业活动中发挥着沟通产销信息、配置生产资源、引导资金流动的重要作用。了解消费者需求并生产相应商品或服务后，通过发布广告信息，能够引起目标消费者的交易兴趣，从而促进交换过程的完成。

在信息学视角下，广告是联通物流、资金流的桥梁。广告归属于信息流，具有服务于物流和资金流的天然属性。广告的核心目标在于实现信息优化：提高信息传播的效率、扩大信息传播的效益，以此使得商品流通更加便捷、促进资金的回收与增值，进而撬动物流和资金流的繁荣。

在社会学视角下，广告对社会消费文化和消费趋势具有强大的塑造和影响作用。一方面，广告塑造和推动了一个时期社会的消费潮流和消费趋势，记录着社会消费的整体水平、特征和变迁；另一方面，广告是消费文化的引领者。广告塑造了大量的品牌，并通过品牌传播来引导社会消费文化，进而影响和反映社会文化的发展阶段特征和流行趋势。

综上所述，广告不仅仅是单一的传达商品信息的方式，它在促进营销、信息优化、引导消费文化等方面有着重要作用。我们应该认识到广告在各个领域的显著作用和影响力，建立科学、全面的广告观念。

第三节　广告学的研究对象、内容及研究方法

了解广告学的研究对象、内容、学科体系和研究方法是学习和研究广告学的基本要求，有利于我们科学规范地学习和理解广告学专业知识，深入探索其中的原理及规律。

一、研究对象、内容

广告学的研究对象是广告活动和广告事业的产生与发展规律。广告学是在许多边缘学科的基础上发展起来的一门综合性、独立的社会科学。它研究的是人类社会中大量存在的信息传播现象，广告的本质不是经济性的，而是一种广泛的信息传达。

从传播学理论的角度来说，传播学的具体研究对象是包括广告在内的所有大众传播手段，传播学的许多理论也适用于广告学的研究。广告学要解决的实际问题不是从经济优先的角度出发，而是从传播信息的立场出发，研究各种信息传播的过程、效果及发展运动规律，其侧重点在于经济、市场信息的传播规律。因此，广告活动和广告事业的产生与发展规律是广告学的研究对象。

广告学的研究内容基于广告学学科体系展开，涉及三个领域：理论广告学、应用广告学和历史广告学。

理论广告学又称广告理论研究，是运用科学方法，对广告活动中的根本性问题进行的研究。理论的作用在于指导实践，理论广告学常见的研究内容包括广告的概念，广告的分类，广告在社会和经济发展中的作用、地位，广告活动的基本规律、原则，广告研究的基本方法等。

应用广告学又称广告学实务研究。广告是一种操作性的社会实践，而广告学则是关于广告这种特殊的社会现象及其运动规律的科学理论体系①。应用广告学是广告学的主体，以广告实践作为研究对象，旨在探讨和揭示广告在商品促销中的活动规律。应用广告学常见研究内容为广告活动的业务规律和具体运作方式，如广告策划、广告设计、广告制作、广告管理等。

历史广告学又称广告历史与文化研究。历史广告学侧重通过梳理广告相关历史，研

① 陈培爱．20 世纪中国广告学理论的发展［J］．厦门大学学报（哲学社会科学版），1999（4）：8－14，124．

究并总结广告产生、发展以及广告事业变迁的规律，能为学科知识的生产奠定基础，为学科理论体系的构建与完善提供帮助。历史广告学的研究范围很广，主要有广告媒介发展史、广告组织发展史、广告设计制作风格（表现技法、工具等）演变史、广告学说史等。

二、研究方法

广告学研究方法的核心旨在树立清晰、理性、正确的广告观。要认识到我国广告业的发展和社会主义市场经济体制息息相关，进行广告学研究必定要以唯物辩证法和唯物史观为基石，以马克思主义政治经济学基本理论为指导，以习近平新时代中国特色社会主义思想为根本依据。① 广告学研究要坚持马克思主义方法论的基本原则，即客观性原则、主体性原则、整体性原则、具体性原则和发展性原则。

在世界广告学研究领域，目前已经形成了两大科学研究范式——实证研究范式和思辨研究范式。②

实证研究范式包括实验研究、调查研究和历史研究。它以广告效果为研究核心，主要采取定量、质性或两种方法混合的研究方法。实证研究法的重点是研究现象本身“是什么”的问题。通过认识客观现象、揭示客观现象的内在构成因素及因素的普遍联系，归纳概括现象的本质及运行规律，向人们提供实在、有用、确定、精确的知识。实证研究范式影响力较大，如今除北美地区外，亚洲的日、韩两国及我国的香港地区与台湾地区，大都遵循该种研究方法。在实证研究中，定量研究重在对事物可以量化的特性进行测量和分析，以检验研究者的理论假设。质性研究是指研究者参与到自然情境之中，采用观察、访谈、实物分析等多种方法收集资料，采用归纳而非演绎的思路来分析资料和形成理论，通过与研究对象实际互动来理解和解释其行为。

思辨研究范式以广告文化为研究核心，明显具有浓厚的理论思辨性特征。批判研究和比较研究、解释研究都属于理论思辨研究的范畴。

综上所述，我们将广告学的研究方法简要概括为以下两大类：实证研究和理论思辨研究。值得注意的是，近年来这两种研究范式也在相互影响，形成研究的互补。

在线自测

扫一扫　练一练

① 丁俊杰．广告学概论［M］．2版．北京：高等教育出版社，2024.

② 曾琼，张金海．中国广告学知识生产研究方法检视：基于新闻传播学 CSSCI 期刊论文的实证分析［J］．现代传播（中国传媒大学学报），2015，37（10）：112-117.

第二章　广告概述

在本章，我们将从广告观、广告对不同主体的价值、广告的作用、广告的传播特点及学科属性入手介绍广告，并引入部分实际案例辅助理解，构建一个更为全面的学习广告学的体系。

第一节　塑造正确的广告观

广告观是对广告的基本看法和判断。无论是在日常生活中接触广告，还是专门学习广告，我们都需要塑造正确的广告观。广告观回答的是“广告是什么、为什么、怎么做”的问题，正确的广告观可以指导广告活动和广告研究，指导广告人制作出更优质的广告。

塑造正确的广告观，必须以马克思主义唯物辩证法和唯物史观作为基石。当代中国，广告业必须坚持以唯物主义广告观指引和统领广告实践。所谓唯物主义广告观，是指从唯物主义视域出发对广告的根本看法。唯物主义广告观认为：广告源于人与自然之间的物质变换活动以及人与人之间的物质交换活动，是人的物质生产和物质生活本身的需要催生了广告。只要人的物质生产和物质生活不停，广告就永远有其存在价值。①

塑造正确的广告观，要求透过广告的现象看到、看清、看懂广告的本质。现象是事物的外部联系，是本质在各个方面的外部表现；本质是事物本身所固有的逻辑形式和属性。现象和本质是对立统一、相互作用的。例如，我们看到一则广告认为其“成功”，需要思考是因为它得到巨大的流量，还是因为它的制作成本低廉？是因为它拿下了众多国际奖项，还是因为它满足了受众需求？只有在实践中通过对一则广告展现出的多方面现象进行去伪存真、由此及彼、由表及里的分析，才能实现“从现象到本质”的深化认识。

塑造正确的广告观，还需要认识到广告的两面性，看见广告的价值并承认广告的不足。广告的积极作用在于，它是发展经济的有效手段，是文化传播的重要载体，但是歪曲事实、搬弄是非、虚假夸大的广告也可能会造成扰乱市场秩序、损害消费者利益的不良后果。因此，我们不仅要看喜欢的广告，还要看不喜欢的广告；不仅要看广告，更要评点广告，在浏览广告的过程中要养成思考广告的习惯。

总体而言，树立正确的广告观对于学习广告学来说是重要且必要的，在广告活动实践中也应时刻注意。

---

① 葛在波．回归马克思，坚持用唯物史观解答广告的“历史之谜”：也谈广告哲学［J］．现代广告，2022（19）：43-46.

第二节 树立广告导向观念

一、广告导向观念提出的背景

习近平总书记在2016年2月党的新闻舆论工作座谈会上的讲话中指出："新闻舆论工作各个方面、各个环节都要坚持正确舆论导向。各级党报党刊、电台电视台要讲导向，都市类报刊、新媒体也要讲导向；新闻报道要讲导向，副刊、专题节目、广告宣传也要讲导向；时政新闻要讲导向，娱乐类、社会类新闻也要讲导向；国内新闻报道要讲导向，国际新闻报道也要讲导向。"

作为广告专业的学生，我们应当把握：将导向原则上升为媒体各项内容基本准则，习近平总书记提出的"各个方面、各个环节"基本覆盖了所有的媒体形态和内容产品范畴。

二、关于"广告导向"问题的研究历史

早在1996年7月，田国栋、潘荣就在《广告大观》杂志上发表文章《广告也要讲导向》，对当时广告业发展过程中暴露出的问题进行了剖析，提出了"广告业既担负着经济建设的重任，也肩挑着传播社会主义精神文明的重担"等观点，论证了坚持正确广告导向的重要意义。时隔十年，《光明日报》在2006年11月2日刊登了曹建文的同名文章《广告也要讲导向》，文章中指出"近来，在一些新闻媒体上，不良广告频频出现"，并且将导致这一问题的原因归结为"一些新闻媒体唯利是图，罔顾基本道义与社会责任……个别管理部门对此监督不力，执法不严"。在此基础上，文章提出了"舆论导向不仅存在于报纸的新闻报道之中，也体现在报纸所刊载的广告之中"等观点。

从上文列举的两篇文章可以看出，以往对于广告导向问题的关注和强调，实际根源于社会对于广告产业发展中产生的诸多问题（如虚假广告、恶俗广告等）的相关批评。对于导向问题的强调，其实是在讨论应当用什么样的标准来规范广告行业的发展，避免违规内容屡禁不止的现象，本质上是事关广告管理和内容净化的重要命题。同时，之所以强调广告"导向"是因为广告"与新闻版面融为一体，广告对受众的引导效应，尤其对大众的消费行为，从某种意义上说丝毫不亚于新闻报道"。换言之，在传统的媒体内容板块中，广告与新闻内容处于同一空间，形成了彼此影响和彼此背书的绑定关系，如果权威内容搭配了恶俗广告，不但会影响内容本身的权威性，还会影响媒体的整体格调和社会公信力。

三、树立"广告导向观念"需要注意的四个问题

1. 理解广告导向问题要有新的高度

当前应当从媒体融合发展的高度来理解广告导向。从新媒体的发展历程来看，广告始终是互联网产业的支柱性盈利模式，从互联网到移动互联网，最为直接有效的变现方式就是广告，因此，与其说广告属于媒体内容，倒不如说它有非常强的媒体产品属性，是媒体经营和发展的重要载体，广告从前是传统媒体的经营支柱，未来也将是媒体融合后全媒体平台的经营支柱，而当前媒体融合进程的不断加速，在丰富广告的传播渠道和广告产品体

系的同时，也不可避免地增加了全媒体环境中广告传播行为的不可控因素，尤其是基于大数据、计算广告等新技术进行的广告传播行为，如果处理失当，导致的社会问题可能会比虚假广告、恶俗广告严重得多。

2. 广告导向问题的核心在于平衡广告的商业功能、社会功能和文化功能

本书认为，正确理解和把握广告导向问题，应当从广告的属性层面着眼。首先，广告是商品经济的产物，是市场繁荣和活跃的镜像，具有服务市场、沟通产销、拉动消费等重要作用，属于营销的一种方式。因此，广告的核心属性肯定是商业属性。其次，从社会发展的角度而言，广告大量存在于社会的公共空间，具有很强的社会公共服务属性，例如，从历史层面来看，广告对于新技术成果的传播，在很大程度上提高了技术从实验室走向市场化的速度，提升了整个社会群体的生活质量。又如，商业广告体现的是企业的产品价值和品牌形象，而企业作为社会公民，追求自身盈利的前提应当是给社会带来价值，这一点必须体现在广告中，否则广告对于企业品牌的塑造能力就无从谈起。所以，广告宣传中蕴含的价值观导向，是千千万万作为经济细胞的企业的价值观的汇聚，具有深刻的社会影响力。最后，从文化层面来看，广告的文化功能主要体现在对全社会消费文化的引领和塑造上。这一点在广告创意中表现得最为明显。例如，在汽车还未成为家庭普遍代步工具时，汽车广告的创意往往注重强调奢华和身份象征，宣称产品带给消费者的身份提升，当年甚至连桑塔纳、富康等普通轿车的广告也以此为卖点。随着中国民众消费能力的日益提升，汽车日益普及，汽车广告的创意开始强调实用性、舒适性和经济性。广告创意的变化，折射出的是社会文化、消费意识的变化。在当前普遍倡导节约、反对奢靡的社会文化认同中，未来广告中涉及奢华生活、铺张浪费的内容必然会日益减少，高档酒类、消费品等相关行业的广告也将持续受到影响，而对于绿色、节约和环保等生活方式的倡导和追随，将成为广告创意的主流内容。这一特点不但会在公益广告中大量出现，也必将成为商业广告创意的重点诉求。

总之，由于广告属性的多元性特征，对于导向问题的把握，要点和重点其实在于如何平衡其商业功能、社会功能和文化功能，单独放大任何一项，都不利于广告行业的健康发展，同时也会导致多方面的不良影响。

3. 广告导向问题要关注广告与内容的绑定关系更新

在传统媒体环境下，对于广告导向问题的研究，是基于广告与新闻内容处于同一版面空间但彼此独立的关系结构。而在新环境下，广告与媒体内容的绑定关系日趋多样化，一方面是“广告内容化”趋势，原生广告等新的产品形态与内容的界限已经非常模糊，商业信息大量融入内容之中，难以有效区分；另一方面是“广告独立化”趋势，在精准营销技术的推动下，广告不一定要以内容为载体，而可以根据时空定位、消费行为和兴趣爱好进行直达个体的实时推送。

未来把握广告导向问题，要树立全面而具有发展性的视野，在考虑传统广告形态的同时，对于那些基于创新技术的新兴广告产品，也要纳入管理和规范的视野，避免由于顾此失彼而出现导向管理的空白地带。

4. 广告导向问题要切实加强规范和引导

众所周知，传统的广告管理强调制约，重点在于对违法内容的审查和后置性处罚。而

解决导向问题的核心却在于前置性干预和引导，这就需要主管部门真正介入广告经营机构的日常工作流程，建立协助、沟通式的伴随式管理模式，帮助广告从业者提高思想政治水平和社会公共服务意识，引导广告从业者在创意、传播等层面主动契合当前中国经济、社会、文化的发展特征，如果仅仅是简单粗暴的处罚和禁止，面对日益多样化的广告产品形态，必然事倍功半，难以取得良好的规范效果。

总之，当代的广告学习者应当明确，对于广告导向问题的正确理解、对于广告多元功能的协调和平衡、对于多样化广告产品形态的全面管理，都是树立"广告导向观念"非常关键的问题，通过树立科学、客观的广告导向观念，可以更好地帮助我们保持对未来行业发展变化的敏锐感知，迅速完成适应新环境发展特点的广告专业观念和思维的更新和升级。

第三节　广告的三重价值

广告不只是一种推销手段，也是一种文化现象甚至是一种文化形态。在广告发挥价值的同时，广告也在表达着其主体所在行业的行业信念、行业精神和行业理想，因此，本节将对广告的国家价值、产业价值、企业价值进行介绍。

一、广告的国家价值

广告是政府与国际社会沟通的"世界语"，是国家形象的凝聚，是政府与国际社会积极沟通、正面交流的国际通用语言。图 2-1 所示为 2009 年中国商务部在美国有线新闻网（CNN）的部分频道投放的"中国制造"电视广告，并在全球范围内播出。该广告的核心主题为"中国制造，世界合作"，在画面中多次出现"中国制造，综合美国运动科技""中国制造，法国设计""中国制造，使用来自硅谷的软件"等文案。这是第一部由中国国家层面推出，并在西方国家媒体上播出的中国形象广告，它向西方受众呈现了一个更有诚意与世界各国进行友好合作的中国国家形象。① 一方面，该广告契合了提升国家国际形象的战略，展现了中国制造的软实力，提高了海外对中国制造产品的认知度，有利于打破国外对"中国商品质量不佳、多假冒伪劣"的偏见；另一方面，该广告强调"国际合作"，中国走向世界的开放立场也随之被传达了出去。

2011 年日本"3·11"福岛地震发生之后，由时任日本首相菅直人署名，在我国《人民日报》A9 版刊登了题为《纽带》的文字广告（见图 2-2），对向日本地震灾区提供援助的国家、地区和个人表示感谢。据了解，除中国外，此封感谢信还在包括法国、俄罗斯、韩国等在内的 7 个国家的主要报纸同步刊登。这则广告传递了两个重要信息：一是日本对中国和其他国家支援赈灾的感谢，传递了积极的信号，有助于中日关系的改善和良性发展；二是表达对未来、对灾后重建的信心。这则文字广告有助于日本塑造负责任的国家形象；也

① 王君燕．国家形象的塑造与国际传播：以商务部 CNN"中国制造"广告为例［J］．新闻传播，2010（1）：22-23．

图 2－1　中国政府发布在美国媒体上的“中国制造”电视广告

注：图中文字为“中国制造，法国设计”。

借机展示了日本政府对周边国家的友好态度，以及对于改善中日关系的期许。

视　点　9

“北斗”来了

行业反“潜”需要攻坚战

纽带

Thank you for the *Kizuna.*

广　告　9

地震过去5个月，对您讲述正日趋复兴的日本。

日本国政府

图 2－2　日本政府于日本“3·11”福岛地震后在《人民日报》发布的系列平面广告

2012 年 4 月 18 日，时任泰国总理英拉即将访华期间，曾专门在我国《人民日报》投放了题为《泰王国总理英拉·西那瓦阁下致中华人民共和国人民的信》的文字广告（见图 2－3）。英拉在信中表明了泰国“求同存异、互惠互利”的外交立场，表达了对中泰两国间相互尊重、加强合作、促进友谊的决心，也希望以此为泰国经济、文旅发展带来新的契机。这种利用广告在外交领域发声的方式，相较于采访和讲话，能够更好地表达意义完整的外交理念和友好感情，避免传播过程中由于意义模糊或信息不完整而导致的误读和曲解。

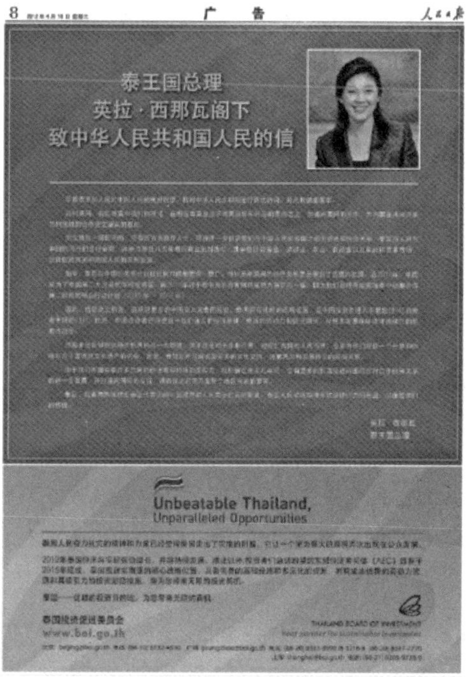

图 2-3　泰国前总理访华期间发布的广告

总之，在国际传播中，广告对国家形象的塑造有着至关重要的作用。日本前首相中曾根康弘有一句名言：“在国际交往中，索尼是我的左脸，丰田是我的右脸。”广告可以通过塑造具有国际影响力的商业品牌，面向国际宣传和推广国家形象和理念，政府可以通过有意识、有组织的广告活动，积极进行国家形象和国家品牌的对外传播，为国家营造良好的国际舆论环境、塑造正面的国际形象、带来良好的发展氛围。

二、广告的产业价值

广告的产业价值主要体现在以下两个方面。

1. 广告对新的细分产业具有宣传和推广作用

广告具有引导消费的功能，能够引领消费新潮流、新时尚，反映市场消费需求变化和发展趋势，企业进行技术创新和新品开发后能利用广告进行传播。例如，20 世纪 80 年代，当时正值洗衣机逐步进入我国百姓家庭，沙市日化就利用广告宣传“活力 28”洗衣粉——号称洗衣粉史上的第三代产品“超浓缩无泡洗衣粉”（见图 2-4），并推广其效率高、用量少、除污强、不褪色等几大特点，迅速占领市场。此后，衣物洗涤剂领域便开始时兴这种新式洗衣粉。如今，衣物洗涤剂还不断细分出了洗衣液、洗衣凝珠等，都是通过广告告知消费者产品功能，进行产品区分，劝说消费者购买新产品，从而满足消费者的个性化需求或者改变消费者的消费习惯，带动了新的细分产业的发展。

2. 广告对地方或区域的特色产业具有传播和拉动作用

借助广告能够塑造区域产业的特点，进一步拉动集群式的产业发展。例如，广东顺德家电产业发展迅速并形成集群，被称为“中国家电之都”。在 2017 年中国进出口商品交易

图 2-4　沙市日化活力 28 洗衣粉广告

会上，“顺德家电”就以区域品牌的身份为参展家电品牌进行广告宣传（见图 2-5）。同时，广告对文化创意产业、旅游业等领域的发展也起着积极的推动作用。如 2008 年以来，山东省在 CCTV 投放系列视频“好客山东”以推动全省旅游业发展，打响了山东的省域文化旅游品牌（见图 2-6）。此外，广告的创新和发展不断丰富着文旅产业的推广方式，有助于文化创意产品推陈出新，也有助于旅游业及周边地区的发展，也有利于相关产业的发展，为文旅产业的发展提供了强大动力。2015 年瑞士苏黎世火车站通过实时视频通话的形式，在火车站大屏上投放了一则创意互动广告，停下来与视频中人物交谈的行人可以获得一张当天通往瑞士格劳宾登的火车票，进行一次“说走就走的旅行”（见图 2-7）。通过该广告，格劳宾登地区成为更多旅行者钟爱的旅游目的地。

图 2-5　家电产业广告：“顺德——中国家电之都”

总体而言，广告能够塑造出一个产业或某个区域的特点，达到激活产业品牌或区域品牌的目的，对产业的形象塑造、资源整合、宣传推广等都有着举足轻重的作用。

图 2-6 文旅产业广告：山东省文旅品牌“好客山东”

图 2-7 瑞士创意旅游广告“伟大的逃离”

三、广告的企业价值

广告的重要目标是塑造品牌，因此，商业广告活动与企业的关系最为紧密。就广告的企业价值而言，主要包括以下方面。

1. 恰当的广告是拉近企业与消费者距离的手段

企业可以通过发布广告，搭建与目标消费者情感沟通的桥梁，提升消费者的好感度与品牌的口碑，打造更加积极正面的品牌形象。例如，2019 年 7 月 15 日，中国银联以“让山里的才华被看见”为主题，在上海陆家嘴地铁站放置了 15 台可以打印出诗歌的 POS 机（见图 2－8）。用户使用云闪付 App、银联手机闪付、银联二维码或银联卡在银联诗歌 POS 机上捐赠一元钱，即能获得一张印刷着山区孩子诗歌的精美“小票”。对企业而言，该广告活动传递出中国银联“付出必有回报”的价值，同时彰显了银联“不忘践行社会责任，用实际行动回馈社会”的品牌形象；对社会而言，向城市展现了山里孩子们的才华与诗情，向世界展现出对中华民族优秀传统文化的自信，为实现精神文化的富裕努力；对消费者而言，满足了其对精神层面的需求，收获了好感。

图 2-8　中国银联在上海陆家嘴地铁站投放“诗歌 POS 机”

2. 恰当的广告是品牌走向世界的载体

企业通过发布与政治事件相结合的广告，最大的意义在于能够将商业品牌、产业品牌与国家品牌紧密地结合在一起，实现品牌的捆绑，从而有助于形成国际社会对于一个国家的全面认知。例如，2014 年 11 月 10 日，四家在华韩国企业（三星、现代、SK 海力士、浦项）在《人民日报》刊登四个整版广告，欢迎当时的韩国总统来华参加亚太经济合作组织（APEC）领导人非正式会议。此举一方面为韩国总统来华造势、表达支持，另一方面也借势 APEC 提升企业形象、推广品牌，吸引话题和关注度。通过对国家形象的宣传和营销，也带动了企业形象的塑造。

以上案例表明，广告是企业提升形象、获取消费者好感度的有效手段，适当的广告活动有助于企业展现竞争优势、表达社会责任、塑造品牌形象、密切与消费者的关系等。从长远来看，广告有助于企业走向国际，全面提升品牌资产价值。

第四节　广告作用的梯级分布

虽然我们每天都在接触广告并受其影响，但并不一定了解广告对我们产生了哪些作用和效果。从心理学的角度来看，广告的作用可以划分为三个层级，分别是感受层面的作用、心理层面的作用和行为层面的作用，每个层级分别对应消费者对广告的认知水平、认同程度和在广告的影响与驱使下产生了什么样的认购行为。这三个层级由低到高，呈现“金字塔”状的梯级分布，即广告产生感受层面的影响最为容易，因此能够对广告作出认知层面反应的消费者最多，而认同和认购两个层级则相对难以实现，因此消费者人数越来越少。达成不同层级的作用的广告方法、效果都不尽相同。下面我们将对不同层级进行更为具体的阐释。

一、感受层面的作用

广告在感受层面的作用对应消费者的认知。广告作为一种社会空间中存在的信息刺激，其中的元素能对受众的多种感官产生不同程度的刺激，提供心理加工的素材，从而使受众认识品牌或产品、增强感知和加深记忆。具体表现在以下方面：

（1）广告通过创造独特的视觉形象和声音效果，以使品牌在众多竞品中脱颖而出，帮助消费者认识、记忆。例如，快餐品牌麦当劳的系列平面广告（见图 2－9），使用其品牌 logo 作为核心要素进行创意创作，同系列的多个广告不断提供信息刺激，持续强化消费者对品牌标识的认知，形成对于品牌理念的记忆和联想。

图 2－9　麦当劳的系列平面广告

（2）广告可以通过强烈的冲击，刺激视觉、听觉、触觉、味觉和嗅觉等感官，吸引消费者的注意和兴趣，从而让消费者更加深入地感知和理解广告所传达的信息。例如，2023 年华纳兄弟电影为了宣传电影《芭比》在各国发布了全粉海报，海报文案仅为电影上映日期，其中，粉色为芭比娃娃最具代表性的经典视觉元素。虽然这在观众心中早已是强烈的视觉符号和记忆，但全粉海报带来的强烈视觉冲击仍引发了网友和粉丝的讨论，为电影的上映造势。

（3）广告也可以将品牌或产品与特定的活动或感受相关联，使品牌具有强识别度，帮助消费者认识品牌。例如，奥地利运动饮料品牌红牛（Red Bull）自 1989 年就开始赞助各项极限运动比赛（见图 2－10），如 F1 赛车、滑雪、攀岩、特技等，久而久之，在人们心中建立起红牛和极限运动的强关联。如今，每当人们谈论红牛时都会想到一件事：红牛赞助的运动是世界上最危险的运动。由此也建立了品牌与勇敢、无所畏惧等精神气质的紧密关联。

图 2－10　红牛赞助极限运动比赛

（4）广告可以通过重复的手法，加深消费者对广告、品牌或产品产生独特认知或记忆，促进消费者记忆并理解广告内容，从而使消费者识别品牌或产品，实现说服的目的。在重复时，朗朗上口的广告词有利于受众快速记忆，如恒源祥的“恒源祥，羊羊羊”，步步高点读机的“妈妈再也不用担心我的学习”等，这些广告语在电视等大众媒体中不断重复，反复刺激强化受众记忆，又由于其押韵、对仗或语序简单，能够被受众轻松记住。

二、心理层面的作用

广告在心理层面的作用对应消费者的认同。认同是人们在社会互动过程中对自身角色以及与他人关系的一种动态的评估或判定[①]，在广告活动中，主要表达的是消费者对广告中素材和呈现形式的态度。影响人们产生心理层面认同的原因可以有很多，如何更容易地获得消费者的认同呢？我们可以从以下几点入手：

（1）提升广告信息与消费者需求和兴趣的相关度。当广告所表达的信息与消费者的需求和兴趣相关时，消费者会更容易产生认同感。如麦当劳曾推出以“如果看啥都像 M，那你可能是饿了”（If you see the signs，you are probably hungry）为主题的海报（见图 2－11），特意选取了下班拥堵、滑雪运动场、城市深夜急需补充能量的时刻，暗示消费者“当饿的时候，看什么都像麦当劳标志”。

（2）提高广告创意和表现方式与消费者的审美和心理的匹配度。当广告的创意和表现方式符合消费者的审美和心理时，消费者会更容易被广告所吸引，从而产生认同感。如在 2022 年春节，宝马中国发布名为“宝马太虎了”的贺岁广告（见图 2－12），将宝马的多款汽车产品与各类“虎元素”结合，以新鲜感和趣味性赢得了年轻消费者的好感与认可。

图 2－11　麦当劳“If you see the signs，you are probably hungry”系列海报之一

图 2－12　宝马中国发布的视频广告

（3）促成广告与消费者的价值观和信念达成一致。广告可以传达出品牌的价值观和信念，当与消费者心中所想契合时，能够使消费者产生共鸣，理解品牌并认可品牌。如美容护肤品牌珀莱雅于 2021 年妇女节推出“性别不是边界线，偏见才是”的一系列营销活动

① 包鹏程，严三九．电视消费话语与大众的身份认同［J］．现代传播，2009（6）：24－27.

（见图 2－13），将话题引入对于性别偏见的思考，从女性视角发声并包容部分男性的想法，展现了细致的品牌洞察，打动了消费者和其他观众。与之相反，当广告中出现与消费者的价值观或信念相悖的信息时，非但不能产生认同，还会牵连品牌受到消费者的厌恶。如某面膜品牌发布了一则电梯广告（见图 2－14），使用海豚、职场文案和特殊音效宣传新品“海豚皮仿生面膜”（人造纤维，质地模仿海豚皮肤），引发了消费者的抵制。该广告的问题在于，消费者会根据产品名称和画面产生品牌虐待动物的联想，进而产生价值观上的分歧。

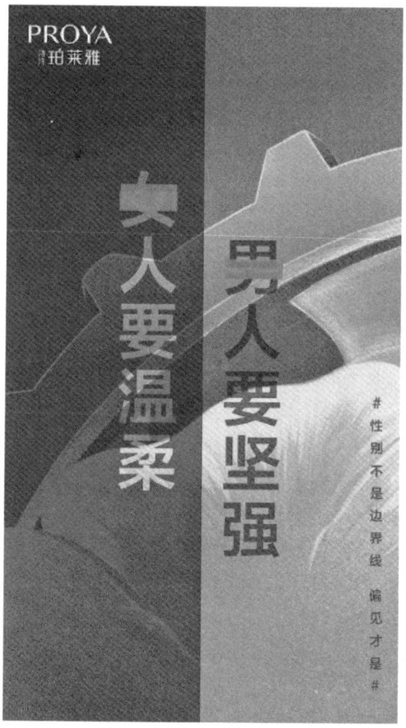

图 2－13 珀莱雅“性别不是边界线，偏见才是”广告营销活动

图 2－14 某面膜品牌在广告中使用海豚形象宣传新品“海豚皮仿生面膜”

总的来说，人们产生广告认同的原因是多种多样的，主要涉及广告信息、创意、价值观等方面。一个好的广告应该能够准确地把握消费者的需求和心理，从而在这些方面引起消费者的共鸣和认同，达成心理层面的作用。

三、行为层面的作用

广告在行为层面的作用对应消费者的认购。除了消费者发生购买决策行为外，产生持久的态度、好感并转化为忠诚，拉近品牌与消费者的关系都与之相关。影响消费者认购行为的因素大体上可分为以下几类：

（1）消费者个性特征。消费者的个性特征是判断细分市场的重要标志，也是在细分消费群体时最为明显的变量。一般来说，影响消费者形成个性特征的因素有性别、年龄、地域、受教育水平、职业、收入水平等，当广告活动中需要研究特定领域的内容时，可以根据情况增删因素。例如：在研究食品的购买意愿时，需要考虑消费者身体健康状况；在研究母婴产品的购买意愿时，需要考虑消费者的婚育状况；等等。

（2）产品的固有属性。产品的固有属性会直接影响消费者的购买意愿，因为消费者采取购买行为的最终目的是满足需求。产品的固有属性可以简要分为三类：产品的使用价值、产品质量、产品自身价值。对于食品来说，产品的固有属性就是口味、食材、营养价值、饱腹度等；对于奢侈品来说，其固有属性就是美观度、品质、升值空间等；对于电子产品来说，其固有属性就是性能、质量、可靠性等。图 2－15 为一则展示产品固有属性的洗发水广告。

图 2－15　展示产品固有属性的洗发水广告

（3）品牌、价格等产品外部的因素。实际上，买卖双方具有一定信息差，产品的属性和特征被有选择地展示给消费者，因此，当消费者无法准确了解产品的固有属性时，就需要借助品牌、价格等产品的外部因素进行决策考量。例如，品牌作为商家的重要无形资产，当品牌知名度较高时，对消费者而言意味着低感知风险，消费者更倾向于认为产品的质量能够得到保障，从而提高购买意愿。又如，在消费者意识中，普遍认为价格高低与产品质量好坏关联，越高的价格意味着越好的质量，消费者会为获得更好的产品质量而提升购买意愿，也会因为需要支出更多而降低购买意愿。通过广告，商家可以强化产品外部因素的优势，如塑造品牌，或者对低价产品进行质量展示或保证，以此增加消费者购买意愿。

（4）消费环境。消费者的购买决策会随着所处环境因素的变化而变化。线下商店的店面设计、商店氛围、周围环境、商品堆头及码放情况、店员服务态度、店员形象等都会直接影响消费者的购买意愿。

值得注意的是，在当前的广告传播活动中，并不是所有广告都要按照从感受到心理再到行动的顺序发挥作用，有些广告可能只会达到其中的一级或两级（如只达到了认知层面或心理层面），有些广告可能越过前两个层级直接影响了认购行为，有些广告则可能同时实现对于三个层面的影响。例如，我们的生活中，既存在单纯传播品牌观念的广告，对受众行为层面的影响不是此类广告追求的重点，同时又存在偏重于拉动销售的广告，这些广告通过在文案中添加“行动指令”，唤醒消费者在某一特定的场景进行消费和购买（例如：“吃完喝完嚼益达”）。此外，在代言人广告中，消费者由于对代言人的喜欢和支持，可以在不甚了解产品和品牌的前提下完成购买，这意味着广告的作用某些情况下可以跨越前两个层级，直接作用于第三个层级。因此，本书谈到的广告作用的梯级分布，是在陈述广告作用可能发生的三个维度，并不意味着逻辑上一定要遵循递进发生的作用次序。

第五节 广告内容的三个原则

广告作为商业信息传播的重要方式和普遍手段，除了能够传递品牌和产品的信息与观念之外，还对社会消费观念和文化观念具有显著的塑造作用，对消费者的心理和行为具有较强的影响。因此，在进行广告活动时，我们除了要关注其带来的作用和产生的效果之外，也应当注意广告在内容层面应当遵循的几个原则。在广告活动的策划、创意和执行中，设计和制作符合这些原则的广告能够帮助广告主更好地达成传播目标，更容易获得广告受众的积极反馈。

一、广告是负责任的传播

广告在推销产品或服务的同时，还承担着向公众传递信息的责任。在吸引消费者的注意力、激发消费者购买欲望时，广告也需要遵守相关法律法规，确保所传递的信息真实、合法，符合社会价值观和道德规范，且不侵犯他人权益。对于广告如何进行负责任的传播，有以下几点建议：

1. 广告不可以“应俗”

所谓“俗气”，就是字里行间、举手投足间流露出来的粗俗感。虽然广告的主要目的是推销产品或服务，但如果广告只是为了迎合某些不良偏好而通过使用粗鄙词汇、粗俗形象等方式吸引受众注意力，忽视了产品或服务本身的品质和价值的宣传展示，这样的广告可能会引起负面影响，甚至引起社会争议。例如，某饮料品牌的一系列广告，强调产品具有“丰胸”“美白”功能，并专门选择符合这一身材特点的代言人，拍摄展示身材的照片作为广告画面，并辅以“我从小喝到大”的诱导性广告语，虽然传播范围甚广，但经常遭到诟病和批评。其中这则广告最大的问题，就是存在低调趣味的应俗倾向。由此可见，在广告传播中，切实提升广告内容的格调和文化内涵，实现广告商业传播和文化引领的双赢，对于打造广告的长期价值而言非常关键。

2. 广告不应破坏语言规范性

广告是一种规模化的社会传播，对于接触广告的社会大众而言，广告的影响力可能会持续很久，甚至可能在不知不觉中非常深入，所以作为一种重要的公共传播手段，广告应该充分尊重和维护语言的规范性和准确性。如果广告破坏了语言规范性，可能会引起歧义，造成未成年人的误解和记忆混乱，甚至引起社会争议。有些广告为了追求新奇和创意，故意乱改成语、生造词汇或者使用不规范的语法结构，例如：

默默无蚊（闻）——蚊香广告

穿出孕（韵）味——孕妇服装广告

骑（其）乐无穷——单车广告

一明（鸣）惊人——电灯广告

无胃（微）不治（至）——胃药广告

咳（刻）不容缓——止咳药广告

有痔（志）不在年高——痔疮膏广告

这样的广告，虽然看似危害不大，甚至有一些幽默，但如果社会空间中充斥着这种信息，很容易造成消费者的困惑，必然会影响未成年人学习中文的效果和语感。

3. 广告在设置逻辑诱导时应注重信息准确、“三观”正确

广告应该基于真实、客观的事实和数据，避免虚假宣传、夸大功效和传播误导性信息。同时，广告在表达形式和创意上也应该尊重社会公共道德和伦理价值观，不应该引起社会争议或负面影响。如，某美容产品利用“五位品牌创始人皆是北京大学女博士”的学历标签进行虚假宣传，后由北京大学医学部发布声明表示（见图 2－16），该品牌与北大医学部无任何投资与科技成果转化关系，并被消费者质疑其“品牌自主研发的产品配方”宣传与实际功效不符，存在欺骗消费者的行为，受到消费者的一致排斥。

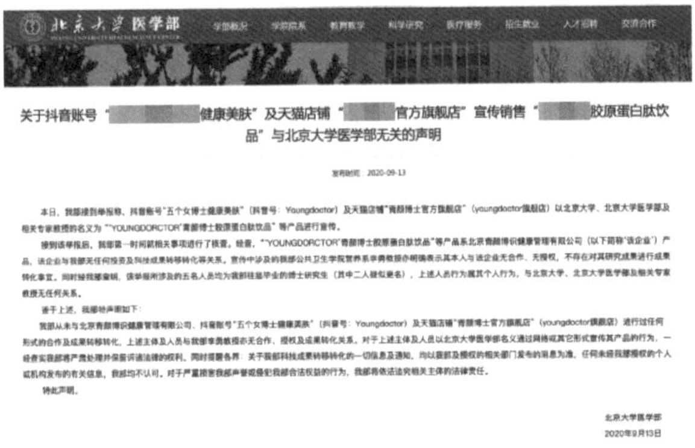
北京大学医学部

学部概况 学院院系 教育教学 科学研究 医疗服务 招生就业 人才招聘 交流合作

关于抖音账号“[illegible]健康美肤”及天猫店铺“[illegible]官方旗舰店”宣传销售“[illegible]胶原蛋白肽饮品”与北京大学医学部无关的声明

发布时间：2020-09-13

本日，我部接到举报称，抖音账号“五个女博士健康美肤”（抖音号：Youngdoctor）及天猫店铺“青颜博士官方旗舰店”（youngdoctor旗舰店）以北京大学、北京大学医学部及相关专家教授的名义为““YOUNGDORCTOR”青颜博士胶原蛋白肽饮品”等产品进行宣传。

接到该举报后，我部第一时间就相关事项进行了核查。经查，““YOUNGDORCTOR”青颜博士胶原蛋白肽饮品”等产品系北京青颜博识健康管理有限公司（以下简称“该企业”）产品，该企业与我部无任何投资及科技成果转移转化等关系。宣传中涉及的我部公共卫生学院营养系李勇教授亦明确表示其本人与该企业无合作、无授权，不存在对其研究成果进行成果转化事宜。同时经我部查明，该举报所涉及的五名人员均为我部往届毕业的博士研究生（其中二人疑似更名），上述人员行为属其个人行为，与北京大学、北京大学医学部及相关专家教授无任何关系。

鉴于上述，我部特声明如下：

我部从未与北京青颜博识健康管理有限公司、抖音账号“五个女博士健康美肤”（抖音号：Youngdoctor）及天猫店铺“青颜博士官方旗舰店”（youngdoctor旗舰店）进行过任何形式的合作及成果转移转化，上述主体及人员与我部李勇教授亦无合作、授权及成果转化关系。对于上述主体及人员以北京大学医学部名义通过网络或其它形式宣传其产品的行为，一经查实我部将严肃处理并保留诉诸法律的权利。同时提醒各界：关于我部科技成果转移转化的一切信息及通知，均以我部及授权的相关部门发布的消息为准，任何未经我部授权的个人或机构发布的有关信息，我部均不认可。对于严重损害我部声誉或侵犯我部合法权益的行为，我部将依法追究相关主体的法律责任。

特此声明。

北京大学医学部

2020年9月13日

图 2－16　北京大学医学部的声明

4. 广告应当树立正确的“女性”观念

广告中的“女性”应该被视为一个平等、独立的个体，而不是被歧视或物化的对象。广告中应该避免使用带有歧视、偏见或物化的字眼或图像，避免将女性作为观赏对象，供男性读者观赏，或将女性作为象征男性成功与否的符号或标签，营造类似“香车美女”般的庸俗成功学标准。这些女性元素的使用倾向虽然在广告中大量存在，但我们应当认识到其背后的问题和真正原因，从而在广告信息的加工中真正做到尊重女性的地位和权利，传递出性别平等、尊重女性的价值观念。

5. 掌握广告中的“度”

广告应该以合适的方式表达产品的特点和优势，不能以任何原因和借口冒犯或伤害社会中的某一类人群，更应当尊重不同国家和地区人们的风俗习惯和民族信仰。尤其是要注

意避免在讨好一部分群体的同时对其他群体造成伤害。例如，某品牌越野车在广告中展现从其他品牌车辆的车顶碾压通过的画面，意图体现其越野车卓越的通过性能，但此类广告在赋予车主所谓“优越感”的同时，难免会带给其他交通参与者不舒服的心理感受。这种广告创意的方式实质上就是违反了“适度原则”，非常容易给人们留下负面的心理印象。同时，广告在进行创意表现时，也应当注意不能背离用户的使用习惯和正常剂量。例如，某鸡精广告，看似体现全家人共同烹饪美食的温馨画面，但画面中妈妈加入的鸡精量显然违背了人们对于调味品正常用量的共识，从而容易让读者对画面产生负面联想，反而降低了广告的积极效果。由此可见，广告的内容和表现一定要把握传播的适度性，警惕过犹不及。符合适度原则的广告，在满足消费者需求的同时，更容易体现出公共利益和文化意义，从而发挥更大的社会效应。

综上，在广告传播过程中，广告主和广告发布者需要对广告内容进行严格把关。此外，广告还需要经过审核和批准，确保符合相关法律法规的规定。

二、广告应当表现生活情趣

广告在表现生活情趣方面具有很重要的作用。在广告中，品牌可以通过营造一种生活方式或展现某种没有被人感知到的生活情趣来吸引消费者的关注，实现品牌与消费者之间的正向沟通和反馈。

在表现生活情趣方面，广告可以通过不同的形式和创意来实现。例如，有些广告会通过优美的画面、动听的音乐和感人的故事情节来营造一种浪漫、温馨的氛围，让消费者感受到产品或服务所带来的美好体验（见图 2-17）。要达到这种效果，其实很大程度上有赖于广告从业者对消费者的深入洞察。广告活动中的洞察，其实就是广告人要能够感知那些在生活之中人人都知道却未被发现的事。例如，露营是很多人都有的体验，但露营和生活方式、生活心态方面的联系，却未必是所有人都能够直接发现或感知的事情，如果广告以这一特点为核心诉求，进行内容加工和主题展示，就很容易唤醒人们对于美好生活的感知，更容易认同露营作为一种生活方式，其中蕴含的积极生活态度和文化观念。

图 2-17 小红书露营季广告

同时，广告也可以通过一些时尚、潮流、健康等元素来表达一种现代、高端、健康的生活方式，吸引年轻消费者。如 2017 年，耳机品牌 Beats By Dr. Dre 为了推广新品降噪耳机 Beats Studio Wireless 推出了广告“Above the noise”，该广告完美演绎了新品耳机的降噪功能，将“屏蔽噪声”的概念巧妙地转化为“呼吁人们抛开外在的纷杂和观点”（见图 2－18）。此外，该广告还邀请了流行歌手、运动员、超模、著名演员等共同出演，赢得了众多年轻人的喜爱。

图 2－18　Beats By Dr. Dre 的广告“不服噪”（Above the noise）

总之，广告在表达生活情趣方面具有重要的作用。在广告中如果能够融入生活中的场景和情趣，可以很好地激发受众的情感反馈和联想，形成延伸至广告画面和文字之外的传播效果。例如，如何生动表现阅读带给消费者的生活体验？某书店的广告是这样设计的（见图 2－19）：当你进入梦乡的时候，睡前阅读接触到的故事主人公会一直在梦中陪伴着你，仿佛在你身边一样。通过画面生动而具象地表现出阅读对生活的陪伴，并能够很好地激发受众的联想，从而产生意犹未尽、持续回味的广告传播效果。

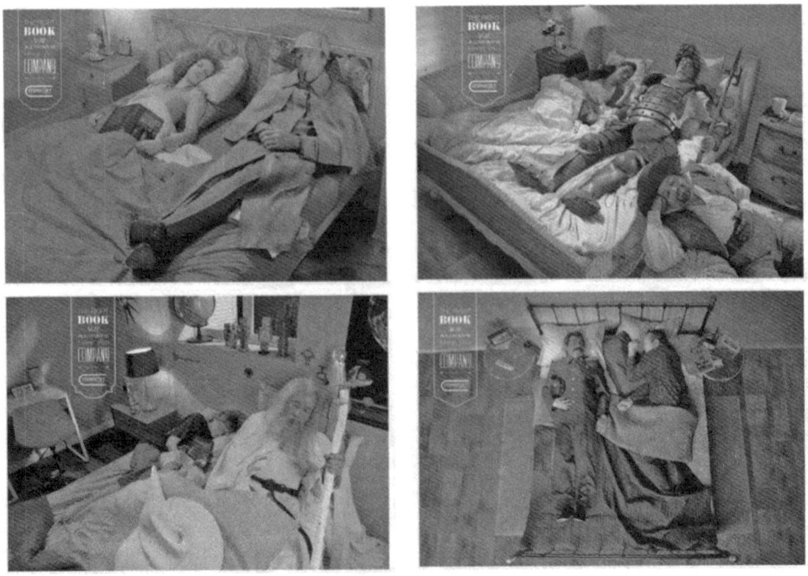

图 2－19　书店广告“一本好书，是你最好的陪伴”（The right book will always keep you company）

在广告的内容加工中，应当注重挖掘普通人的生活趣味和情感。因为普通人的喜怒哀乐、人生百态汇聚成的就是一个国家的宏观形象。尤其是一些展现社会现象、国家形象的公益广告或观念型广告，往往会通过对生活情趣和生活情感的表现，达到以小见大，从温暖每个观众到温暖整个社会的广告效果。例如，麦肯光明与 CCTV 合作推出系列公益广告之《回家篇》中，主题是表现中国人在春节“让爱回家”。类似主题的广告在生活空间中非常常见，但越是常见的主题，要获得良好的广告表现的确不是一件容易的事，因为如果仅仅体现回家团聚的画面，会显得不够深入，也难以打动受众。所以央视这一系列广告采取了挖掘并表现“极致化案例”的创意表现手段，选取了离家时间最长（63 年）、回家路程最远（跨越半个地球）等具有极端特征，但能够较好说明主题的人物和案例，将每个人都有的思乡之情在广告中进行了极致化加工和表现，由此带来一种情感浓度瞬间飙升的传播效果，大大提升了受众的广告共情效应，在这样一个常见主题的创意和传播中取得了显著的广告效果。

案例分享

极致化案例一——离家时间最长的回家（63 年）

台湾老人李景春，10 岁便离开上海去了台湾，与同胞哥哥李景秋一别就是 63 载，在此期间他从未回过故土。

今年过年，李景春老人怀着激动的心情，踏上了魂牵梦萦的寻亲圆梦之旅。临行前，老人特地让家人多准备一个红包，但没有说是给谁的。

在台北飞往上海的飞机上，老人反复地摩挲着当年的旧照片，想象着哥哥如今的模样。航班抵达上海机场后，哥哥李景秋早已等候在机场，虽然 60 多年没见，但血浓于水的亲情，还是让李景秋一眼在人群中认出了弟弟。哥哥哽咽地唤着弟弟的小名，多年未见的两位老人相拥而泣，场面催人泪下。迈进家门的那刻，望着多年前的一张全家福，李景春老泪纵横，哽咽着“母亲，我回来了”。随后，对着母亲的照片双手递上了专门准备的红包。

极致化案例二——距离最远的回家

从非洲西岸到中国东北，要历经 8 次换乘，历时 35 个小时，回家一趟实在不容易。

但工程师刘春生说，再难，也要回家过年。出发的那天，刘春生要先坐十几个小时的大巴到尼日利亚机场，然后再到埃塞俄比亚转机，那里才有到中国的航班。飞机在空中飞行了 20 个小时终于在香港降落，他又马不停蹄地飞往北京。在北京匆匆吃了一碗泡面，坐上飞往哈尔滨的航班后，刘春生终于坐上了回家的车。虽然还要有数小时的车程，但他知道自己离家越来越近了。

次日中午时分，他终于回到了自己的家中，忍不住鼻尖发酸。刘春生说，飞机、汽车、火车，花了两天一夜的时间，跨过了几大洲，终于到家了。他说："能喝到家乡的饺子汤，再怎么折腾也值得了。"

三、广告对生活思考的呈现

广告对生活思考的呈现主要通过广告中的故事情节、人物形象和思想感情等来实现。在呈现生活思考方面，广告可以采用不同的主题和创意，或者通过提出一些生活哲理或思考来吸引消费者的关注。例如，有些广告会通过呈现日常生活中遇到的困难和挑战来吸引消费者的关注，也会通过呈现使用产品或服务后的变化来让消费者感受到产品的价值和优势。这种呈现方式可以让消费者更容易理解产品或服务的特点和用途，引发消费者的共鸣和思考。同时，广告也可以通过加入例如亲情、友情、爱情等情感元素，引发消费者对生活的思考，让消费者产生共鸣和情感连接。

案例分享

电视广告片《全新君越五部曲》

Hello 篇文案：

（旁白）

其实这个人的工作，就是看别人说真话还是说假话。

（主角）

我的工作很简单，就是看人。

你不能相信一个人嘴里说出来的话，但是你一定可以相信他的身体。

我再将我看到的资讯，告诉我的客户。

人在说谎的时候，会下意识地比较退缩。

有的人会不经意地摸摸脖子，有的人摸摸耳朵，有的人会忍不住一直眨眼睛，好像他们想隐藏什么。

有的人在说话的时候，会双手握紧不断地摩擦。

其实这是一个非常典型的自我安慰的姿态，也就是说连他们自己都不太相信自己所说出来的话。

其实只要经过一些训练，你也可以看得懂周边的人。

像这位，他在说话的时候，手指向右边，但是眼神却一直飘向左边，这种行为，表示连他自己都不太相信他所说出来的话。

旁边这位，感觉上他好像一直非常专心，低着头做笔记，可是你知道他写了什么吗？他可能早就已经不在这一间会议室里面了。

不过有一件事，我还是不太清楚的，就是斜对面那位。

我看了他很久，他仿佛，没有作出什么特别的动作，也没有改变他的姿势，好像就一直安安静静地坐在那里。

有时候低着头写点东西，有时候又会转过头看看窗外，我看到他正在看着窗外那只知更鸟，在我的经历里，我还没有见过这样的人。

我看了他很久，我不相信，人的身体可以完全没有破绽，上半身没有，下半身肯定有。

（旁白）

他看人看了这么多年，这是最令他印象深刻的一句话：

（画中人物展示纸条）

“Hello!”

（字幕）

他，不喧哗，自有声。

资料来源：https：//www.adguider.com/case?id=6589857d36e54d5f80e0a52280c629d4.

第六节 广告学的学科属性

本节将揭示广告学与心理学、社会学、传播学、营销学的关系，希望能够帮助读者理解广告学是在与其他学科融合交叉、吸收了其他学科研究成果的基础上形成的一门交叉性、综合应用学科，并了解其他学科原理如何在广告学中得到运用。

一、广告学是综合性学科

中国的广告学诞生于20世纪二三十年代，在成为独立学科前，广告学的相关信息仅在新闻学、经济学等其他学科的相关内容中可见，但随着经济的发展和社会的进步，广告学逐渐从以上学科中分离出来。这种变化依赖于两个基本前提：一是广告业的迅猛发展以及广告在开拓市场、扩大商品销售等方面的重要作用，使得人们开始重视对广告理论的研究以及对广告运行规律的探讨；广告理论工作者运用现代化研究手段，对广告知识进行系统的整理、综合、总结，并将它提升到理论高度，从而探索出广告活动的规律，形成广告原理，使广告学逐渐形成较为完备的理论体系。二是科学技术的进步，特别是大众传播媒介的迅猛发展，使广告活动范围日益扩大，广告活动的形式日趋丰富多彩，广告所涉及的领域也越来越宽广，特别是新知识、新观念、新技术被广泛运用到广告实践中去，使广告学的研究对象越来越丰富，广告在促进商品销售、进行文化传播、引导社会风气等方面的作用也日益增强，从而加速了广告学从新闻学和经济学中分离出来的趋势[①]。不仅如此，在广告学的发展过程中，还渐渐出现了广告心理学、历史广告学、广告设计学、广告摄影学、广告理论学、实用广告学等分支学科，足以证明广告学的学科独立性。

广告学具有综合交叉属性，体现为广告学涉及的学科领域较为宽广，不同学科属性交叉。广告学在形成和发展中，吸收了来自心理学、社会学、传播学、营销学、艺术学、历

① 杨海军．论广告学的学科归属［J］．河南大学学报（社会科学版），2001（1）：105-109.

史学、哲学、统计学、公关学等诸多学科的学科知识，还在基于其他学科持续创新、理论更新的基础上完善本学科理论、丰富本学科内涵，最终造就了广告学既包含社会科学性质，又包含自然科学性质，还包含心理科学性质的综合交叉特性。

二、广告学与心理学

心理学是一门研究人类心理现象和行为活动规律的科学，研究范围广泛，涵盖了知觉、认知、情绪、思维、人格、行为习惯、人际关系、社会关系等多个与人们日常生活相关的领域。相较于经济学的“理性人”假设，心理学更注重研究人的非理性行为和心理动因，而人的消费行为和品牌偏好在很大程度上受非理性心理规律的影响和驱使，因此，心理学的研究对广告活动具有很强的参考价值和指导意义。

广告作为说服社会公众的艺术，与心理学也有着密切的关系。心理学提供了人的心理构成的机理和心理活动的特点和性质，广告借助于心理学的理论和规律才能达到说服的目的。在广告活动过程中，广告主可以充分运用视听元素刺激引起消费者的注意和兴趣，而想要提高广告效果，实现广告目标，就要使广告符合消费者的心理活动规律。一则广告从确立主题、构思内容到选择媒介，无不体现广告学与心理学的结合，甚至版面设计、文字语言多少、辞义准确度、刊播媒体、背景材料等，都要求心理学理论体现于其中。从这个角度来看，广告可以说是一门研究消费者心理现象和行为活动规律的科学。

心理学在广告中的应用源远流长。早在19世纪末至20世纪初，美国的心理学家就对广告心理学进行了开创性的研究。心理学家沃尔特·迪尔·斯科特是最早将心理学原理应用于广告中的人之一，其撰写的《广告学原理》一书也成为广告心理学的诞生标志。之后，斯科特将广告心理学知识系统化，出版了《广告心理学》一书。

心理学领域的诸多原理也为广告学所运用，常见的有以下几个：

（1）刺激-反应原理。

刺激-反应原理强调，人的心理活动过程是由客观的刺激引起人反应的过程，过程的核心部分为外在的客体刺激因素、内在的主体因素、社会环境的影响因素，三者有机结合。

刺激-反应原理不仅是心理学的基本原理，也是广告心理活动的根本原理。在广告中，广告信息中的文字画面等视觉效果、声音、物品触感、味道、气味等客体刺激因素，刺激并影响了拥有一定社会背景的、在一定社会环境下生活的、具有一定兴趣爱好或需求的个体，引起了认知、认同、认购等一系列感受、心理、行为的反应。该实现广告效果的过程也经历了客体刺激因素、内在的主体因素、社会环境的影响因素这三个核心要素的有机结合。

（2）马斯洛需求层次理论。

1943年，美国心理学家亚伯拉罕·马斯洛在《动机与人格》一书中提出了需求层次理论（见图2-20）。该理论主张将人的需求划分成五个层次，由初级需求到高级需求分别为生理需求、安全需求、爱与归属、尊重需求、自我实现。马斯洛认为，在人类的价值体系中存在两种不同类型的需求：一类是随着人类进化而逐渐减弱的本能和冲动，被称为低级需求、生理需求或缺失性需求；另一类是随着人类进化而逐渐显现的需求和潜能，被称为高级需求或成长性需求。

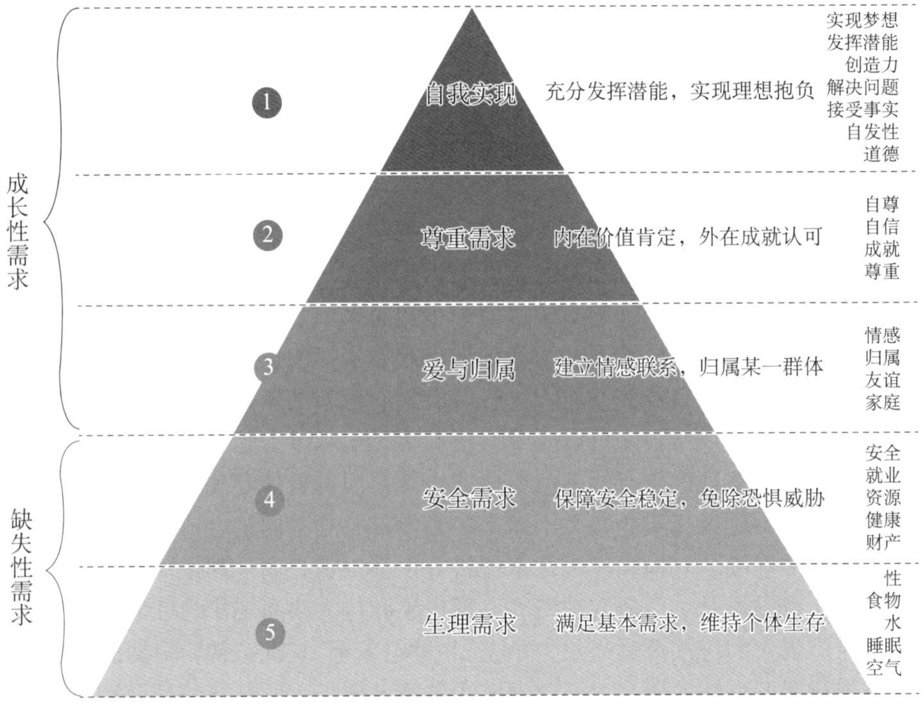

图 2-20　马斯洛需求层次理论

想要达到广告的传播目的，就要满足消费者的需求。在现代社会，不同品牌的不同产品可以满足消费者由初级到高级的各种需求，但需要依靠精准的广告定位和极具针对性的广告创意和宣传方式才能收到预期效果。

（3）异质性原理。

异质性原理指的是一种现象，即当一个人在不同时间或不同情境中，突然受到刺激时，其感知经验发生突变或冲突，个体的感知平衡被破坏，从而会产生独特或尤其深刻的感知体验。当不同的感知经验相互碰撞、融合时，会产生一种新的认知或情感体验，这可能会引发人们的兴趣、好奇心、惊奇感或其他心理反应。

在广告中，异质性原理的应用可以通过多种方式实现。例如，广告可以通过对画面、文字、音响、色彩、大小、强弱、位置等元素的变化，引起人们的新鲜感觉或特异感觉。通过应用异质性原理，广告可以有效地吸引人们的注意力，使人们更加关注广告所传达的信息。这种关注度的提高有助于增强广告的记忆效果，使人们在日后的购买决策中更容易受到广告的影响。

三、广告学与社会学

社会学是系统地研究社会行为与人类群体的社会科学，起源于 19 世纪三四十年代，是从社会哲学演化出来的一门现代学科。社会学的研究范围广泛，包括从微观层级的社会行动或人际互动，到宏观层级的社会系统或结构，因此社会学通常与经济学、政治学、人类学、心理学、历史学等学科并列于社会科学领域之下。

从广义的广告来看，广告活动是一种大众性的社会信息传播活动。从狭义的广告来看，商业广告和经济广告活动，也必须以广大社会为背景，以特定的社会制度、社会文化、社会生活习惯与民族风俗等为依据，才能制造出符合社会现实的广告作品。因此，社会学的基本原理与规律，也必须是指导广告理论研究与实践活动的基本原理与依据，从社会这个整体角度出发来研究广告活动的对象，才能找到广告活动本质的、特有的规律。另外，社会学推崇实证研究方法，主张利用社会调查达成研究目的，其社会调查理论与方法，对广告研究和广告调查具有十分重要的理论指导意义和实践应用价值。

社会学家通过研究群体和个体在社会生活中的心理和行为表现，包括消费心理和行为，为广告学的建立提供了重要的理论背景和支持。如社会学家罗斯在其 1908 年的著作《社会心理学》中，就分析了群体与个人在社会生活中的心理和行为表现，其中大量涉及与消费心理有关的直接和间接因素。社会学家对社会文化和社会现象的研究为广告创作提供了重要的启示和灵感，如社会学家敏斯特伯格在其 1912 年的著作《心理学与经济生活》中，分析了人们的消费行为和心理，为广告创作提供了理论支持和实践指导。

社会学领域的原理也为广告学所运用，常见的有以下几个：

（1）参照群体。

参照群体指的是一个人在特定社会背景下，对其行为、态度和价值观产生重要影响的其他人或群体。参照群体对个体产生影响的方式有很多，例如，人们常常会以参照群体的标准来评估自己的行为和表现，自觉或不自觉地按照参照群体的期望和要求来修正自己的行为和观念。参照群体还可以通过信息传递、规范制定等方式对个体的行为和态度产生影响。

在广告学中，参照群体被广泛运用在消费者研究中，以帮助理解消费者的行为和态度。

参照群体对消费者行为产生的影响可以是直接的，可以通过提供信息和规范来影响个体的行为，比如，如果一个朋友或家人对某种产品有正面的评价，那么这种评价可能影响个体的购买决策。在广告营销活动中，常见的参照群体是名人或公众人物，广告通常利用他们的感召力来影响消费者的态度和行为。

（2）亚文化。

社会学的亚文化研究主要是关注与主流文化或综合文化相对应的那些非主流的、局部的文化现象。这些亚文化现象可能包含与主流文化相通的价值与观念，也可能有自己独特的价值观和观念。

影响亚文化产生、形成的因素有很多，如宗教、民族、地域、年龄等，这些更加细化的因素有助于广告进行市场细分。风格性是亚文化的重要特征之一，近几十年来，亚文化群体更多表现出的是一种兴趣爱好和自由选择的特征。广告的诉求如果能够契合目标受众的亚文化特质，引起目标群体共鸣，则能够更好地传达产品信息。

四、广告学与传播学

广告学与传播学是相互关联的学科，广告学是传播学的重要组成部分，在国内的学科设置中，已经把广告学视为传播学的一个子学科。

传播学是一门研究信息传播的科学，它涉及人际传播、组织传播、大众传播等多个领域。广告学作为传播学的一个分支，侧重于研究广告领域的传播行为和信息交流。总的来说，传播学为广告学提供了理论基础和实践框架，而广告学则是在传播学的指导下，更加专注于广告领域的传播行为和信息交流。

诸多传播学原理也为广告学所运用，常见的有以下几个：

（1）5W 模式。

5W 模式由美国学者 H. 拉斯韦尔于 1948 年在论文《传播在社会中的结构与功能》中首次提出，是一种单向线性传播过程模式，包括以下五个要素：who（谁），传播学中指信息的传者，在广告传播中是需要第一个明确的要素，即广告主；says what（说了什么），在传播学中指“讯息”或“信息”，在广告传播中指广告传播的客体，可以理解为广告活动的具体内容；in which channel（通过什么渠道），即媒介选择和发生的功能；to whom（向谁说），指信息的接受者或受众；with what effects（取得什么效果），在广告传播中指广告效果。运用 5W 模式，可以帮助广告主明确广告传播过程中的各种要素，以便更好地规划和控制广告传播活动。

值得注意的是，广告的效果不仅取决于广告本身的质量，还受到受众个人因素的影响（如心理、行为），可以说，广告传播是双向交流的过程。但由于 5W 模式是一种单向的传播模式，无法满足广告要求受众互动及反馈的逆向过程，因此，在设计和发布广告时，需要综合考虑这些因素，以提高广告传播的效果。

（2）传播效果。

从宏观的角度来看，传播效果指传播活动尤其是报刊、广播、电视等大众传播媒介的活动对受传者和社会产生的所有影响和结果；从微观的角度来看，传播效果指带有说服动机的传播行为在受传者身上引起的心理、态度和行为的变化。

传播效果依其发生的逻辑顺序或表现阶段可以分为三个层面。外部信息作用于人们的知觉和记忆系统，引起人们知识量的增加和知识结构的变化，属于认知层面的效果；作用于人们观念或价值体系而引起情绪或感情的变化，属于心理和态度层面的效果；这些变化通过人们的言行表现出来，即成为行动层面的效果。从认知到态度再到行动，是一个效果的累积、深化和扩大的过程。

广告学主要以微观的视角理解传播效果，重点关注广告传播活动对受众产生的影响，包括认知、情感、行为等方面。同时，广告学通过广告的时空选择、频次选择来合理安排广告的投放，从而最大限度地提高广告的传播效果；通过收集和分析相关的数据，了解广告投放后受众的反应，包括认知度、兴趣、购买意愿等，以此来评估广告的投放效果。

（3）意见领袖。

意见领袖是传播学者拉扎斯菲尔德等人在两级传播理论中提出的概念，指在某个领域或某个群体中具有影响力和权威性的人物。意见领袖们对某个领域有深入的了解，具有专业知识和丰富的经验，能够对社会现象和问题发表有价值的意见和观点，并通过自己的言行引领他人。

在广告传播中，意见领袖可以成为广告传播渠道中的一个环节，通过自己的专业知识和影响力，将广告信息传播给更广泛的受众。意见领袖的作用在于：基于其一定的社会地位和在特定领域的权威性，可以帮助广告扩大影响力；通过其所在领域已有的粉丝基础，可以帮助广告精准地找到目标受众；基于其与关注者的分享和交流互动，能帮助广告增加消费者的参与度和互动性；通过其引领他人观念、看法和行为的能力，能帮助品牌提高销售转化率。

五、广告学与营销学

营销学是一门研究企业经营与销售活动的学科，其核心是以消费者为中心，通过调查研究消费者需求，了解消费者的心理和行为，制定针对消费者的营销策略，以满足消费者的需求，并通过市场竞争实现企业利润最大化的目标。

从本质上来说，广告活动是一种信息传播营销行为。营销学的研究内容相比于广告更加广泛，除了包含广告研究的策划、创意、制作和发布，以及广告的效果和评估等方面，还包括市场调查、销售预测、渠道管理、市场监测等多个方面，强调市场营销的全过程管理。可以说，广告学是营销学中的一个重要环节，两者之间相互渗透、相互促进，只有在整体营销策略的指导下，广告才能发挥最大的效果。

以下几个营销学原理也被广告学所运用：

（1）市场细分（market segmentation）。

市场细分是指调查、分析不同消费者在需求、资源、地理位置、购买习惯等方面的差别，然后把基本特征相同的消费者归入一类，使整体市场变为若干小市场，称为“细分市场”。此概念于 1956 年由美国市场学家温德尔·史密斯（Wendell R. Smith）提出。一般而言，市场细分的基础因素有性别、年龄、地域、受教育水平、职业、收入水平等，主要依据的是人口统计学的指标，但随着经济发展、人们需求更加多样、市场更加多元，市场细分的分类指标中也出现了心理特征、生活方式等变量。

在广告学中，市场细分是广告定位的基础，是广告策划的前提。通过市场细分，广告主可以更好地了解目标受众的需求和偏好，从而制定更具针对性的广告策略。市场细分还可以帮助广告主更准确地选择媒体渠道和传播方式，以最大限度地吸引目标受众的注意力，从而实现较好的营销效果。

（2）产品生命周期（product life cycle）。

产品生命周期理论是广告实践中成功进行策划的前提和基础。该理论于 1966 年由美国哈佛大学教授雷蒙德·弗农在《产品周期中的国际投资和国际贸易》中首次提出。产品生命周期是产品或商品在市场运动中的经济寿命，即从准备进入市场开始，直到最终退出市场的全部过程，一般分为引入期、成长期、成熟期、衰退期四个阶段。

在广告学中，根据产品生命周期不同阶段可以把握广告的不同作用，广告主也可以根据产品生命周期不同阶段调整可控制广告费的投入。在导入期，产品刚刚进入市场，应当投入最大量的广告费，以达到提升产品知名度的目的，广告内容可以以吸引消费者注意力为主；在成长期，竞争者进入市场，广告的目标是提高市场占有率，广告费的投入可以略微降低，内容重点应在突出产品优势和建立消费者信任度上；在成熟期，销售量和市场占有率都趋于稳定，应以维护品牌形象和产品市场份额为主要目的，同时也应积极寻找新的消费群体；在衰退期，产品销售量和市场占有率开始下滑，广告的主要目标是清理库存并逐步减少品牌的曝光率，为新产品进入市场做好准备。

（3）整合营销传播（integrated marketing communication，IMC）。

整合营销传播是一种营销传播计划，它主张将所有与产品或服务有关的信息来源（如促销、广告、公关、新闻等）加以整合重组，以协调一致的方式传递出统一的资讯，让消费者从不同的信息渠道获得对某一品牌的一致信息，从而更有效地实现广告传播和产品营销。

整合营销传播的核心和出发点是消费者，强调广告传播要与整体营销理念保持一致，目的在于影响特定受众的行为，并在品牌和受众间建立较为稳固的、双向的关系。

在线自测

扫一扫　练一练

第三章　广告的定义及类别

人们口中的广告，往往指日常生活中所接触到的商业广告。本书所说的广告，除非特别指明，一般也指商业广告。不过我们必须注意的是，商业广告只是诸多广告类型之一。

第一节　广告的定义及要素

一、广告的定义

定义通常能对事物的本质特征或一个概念的内涵和外延做简要而准确的描述。通过第一章的学习，我们已经大致掌握了广告定义之流变，我们可以发现在不同的时代，广告专家和学者对广告所下的定义也有所不同。为了使大家系统、准确地理解广告，本书所采用的定义在20世纪末以来被广泛接受，它简明清晰地涵盖了广告活动的关键要素。具体来说，本书所采用的广告定义是：广告是由可识别的出资人通过各种媒介，通常是有偿的、有组织的、综合的和非人员性劝服的，进行有关产品（商品、服务和观点）的信息传播活动。①

1. 广告必须有可识别的出资人

广告出资人是指为广告的制作和发布提供资金支持的个人或组织，即广告主。在广告中，出资人的信息通常会以某种形式呈现，如品牌标志、商标、企业名称等。这些信息可以帮助受众识别广告的出资人，了解广告的目的和意图，从而更好地理解与评估广告的内容和价值。

2. 广告通过一定媒介进行传播

广告作为一种信息传播活动，需要通过一定的媒介进行发布，进而让广告的诉求对象感知和认知。实现广告主与广告对象之间联系的便是广告媒介。广告媒介会随着社会经济和科技的发展而变化，从最早的叫卖到印刷时代的报纸、杂志，从大众传播时代的广播、电视到互联网时代的电脑、手机等，广告媒介被不断地开发利用。②

3. 广告是关于产品（商品、服务和观点）的信息传播活动

广告所传播的不仅可以是关于有形产品的信息，如产品的特点、功能、用途、品质、

---

① 威廉·阿伦斯，迈克尔·维戈尔德，克里斯蒂安·阿伦斯．当代广告学：第11版［M］．丁俊杰，程坪，陈志娟，等译．北京：人民邮电出版社，2013.

② 辛晨旭．浅析广告媒介的选择［J］．传媒，2016（1）：75－77.

价格等方面的信息，还可以是无形的服务和观念的信息，如关于金融服务、企业的品牌形象、价值观等信息。

4. 广告（一般指商业广告）是有偿的

广告主需要支付一定的费用来获得广告的制作和发布服务，这些费用通常包括广告创意、制作、发布和评估等各个环节的成本。

5. 广告是由一系列有组织的活动组成的

广告本质上是策略性的信息传播活动，广告策略需要服务于品牌的营销传播策略。广告也是市场经济活动中树立企业形象及产品形象，促进销售的经济活动。由此可见，广告由一系列有策略的、有组织的活动组成。

6. 广告是非人员的信息传播活动

"非人员"传播是广告与人员销售的最大区别：广告借助传播媒介，如电视、广播、报纸、杂志、互联网等，向大众传递信息，宣传产品、服务或观念。与人员销售不同，广告不需要直接面对受众进行口头交流，而是通过媒介将信息单向传递给受众。

7. 广告是劝服性的信息传播活动

劝服是意图改变他人态度和行为的活动。广告通常会采用各种手段，如图像、文字、声音、色彩等，以尽可能生动、形象、有力地表达广告信息，激发受众的情感共鸣和购买欲望。同时，广告也会针对特定的受众群体，根据不同群体的需求和兴趣，制定相应的广告策略和创意，以提高广告的有效性和转化率。

二、广告的要素

1. 广告活动的参与者

广告，广而告之，在这一活动中既有信息的发出者，也有信息的接收者。早期的广告活动通过两方即可完成，如叫卖。但随着科技的发展、媒介的多样化以及受众的分化，现代广告活动愈发复杂多样，仅靠两方无法完成这样复杂的任务，从而需要更多主体的参与。

现代广告活动的参与者主要有五个：广告主（advertiser）、广告代理公司（advertising agency）、广告下游公司、广告媒介（advertising media）和广告受众（advertising audience）。广告主又称广告客户（advertising client），是指为推销商品或者提供服务，自行或者委托他人设计、制作、发布广告的法人、非法人组织或者个人。广告代理公司（以下简称"广告公司"）是广告主的合作伙伴，负责广告的制作和发布。广告下游公司是指支持、辅助、配合广告主和广告公司开展广告活动的机构，包括摄影室、录音室、印刷厂、设计公司及咨询、调查等专业服务公司等。① 广告媒介是广告信息的传播渠道，包括电视、广播、报纸、杂志、互联网等。广告受众是广告信息的接收者和目标群体，他们对广告的反应和态度直接影响广告的效果和价值。受众通过观看或收听广告，了解产品的信息和价值，并作出购买决策。

---

① 倪宁．广告学教程［M］．4版．北京：中国人民大学出版社，2014．

2. 与广告活动有关的人员

通常，业界将从事广告工作的专业人员统称为广告人（adman）。从狭义上来讲，广告人特指那些制作或分析研究广告的广告从业人员和广告研究人员。[①] 从广义上来讲，广告人泛指与广告活动有关的人员，包括广告主、广告代理公司、创意团队、媒体公司、制作公司、广告媒介策划购买机构、广告技术提供商等多方机构或组织里的人员。

第二节　广告的分类

一、根据广告受众分类

根据广告受众的不同，广告可分为消费者广告和行业广告。

1. 消费者广告

消费者广告主要针对为自己购买产品且自己或他人进行最终消费的受众，他们一般不会将产品用于生产。[②] 奔驰汽车公司针对消费者推送的汽车广告如图 3－1 所示。

图 3－1　奔驰汽车公司针对消费者推送的汽车广告

2. 行业广告

行业广告主要是针对特定行业、中间商或专业人士的广告，针对生产厂家时称为产业广告，针对中间商（批发商和零售商）时称为贸易广告。国际商业机器公司（IBM）面向中小企业基础业务架构服务广告如图 3－2 所示。

① 曲孝民，孙方伟．广告原理与实务［M］．北京：中国人民大学出版社，2007.

② 丁俊杰，康瑾．现代广告通论［M］．4 版．北京：中国传媒大学出版社，2019.

图 3-2　IBM 面向中小企业基础业务架构服务广告

二、根据广告媒介分类

根据广告媒介的不同，广告可分为印刷媒介广告、电子媒介广告和数字互动广告。

1. 印刷媒介广告

印刷媒介广告主要包括报纸广告和杂志广告等。报纸广告以文字为主要表现形式，具有覆盖范围广、成本低等特点。杂志广告则以图文并茂的形式表现，适合传递较为详细的产品信息。

2. 电子媒介广告

电子媒介广告包括广播广告和电视广告等。广播广告通过声音表现，具有较强的口头表达能力和情感表现能力。电视广告则通过画面、声音、文字等多种形式表现，具有直观性强、感染力强等特点。

3. 数字互动广告

数字互动广告主要包括网络广告和其他新媒体广告。网络广告以互联网为传播媒介，具有互动性强、传播速度快、覆盖范围广等特点。其他新媒体广告则包括手机广告、移动电视广告等，具有随时随地、个性化推送等特点。

三、根据广告传播范围分类

根据广告传播范围的不同，广告可分为地方性广告、区域性广告、全国性广告和国际广告。[①]

1. 地方性广告

地方性广告的传播范围主要限于某个城市或地区，通常强调价格、可获得性、地理位

① 张金海，余晓莉．现代广告学教程［M］．北京：高等教育出版社，2010.

置、营业时间等信息。上海银行针对本地区的广告如图 3-3 所示。投放地方性广告的广告主有以下几类：(1) 全国性企业经营某一主要产品或服务的经销商和地方分店，如海底捞在北京的门店；(2) 提供专业服务的机构，如美容院、医院、银行等；(3) 官方、准官方和非营利性机构，如市政府等。地方性广告主更加直接地向消费者提供产品和服务，因此相较于全国性广告主，会更为积极地倡导整合营销传播①，以促进人们使用地方性产品。

图 3-3 上海银行针对本地区的广告

2. 区域性广告

区域性广告的传播范围主要限于某个地区或几个相邻的地区，如某一个旅游景区或商业购物中心针对北京、天津及河北省的周边城市投放的促销广告。区域性广告的广告主大多只在国内某区域进行销售，一般为区域性连锁超市、需要冷链运输的连锁餐饮行业、政府机关等。

区域性广告介于地方性广告与全国性广告之间，它的传播范围可以根据品牌传播的需要向本地范围缩小，或向全国范围扩展。雀巢公司针对粤语地区制作的广告如图 3-4 所示。

3. 全国性广告

全国性广告的传播范围一般会覆盖多个地区或全国，如中国移动在中央电视台投放的“神州行，我看行”广告。全国性广告主一般是全国性生产商或全国范围服务商，如美的、伊利、中国人寿、中国移动、中国联通等。相较于地方性广告，全国性广告的目标偏向于提升品牌知名度，树立品牌形象。浦发银行发布的全国性广告如图 3-5 所示。

4. 国际广告

国际广告的传播范围覆盖多个国家或地区。渣打银行发布的国际广告如图 3-6 所示。在经济全球化背景下，国际广告需要配合国际营销活动，针对不同的经济发展水

① 威廉·阿伦斯，迈克尔·维戈尔德，克里斯蒂安·阿伦斯．当代广告学：第11版 [M]．丁俊杰，程坪，陈志娟，等译．北京：人民邮电出版社，2013.

图3-4　雀巢公司针对粤语地区制作的广告

平、民族文化习惯和对广告所持的态度，采取相应的广告策略。企业在国际广告运作中经常采取的策略有以下三种：（1）全球统一的标准化策略；（2）尊重差异的本地化策略；（3）适当兼顾标准化和本地化的折中策略。

图3-5　浦发银行发布的全国性广告

图3-6　渣打银行发布的国际广告

四、根据广告功能分类

根据广告功能的不同，广告可分为以下几类：产品广告和企业形象广告、基本需求广告和选择性广告、直接响应广告和延迟响应广告。

1. 产品广告和企业形象广告

产品广告是推销产品的广告，其目的在于向消费者介绍产品的特点、功能和优点，说服消费者购买产品或使用服务。例如，洗发水广告通常会展示产品的功效、香味等信息，以吸引消费者购买。产品广告能够直接产生促销效果，是企业发布的主要广告类型之一。

企业形象广告是推销企业的广告，其目的在于树立企业的形象，提高企业的知名度和美誉度，增强消费者对企业的信任感，间接达到销售目的。企业形象广告通常包括企业的历史、文化、价值观、社会责任等信息，以及企业的产品和服务。例如，一些大公司的广告展示其对环保和社会责任的关注，以增强消费者对品牌的信任感。

2. 基本需求广告和选择性需求广告

基本需求广告旨在增强消费者对一般产品和服务的需求，努力为整个产品品类创造需求。这种广告通常会强调某个产品品类的优点和特性，而不是特定的品牌。图 3-7 所示为美国加州牛奶制造商委员会发起的主题为“喝牛奶了吗?”（Got Milk?）的系列广告之一。该组织邀请了多位知名人士代言，且他们无一例外地“长”出了白色的“牛奶胡子”。[①] 该广告旨在鼓励对牛奶这一产品类别的消费，而并未强调具体某个品牌。

图 3-7 “Got Milk?”系列广告之一

选择性需求广告通常会突出某个具体品牌相对于竞争者的优点，以吸引消费者的注意力和兴趣。这种广告的目的是让消费者认识到特定品牌的独特性和优势，从而选择该品牌而不是其他竞争对手。图 3-8 所示为麦当劳发布的与汉堡王进行距离对比的选择性需求广告。

3. 直接响应广告和延迟响应广告

直接响应广告旨在激发消费者即时反应，常用于消费者熟悉的产品，这些产品不需要在销售点详细咨询，价格也不会特别高。直接响应广告通常使用明确的呼吁和优惠来吸引消费者立即购买，如淘宝“双十一”的“满 300 减 40”的广告等。

延迟响应广告则是一种更注重品牌形象和企业形象的广告形式。它的目的不是立即促

① 尚亦珣．“牛奶胡子”广告旧话新说 [J]. 广告主市场观察，2010 (5).

图 3-8 麦当劳发布的选择性需求广告

使消费者购买，而是通过形象和信息来强调品牌的优点，使消费者在长时间内能够识别并认可品牌。常用于建立品牌知名度，强调品牌优势，提升品牌偏好或建立品牌形象，强调品牌优点和使消费者满意的特点。

延迟响应广告通常针对的是高价值或需要深入考虑的产品，如汽车、房产、电子产品等。宝马公司发布的延迟响应广告如图 3-9 所示。

图 3-9 宝马公司发布的延迟响应广告

五、根据产品生命周期分类

美国哈佛大学教授雷蒙德·弗农（Raymond Vernon）认为：产品生命是指市场上的营销生命，产品生命和人的生命一样，要经历导入期、成长期、成熟期、衰退期这样的周期。在产品生命周期的不同阶段，产品的市场状况、竞争态势和目标受众的需求与行为特点都会发生变化，因此需要根据不同阶段的特点来制定相应的广告策略以达到更好的品牌传播效果。根据产品生命周期的四个阶段，广告可以对应划分为告知性广告、竞争性广告、提示性广告和铺垫性广告。

1. 告知性广告

导入期的产品由于刚刚进入市场，消费者对其不太了解，甚至心存戒备。此时，企业大多会采用告知性广告促进消费者对产品的认识和了解，以提高产品的认知度和企业知名度。苹果公司发布的 iPhone 3GS 告知性广告如图 3－10 所示。

图 3－10 苹果公司发布的 iPhone 3GS 告知性广告

2. 竞争性广告

当产品进入成长期，在市场上已经打开销路，销售量稳步上升，与此同时，竞争者看到有利可图，纷纷进入市场参与竞争，使同类产品的供给量增加。这个阶段广告的主要目的是维护企业和产品的形象，通过广告宣传来巩固已有的市场地位，并进一步加强产品影响。

3. 提示性广告

经过成长期之后，随着购买产品的人数增多，市场需求趋于饱和，产品进入成熟期。此时产品已被大多数消费者接受，销售增长速度缓慢，同时由于竞争的加剧，同类产品生产企业之间不得不加大在产品质量、花色、规格、包装、服务等方面的投入，在一定程度上增加了成本。此时广告的主要目的是提醒消费者继续购买本产品，维持已有市场。此时广告的特点是一切尽在不言中，标志较简单且鲜明，文案较为简短甚至没有文案。这类广告也适用于产品的衰退期。图 3－11 所示为 iPhone 7 上市时发布的平面广告，已经不需要对产品的功能进行介绍，而是简单告知产品的上市信息，就可以让消费者知道新款产品已经开放购买。此时的广告目标，就是提醒消费者继续购买产品，并唤醒消费者已经建立的产品认知和品牌信任感。

4. 铺垫性广告

“花无百日红”，产品也会由于生产力的进步以及消费习惯的改变，逐渐不再适应市场需求。产品进入衰退期后，销量和利润都开始大幅度下降，此时市场上往往已经出现了替代产品，这时广告的主要目的是尽可能地延长产品的生命周期和市场份额，同时为企业推出新产品做铺垫，此种类型的广告称为铺垫性广告。图 3－12 所示为苹果公司在 2017 年中国农历新年期间发布的户外广告画面。可以看出，该广告中并没有出现任何具体的产

图 3-11　iPhone 7 简洁明了的提示性广告

品，而是通过年画的方式表达品牌对中国传统文化的尊重，体现品牌对中国消费者的感情。铺垫性广告的商业信息传播的特点较弱，情感沟通的作用则较为显著，对于维持消费者对品牌的正面印象，延长产品的生命周期具有一定作用。铺垫性广告非常适合具有较高知名度和市场占有率，但产品创新逐渐面临“天花板”的企业采用。

图 3-12　苹果公司在中国农历新年期间发布的铺垫性广告

六、根据广告的目的和效果分类

广告作为一种劝服活动，会引起消费者的注意、兴趣和购买欲望等一系列心理活动。广告学的形成离不开心理学的奠基，通过研究消费者的心理活动和变化规律，广告可以更好地满足消费者的需求和期望，增强广告的效力。① 由此，美国广告学家 E. S. 刘易斯在 1898 年提出了 AIDMA 理论。其过程是，消费者注意（attention）到广告，然后对广告感

① 陈培爱. 广告学概论［M］. 3 版. 北京：高等教育出版社，2014.

兴趣（interest）继而阅读下去，产生了一种想要购买的欲望（desire），最后记住（memory）广告并发生购买行为（action）。①

1961 年，美国广告学家 R. H・科利提出了 DAGMAR 理论，该理论由他所著的《为衡量广告效果而确定广告目标》（*Defining Advertising Goals for Measured Advertising Results*）一书的首字母组成。该理论认为，广告效果是分层次的，广告目标是对特定受众只在一定程度及一定时间内所应达成的特定的传播行为，受众对待产品的态度和行为是分层次的，要经过“未知—认知—理解—确信—行动”这一过程。

因此，根据 AIDMA 理论和 DAGMAR 理论，广告可分为以下几类。

1. 知名广告

这类广告的目标是吸引消费者的注意力，让消费者对产品或品牌产生认知。

2. 理解广告

这类广告通常通过展示产品的功能和特点，让消费者理解产品性能和内容，对产品产生更深入的了解和认识。

3. 确信广告

这类广告的目标是打动消费者，使之有足够理由产生购买行为。

4. 行动广告

这类广告通常直接宣传产品，刺激消费者进行购买。

思考：请结合你的某个认知过程或购买行为，举出具有上述特点的广告实例。

七、根据广告诉求方式分类

现代营销学者菲利普・科特勒把大众的消费行为分为三个阶段：（1）量的消费阶段。在该阶段，商品短缺，人们追求量的满足。（2）质的消费阶段。在该阶段，商品的数量变得丰富，人们开始追求同类产品中的高质量产品。（3）感性消费阶段。在该阶段，产品的同质化程度很高，不同品牌的商品在质量、性能方面已经难以区分高下，消费者不再追求商品的数量，而是追求情感上的满足或者自我形象的展示。因此，根据消费者的心理和行为特点，消费者诉求可以分为理性诉求和感性诉求，广告也可以依此划分为理性诉求广告和感性诉求广告。

1. 理性诉求广告

理性诉求广告通常通过摆事实、讲道理的方法为消费者提供购买产品的理由。这种诉求方式主要依赖于有理有据的直接论证，通过向消费者传递客观的信息和数据，让消费者自己判断和决定是否需要购买该产品。理性诉求广告在产品导入期和成长期比较常用，因为在这些阶段，消费者对产品缺乏了解和信任，需要通过理性的方式来增强消费者对产品的认知度和信任度。

---

① 黄合水，曾秀芹．广告心理学［M］．5 版．厦门：厦门大学出版社，2021.

案例分享

乐百氏纯净水电视广告

第一层石英粗型沙过滤悬浮杂质
第二层石英粗型沙过滤泥沙杂质
第三层石英粗型沙过滤铁锈杂质
……
第六层石英中型沙过滤悬浮杂质
第七层石英中型沙过滤泥沙杂质
第八层石英中型沙过滤铁锈杂质
……
第十一层石英细型沙过滤悬浮杂质
第十二层石英细型沙过滤泥沙杂质
第十三层石英细型沙过滤铁锈杂质
……

这是 1997 年乐百氏投放的广告。通过这则理性诉求广告，乐百氏在短短几个月内销售额就达到了 2 亿元，产品的市场占有率当年即跃居全国同类产品的第二位。但实际上，27 层过滤并不是乐百氏所独有的，而是国家对于饮用水质的通用标准，也是当时行业内纯净水厂家的普遍做法。

由此可见，有时理性诉求广告中产品价值不在于使用价值，而在于消费者感知。由于消费者对行业标准和生产工艺不甚了解，其中存在显著的信息差，广告诉求反复强调的内容，可能本身就是行业的基本要求，但消费者并不知晓，而此时广告传播的效果，在于通过大众传播实现了行业标准等专业信息的社会“显性化”表达。率先与行业标准建立联系的品牌，往往会建立独特优势，从而成为消费者心目中的优先选项。

应当说明的是，这种广告表现方式并非中国首创，曾在全球范围内的广告活动中多次出现。例如，美国舒利兹啤酒曾经在知名广告人霍普金斯的策划下，推出了文案为

"每一瓶舒利兹啤酒在灌装之前，都要经过高温纯氧吹制，才能保证口感的清冽"的广告，看似塑造了舒利兹啤酒的独特性竞争差异，但其实对于当时的美国啤酒品牌而言，用高温纯氧的方式进行预处理是灌装啤酒之前的标准动作，并不是某一个品牌独有的技术环节。但舒利兹率先将这一行业标准体现在自身的广告文案中，让消费者感知到其品牌生产环节的不同。此广告刊出后，在美国市场范围内取得了显著的传播效果。一方面，从企业销售数据来看，广告发布后的短短几个月内，舒利兹啤酒的销量迅速上升至美国第一；另一方面，从消费者的感知和评价来看，据喝过啤酒的消费者反馈，大部分人真的觉得舒利兹啤酒比其他啤酒的口感更加清冽。

虽然这种方式具备一定效果，但在实际应用中，我们也应当要警惕可能出现的"专业歧视"和"伪科学"现象。不能单纯依靠信息差和知识沟来影响消费者，而应当切实提升自身产品力，通过推出真正具有竞争优势的产品来塑造品牌。

理性诉求广告中还常用名人或专业人士现身说法的代言方式，以增强其权威性和专业性，但是在使用中，适度非常重要。

2. 感性诉求广告

感性诉求广告是通过感情的渲染让消费者的心灵产生波动或反应，从而促使消费者购买产品的广告方式。这种诉求方式主要依赖于情感共鸣进行说服，动之以情，通常使用故事、例子或夸张手法引导消费者产生有利于产品的感情与态度，强调广告人性化，着重于建立强劲的品牌形象和温馨感觉。

案例分享

中华汽车电视广告文案

如果你问我，这世界上最重要的一部车是什么？那绝不是你在路上能看到的。

30 年前，我 5 岁，那一夜，我发高烧，村里没有医院。爸爸背着我，走过山，越过水，从村里到医院。爸爸的汗水，湿遍了整个肩膀。我觉得，这世界上最重要的一部车是——爸爸的肩膀。

今天，我买了一部车，我第一个想说的是："阿爸，我载你来走走，好吗？"

广告语：中华汽车，永远向爸爸的肩膀看齐

宜家电视广告：泰迪熊篇

2021 年英国宜家携手代理商 Mother 推出一部创意短片——"*Every home should be a haven*"（每个家都应该是避风港）。影片中，一位父亲和他的女儿从雨中回来，迎接他们的居然是两个巨大的、肌肉发达、像保镖一样的泰迪熊！随后，主人想在客厅露营，玩偶熊们就一起整理客厅；看到爸爸手机有工作信息，不想打扰度假氛围，立刻捏碎手机藏好；爸爸配合女儿化妆，镜头一转，连肌肉熊都被化上了妆；玩累了的父女在客厅睡着了，玩具熊还贴心地把女儿抱回房间……影片最后出现文字："每个家庭都应该是一个避风港"。

说一说：

1. 请分别举出两则让你印象深刻的感性诉求广告和理性诉求广告作品，并说明你对这两种诉求方式的偏好。

2. 纽约塞拉库斯大学学者约翰·菲利普·琼斯认为："所有成功的广告都是感性价值与理性价值的结合体。有效的广告会在感性的外表下包含理性的论点。广告中的感性特质能抓住人们的注意力，而理性内容可以引发行动。"谈谈你对这一观点的理解。

八、根据广告是否有营利动机分类

以是否有营利动机，广告可分为商业广告和公共广告。

1. 商业广告

商业广告是以营利为目的的广告，通常由企业、商家或个人为了推销商品、服务或品牌而制作和发布。

2. 公共广告

公共广告不追求经济回报，以传播观念、思想和行为方式为目的，通常由政府机构、社会组织或个人为了宣传社会公益事业、提高公众意识或倡导社会风尚而制作和发布。

根据广告主的不同，公共广告又可以进行如下分类：

(1) 官方公共广告，如公告、市政广告、征兵广告等。

(2) 非商业组织公共广告，即协会、党团发布的广告，如竞选广告。

(3) 个人公共广告，即启事广告，如挂失、征婚、寻人等。

根据广告内容的不同，公共广告可做如下分类：

(1) 公共服务广告。公共服务广告通常是由个人或团体通过媒体发布的，向社会传达某种需求或向社会传达某种信息的实用性很强的广告。此类广告贴近大众生活，如挂失、声明、征婚、礼仪祝贺、寻人等各种启事，相较于公益广告，这类广告更注重短期效果。

(2) 公益广告。所谓公益广告，是指向社会公众传达积极的价值观，引导公众形成良好的行为习惯，有益于社会的非营利性的广告。

在我国，按广告发布者身份的不同，公益广告又可以分为三种：第一种是媒体直接制作发布的公益广告；第二种是社会专门机构发布的公益广告；第三种是企业制作发布的公益广告。

公益广告常用的观点表达方法有陈述型、祈使型、提问型三类。陈述型就是告诉受众一个事实，用事实来说话，将观点隐藏在事实中或者直接表明自己的观点。祈使型就是表明观点，直接提出对受众的要求。祈使型公益广告根据语气的差异可以分为劝告、呼吁、请求、禁止等。提问型就是用来提出问题，引起受众思考和注意，在提问中传达理念。

公益广告示例如图 3－13 和图 3－14 所示。

图3－13 公益广告“绿色生活，你我同行”

图3－14 以“珍爱生命，拒绝毒品”为主题的禁毒公益广告

（3）国家或城市广告。

国家或城市广告是由国家或城市的政府部门发布的对内、对外宣传国家或城市的实力和形象或为了实现特定的经济、文化等方面目标而发布的广告，也包括一些经济、文化、政治、体育方面的大型会议或者赛事的广告，如中国制造、世界杯、奥运会、世博会。北京奥委会发布的国家广告如图3－15所示。

图3－15 北京奥委会发布的国家广告

案例分享

商务部投放“中国制造”电视广告片

2009年11月23日，由中国商务部主导制作的“中国制造”海外广告片在CNN的美国频道、美国头条新闻频道和国家亚洲频道播放。

该电视广告片2010年在英国广播公司（BBC）世界新闻频道欧洲地区和亚洲地区、欧洲体育台、欧洲体育2台共四个频道播放，可以覆盖欧洲、亚洲和大洋洲的大部分国家和地区。

城市广告

近年来，一系列主打城市文旅、塑造城市形象的城市品牌广告不断涌现，例如：

江苏常熟——“世上湖山，天下常熟”。

浙江舟山——“海天佛国，渔都港城”。

山东泰安——“登泰山，保平安”。

广西南宁——“中国绿城，广西南宁”。

四川成都——“一个来了就不想离开的城市”。

地方政府借助广告的桥梁功能和杠杆效应，宣传城市文化、刺激经济发展。由于广告具有较强的桥梁作用和杠杆效应，在新经济环境下，地方政府往往也成为地方品牌的主动构建和传播者，在广告活动中承担着广告主的角色。

第三节　广告活动的流程与结构

广告是一种营销手段，服务于企业的整体营销。在市场营销的框架中，品牌策略指导广告策略，广告活动反过来传播、强化品牌。因此，我们应当在市场营销的大框架下来梳理广告活动的流程与结构。

广告的目标是沟通产销，消除生产者和消费者之间的信息差，帮助品牌在消费者心目中留下印象。所以广告活动的第一步往往聚焦于市场分析，这也是市场营销的关键步骤。广告需要从品类切入，通过分析当前痛点和品牌利益，找出产品或服务的特点和优势，从而有针对性地吸引潜在消费者。例如，止痛药的广告可以从消费者的疼痛问题入手，强调产品的快速止痛效果和安全性，从而吸引有疼痛问题的消费者。

在进行市场分析后，要将产品与品牌建立强关联，即体现出品牌差异性，给消费者充分的理由购买产品。品牌是用以识别某个销售者或某群销售者的产品或服务，并使之与竞争对手的产品或服务区别开来的商业名称及标志，通常由文字、标记、符号、图案和颜色等要素或这些要素的组合构成。[①] 在传递产品信息时，广告需要凝练品牌，体现差异。这可以帮助消费者更好地理解和记忆产品信息，并增强品牌的辨识度和竞争力。例如，一则咖啡品牌的广告可以强调使用优质咖啡豆和独特的烘焙技术来制作美味的咖啡，从而吸引喜欢品尝咖啡的消费者。

在形成差异化、品牌化的定位之后，便可以进行广告的策划与设计制作了。在这个过程中，广告需要表现品牌及产品调性，借助场景关联、用户教育、语言钉（广告中表现的具有显著识别力的语句或字词）和视觉锤（广告中用于品牌识别的、具有较强冲击力和识别度的视觉非语言信息），抵达消费者心智，通过刺激消费者的需求或者创造消费需求来引导消费者购买。广告流程设计科学得当，可以帮助消费者更好地理解和接受广告信息，并激发他们的购买欲望。例如，一个旅游品牌的广告可以通过展示美丽的风景和令人兴奋的活动来激发消费者的旅游欲望，并通过优惠促销等手段来吸引消费者购买。

案例分享

保鲜铝钛箔广告设计

某保鲜膜品牌的广告创意形成过程就是基于产品价值的全新洞察，形成并强化了产品差异化，并借助场景关联、用户教育、语言钉和视觉锤的信息表达方式，实现广告信息的加工和传播。

① 凯文·莱恩·凯勒，王海忠，陈增祥．战略品牌管理：中国版［M］．北京：机械工业出版社，2021.

健康的敌人是细菌	——痛点问题	——描述现存问题（消费者未被充分满足的需要）
抗菌真保鲜	——品牌承诺	——提出解决方法
鲜的蕊了铝钛箔	——品牌产品	——给出购买建议
延长保鲜时间	——产品利益	——作出功效承诺
鲜的蕊了铝钛箔	——品牌产品	——重复品牌和产品
保鲜铝钛箔　健康美生活！	——广告语	——作出品牌承诺
Jingle　鲜的蕊了	——声音 logo	——植入用户心智

利益点

提出“保鲜的大敌是细菌，抗菌才是真保鲜”的全新产品理念，由此展开TVC，结合用户日常生活场景融入产品教育，清晰地展示产品优势

语言钉

借助一语双关且具有网感的“箔一个”说法，以及经过韵律处理的“鲜的蕊了”特殊发音，强化受众对品类以及品牌的鲜明记忆

视觉锤

放大镜下转动的眼睛、食物上跳动的细菌、装满果蔬的冰箱内部视角，以及包裹铝钛箔前后的食物对比等视觉锤的设计，帮助消费者更好地建立认知

在线自测

扫一扫　练一练

第四章　广告发展简史

商业活动自古以来就是人类社会不可分割的一部分，而广告作为商业传播的利器，负责传达商品信息、引导消费者选择，从而推动了经济增长，在历史长河中逐渐崭露头角。因此，广告起源最直接最重要的动因是人们在商品交易和其他商业活动中产生了更广泛的告知信息的需求[①]。这一需求推动了广告的诞生和不断发展，成为现代社会不可或缺的一环。

本章将探讨广告如何从最初用来简单交流的工具演化成当今多样化的复杂形式。我们会追溯广告载体（即媒介）的发展，并进一步研究广告业如何适应媒介环境不断变迁的过程，以满足消费者日益增长的需求。最重要的是，我们将深入研究广告如何影响人们的生活和决策，以及它对商业的重大影响。广告不仅是商品的宣传手段，它还承载了文化、价值观和社会意义。了解广告的历史和演变将有助于我们更好地理解当今广告业的复杂性和挑战，以及它在全球化、数字化时代的前景。

通过本章的探讨，我们将揭示广告从古代到现代的发展脉络，帮助读者更好地理解广告活动和广告理论。

第一节　媒介发展概述

广告的发展与媒介的演进密不可分。媒介作为广告传播的平台和工具，广告业的创新往往会受到媒介技术的影响。历史上，随着纸媒介到电波媒介的媒介形态跃迁，广告也经历了从传统平面广告到广播广告、电视广告、互联网广告和虚拟现实广告等多次转型，媒介的革新无疑给广告业的发展提供了新的可能性。通过研究媒介的演变，我们可以更好地理解广告如何通过调整自身形式以适应不断变化的市场需求，并进一步预测未来的广告趋势。

媒介（media）是传播学的核心概念之一。传播媒介大致有两种含义：第一，它指信息传递的载体、渠道、中介物、工具或技术手段；第二，它指从事信息的采集、加工制作和传播的社会组织，即传播机构。以媒介角度划分人类传播发展的历史进程，是深入了解广告发展简史的关键起点。在这一角度下的研究需要注意以下两个方面：第一，人类传播过程非依次取代而是依次叠加；第二，人类传播活动处在加速度发展过程。本节将基于此回顾媒介发展的过程，为后文探讨广告如何随着媒介的演变而逐步蜕变成今日多样化的表

---

① 丁俊杰，康瑾．现代广告通论［M］．4版．北京：中国传媒大学出版社，2019.

现形式做基础知识上的铺垫。

一、从符号到文字

在约 9.5 万年之前，人类的传播发展从口语传播阶段演进至文字传播阶段，标志着传播系统由示现传播系统进化至再现传播系统。

1. 图像符号

符号和图像是信息再现传播的第一批媒介。早期的人类社会使用图像和符号来表达概念、对象和思想。这些符号通常是基于观察到的现实世界中的事物或概念，例如太阳、动物、狩猎工具等。这些符号主要是视觉的，通常没有严格的语法规则，而是通过直观的方式传达信息，被认定为是早期社交和文化信息的媒介。在山东大汶口遗址出土的文化陶器上就刻画了如图 4－1 所示的符号。

图 4－1　山东大汶口文化陶器上刻画的符号

在这个阶段，广告还未以其现代形式出现，但这些符号已经为日后的商品交流奠定了基础，譬如后世产品上标刻的商标就源于这种形式。

2. 象形文字

随着文明的发展，人们开始将这些符号与实际物体或概念联系起来，演化出更为抽象的符号，创造了象形文字。埃及的圣书字、两河流域的楔形文字、中国的甲骨文，是世界公认的最古老的文字系统，代表着古代人类文明最辉煌的成就。

在两河流域文明的古巴比伦地区，楔形文字的出现标志着人类文明从符号到文字的重要进展。楔形文字在公元前 3000 年至公元前 2000 年出现，用苇子、骨头、木棍等物在潮湿的黏土板上刻文字，然后晒干成为瓦片保存起来，最早是用来记录商品交易和资源管理的，但它同样为广告的萌芽提供了基础。这一媒介的发展使信息传递变得更加精确和持久。图 4－2 所示的这块楔形文字泥板上写着和亚述国王阿达德·尼拉里一世相关的碑文："他是个伟大的征服者，众神令所有君主都屈膝于他的脚下"，背面还刻有众神之咒。[1] 其所记载的国王的丰功伟绩虽然不是纯粹的广告，却也可由此推断那时可能已经产生了宣传

① 吴晓铃，成博．这是一场亚洲古代文明的盛宴［N］．四川日报，2022－02－18.

商品的文字广告。

图 4-2　楔形文字泥板

在古老的中华文明中，古代商朝和西周时期（约公元前 17 世纪—公元前 11 世纪）也出现了甲骨文的文字形式。1899 年王懿荣在安阳殷墟发现甲骨（见图 4-3），标志着甲骨文的发现。甲骨文在古代最初是刻在龟甲和兽骨上的，主要用于占卜和记录祭祀仪式。后来随着时间的推移，甲骨文也逐渐被用于记录资源分配、商品信息以及国家政治等各个领域的内容。

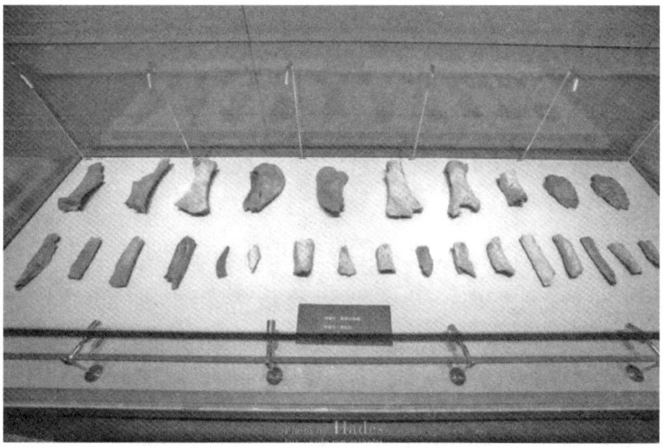

图 4-3　甲骨（王懿荣纪念馆藏）

大约在公元前 3000 年，生活在尼罗河流域的古埃及人创造出了圣书字。古埃及人认为文字是神圣的，因此称为“圣书”或“神文”。埃及字有三种体式——碑铭体、僧侣体、人民体，这三种体式合称“圣书字”，如图 4-4 所示。碑铭体出现得最早，主要在神庙墙壁、金字塔的石碑以及祭礼器物上绘写和雕刻，由于多记载与皇室、宗教、葬仪相关的内容，因此均精雕细绘。商业文件、私人通信、文学写稿等所谓实用文字，要求书写迅速，碑铭体就不适用了，于是用于实用场合的僧侣体便应运而生。该字体起初也是“僧俗”共用的，不过后来主要被用来书写宗教经典，因此被称为“僧侣体”。随着文字应用范围的扩大，必然会发生文字的简化。在人口众多、文书纷繁的尼罗河三角洲，人们又对僧侣体进行了大胆简化，发明了“人民体”。①

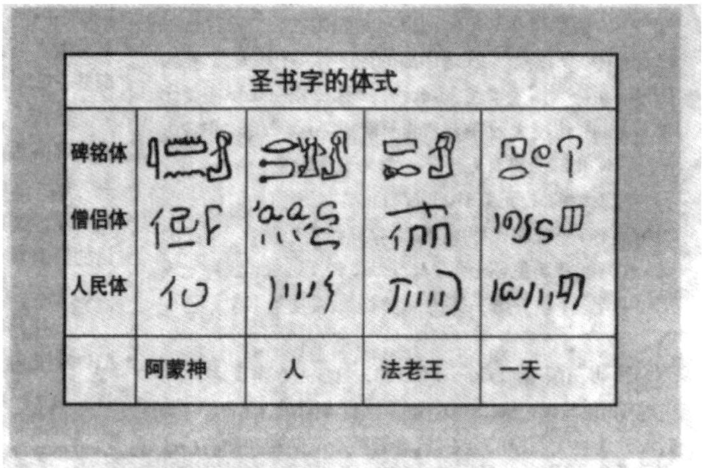

图 4-4　圣书字的体式

总而言之，符号经由逐渐抽象和规范化的过程，最终演化成了能够准确有效地传达信息的文字。这一转变对人类文明的发展产生了深远的影响，使得历史、文化等知识能够更广泛地传播和保存。文字的出现也为后来的印刷、电子媒介等多种媒介的发展打下了基础。

二、从纸媒介到电波媒介

如果说从口语到文字的发展标志着人类的传播系统由示现传播系统进化到了再现传播系统，那么从纸媒介到电波媒介的发展就标志着再现传播系统到机器传播系统的关键性变革，如图 4-5 所示。

105 年，东汉蔡伦发明了造纸术，标志着纸质媒介的诞生。这一技术的出现极大地改善了信息传播和保存的效率，将文字从石刻和兽皮卷转移到纸张上，使信息更容易制作、复制和传递。北宋庆历年间（1041—1048 年），毕昇发明泥活字印刷术，让印刷媒介变得更加高效。这项技术使用可移动的泥质印刷块，可以迅速印刷大量书籍和文档，推动了信息的广泛传播。1456 年，德国人古登堡用金属活字印刷术印刷《圣经》，古登堡的印刷术革命标志着印刷技术的进一步革新。金属活字印刷术提供了更耐用、高质量的印刷品，从而降低了书籍的制作成本，促进了文化的普及。在印刷术的推动下，第一份报纸于 1609 年在德国诞生，最初的报纸每周出版一次，这意味着新闻出版的定期化和更广泛的受众覆

① 周有光．圣书字的故事［J］．群言，2003（5）：41-44.

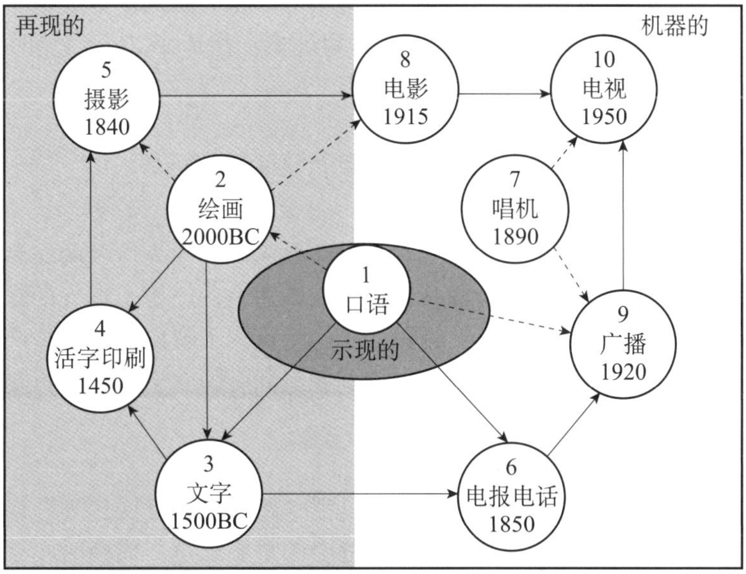

图 4-5 再现传播系统到机器传播系统

盖。报纸开始成为重要的信息来源和传媒工具。1811 年，英国《泰晤士报》问世，这标志着现代新闻业的崛起，它在后来成为全球最有影响力的报纸之一，奠定了报纸媒体在信息传播中的重要地位。

1844 年，美国第一条电报线路开通，莫尔斯从华盛顿向巴尔的摩发出世界上第一封电报。电报的发明与电信系统的建立加速了信息传播的速度。莫尔斯电码成为一种有效的信息编码方式，首次实现了远距离的即时通信，并就此开启了机器传播的时代。19 世纪 70 年代，贝尔等人研制了电话系统，使声音成为可以远程传播的信息形式，为语音通信的普及铺平了道路。1888 年伊斯曼在美国推出了现代意义上的照相机，取名“柯达”，这是现代摄影的先驱。照片成为视觉信息传播的一种重要方式。1895 年，法国吕米埃勒兄弟发明了胶片拍摄电影的技术，开启了电影行业的发展，成为视觉媒体的新里程碑，文化的传播迈上了更高的台阶。1895 年，意大利人马可尼的无线电通信实验获得成功，确立了无线电通信的基础，成为未来电波传播媒介的雏形。1922 年，美国出现第一家商业广播电台，广播的广告价值逐步被人发现并得到广泛认可，使无线电广播在当时成为美国主流的传播媒介和广告媒介。1936 年，英国出现了电视台，BBC 电视台首次正式播出，电视媒体的兴起进一步拓展了视觉信息传播的范围。1957 年，苏联发射了第一颗人造地球卫星——斯普尼克 1 号，开启了卫星传播时代，使信息可以全球传播。1994 年世界上第一则网络广告（banner）出现在美国杂志《热线》（*Hotwired*）上，标志着互联网广告的崛起。1998 年联合国新闻委员会的年会上“第四媒介”的概念被正式提出，强调了数字媒介的重要性，“加强传统的文字和声像传播手段的同时，利用最先进的第四媒介——互联网，以加强新闻传播工作”。从此，“第四媒体”的说法在我国流传开来，这一概念将互联网媒体视为传媒发展的重要阶段。

以上媒介历史的里程碑还原了媒介从纸媒介到电波媒介的演化过程，每个阶段都对信息传播方式和媒介系统产生了深远的影响。从最早的纸张印刷到广播、电视、互联网和卫星通信，这些发展标志着传媒领域的不断创新和进步，塑造了如今信息时代的现代传媒格局。

第二节　中国广告简史

我国最古老的广告可追溯至殷周时期，其时已形成“日中为市”的交易形式，流行陈列和叫卖，这是最初的广告样态。在漫长的社会变革之中，经历了近代的转变，以及改革开放以来的经济跃迁，广告业务更是焕发出勃勃的生机。了解广告历史是广告学研究的重要根基，透过我国广告历史的脉络，也可以看到我国社会、文化和商业的发展。

一、古代广告

要深入研究我国广告历史，就必须从商人这群“跑断腿的社交达人”谈起。在我国的历史长河中，夏、商、周三个朝代构成了奴隶社会的重要篇章。周朝时，有一部分人别具商才，被视为商朝的遗民。这些可怜的人被赶到洛阳，既没有土地，也没有政治权利。为了生计，他们只能东奔西跑，充当着买卖的行家。久而久之，这些买卖高手被冠以“商人”之名。这个词汇开始时饱含讽刺，因为周朝的贵族们看不起他们，但对平民而言，做买卖成了唯一的出路。① 中国古代轻农重商的传统兴许从那时便已出现雏形。

随着周朝末年的到来，中国进入了春秋战国时期，商贾之分已经明晰。有的人行走商路，有的人坐享贾利。就像东汉时期班固在《白虎通义》中所说：“商、贾何谓也？商之为言，商其远近、度其有亡、通四方之物，故谓之商也。贾之为言固，固有其用物以待民来，以求其利者也。行曰商，止曰贾。”于是，运送货物进行交易的成了商，而在固定地点销售商品以获取利润的则是贾。

商人和贾人之间的运营方式不同，这也催生了各种奇特的广告形式。地理位置、供求情况都影响着广告信息的传播方式。所以，这些不同的商业人士演绎出了各自的广告艺术，从而埋下了中国广告历史的种子。

最早的口头广告（即叫卖广告）是中国古代最为常见的广告形式。例如，在《清明上河图》约 275cm 处，桥上有两个地摊，商贩正在叫卖，吆喝着争拉买主。清朝《帝京岁时纪胜》中也记载了街头商贩吆喝的叫卖广告内容：“滴滴金，梨花香，买到家中哄姑娘。”“滴滴金”生动描述了烟花的颜色和形状，“梨花香”则表现了产品的气味，十分形象。② 这类叫卖的方式是古代口头广告的典型代表，通过声音传达商品信息，吸引顾客的注意。但是以吆喝的形式对商品进行宣传时，非常容易受到周遭环境中噪声的影响，从而降低了广告信息到达受众时的传播效果。

古代中国的市场也常常使用实物陈列来吸引顾客，这种实物陈列的广告方式就相当于现代社会的销售现场广告，自交易出现伊始，就活跃于商贩的对外宣传之中。譬如一些古

① 童恬甜．中国古代广告传播方式变革历程浅析［J］．新闻研究导刊，2016，7（5）：237－238.

② 赵新利．古代商业广告的丰富形态与文化意蕴［J］．人民论坛，2022（19）：110－112.

代的茶馆或药店就常常会在橱柜台上陈列茶叶、药材和其他商品，展示它们的品质，以吸引潜在顾客的兴趣。

音响广告则是用工具发出声响来代替口头叫卖，多有固定的音响代替特定产品。在古代，一些商家会使用像鼓、锣或铃铛这样的音响工具，来吸引顾客的注意。这些声音可以代替口头叫卖，自成一种独特的广告形式。例如，在明末清初的文献《如梦录·小市纪》中，我们可以窥见明清时期开封小市的独特景象，其中记载了两种引人注目的广告响器——“惊闺”“惊绣”，可谓独具匠心。“惊闺”由八块长方形的铁片组成，长度都超过两寸，这些铁片之间还穿着精巧的皮条。当人们手摇它时，发出的声音如潮水般连绵不绝。这种声音吸引了路过的行人和闲逛的顾客，让他们好奇地驻足观望，这正是音响广告的魅力所在。“惊绣”的外形酷似小型播数鼓，也被俗称为拨浪鼓或货郎鼓。它是一种长柄摇鼓响器，主要用于宣传卖花线。当摇动这个响器时，它发出的声音像是欢快的音乐，吸引路人的关注，使他们被这些花线的独特魅力所打动。[①] 这些广告响器不仅为当时的小市场带来了活力，也免去了叫卖广告人声不易传播、费力的麻烦。

旗帜广告在中国古代也很常见，可起到商店招牌的作用，以酒旗占多数。酒楼、茶馆等商店常常在门前悬挂各种旗帜，来标识自己的经营范围和特色商品。如图 4－6 所示，酒旗正是作为该酒楼的旗帜广告，以吸引顾客前来享用美酒。

图 4－6　酒旗广告

悬物广告也是我国古代的一种广告形式，商店会在门前悬挂与其经营的商品或行业有关的物品或标志。例如，医馆一般会在店外悬挂一个葫芦，意为“悬壶济世”，是在告诉往来的行人自家是医馆。

① 黄升民，丁俊杰，刘英华. 中国广告图史 [M]. 广州：南方日报出版社，2006：72.

招牌广告，包含横招、竖招、座招。这些招牌一般是横挂在门前、竖立在墙上或者坐落在店铺前面，从而引起路人的注意。如图 4－7 所示，在《清明上河图》中可以看到一家店铺，门额上醒目地书写着“王家罗明匹帛铺”，而高挂的招牌则显眼地展示着“罗锦匹帛铺”的字样。这个商铺绝非寻常的织物店，它的历史可追溯至唐朝，那个时代，织物不仅是商品，还充当了货币的角色。随着时间的推移，到了北宋时期，这家罗锦匹帛铺不仅售卖锦绣之品，还涵盖了金银和有价证券等贵重物品的交易，成为贵族们争相光顾的重要交易场所。在如此高端的生意中，品牌的存在意义无疑非常重要，正如“王家”这个品牌就成为罗锦匹帛铺的象征，不仅标志着其高贵身份，也是对顾客的一种承诺。[①]

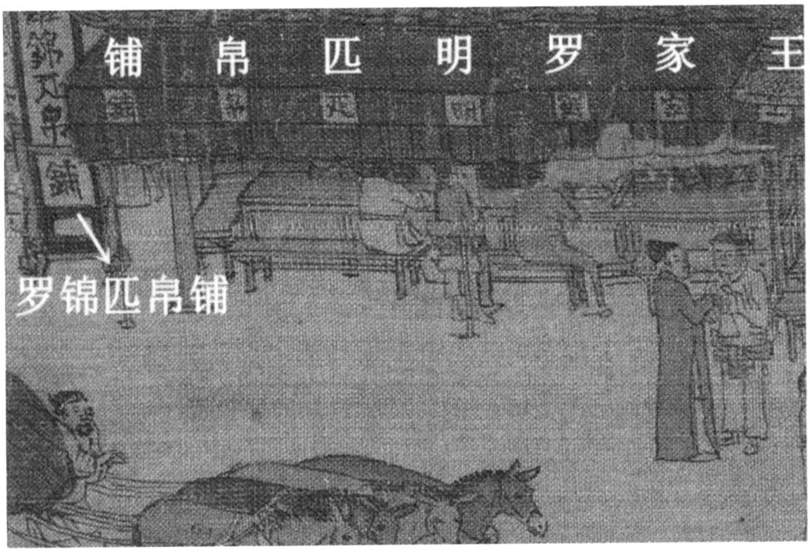

图 4－7 《清明上河图》中的王家罗明匹帛铺

彩楼广告也是一种古代广告形式，往往是通过建筑物的外观来吸引顾客，相当于现代 POP 广告，用来营造销售氛围。酒楼、食店、茶肆皆会装饰精美的彩楼，以营造愉悦的氛围，吸引顾客前来消费。一般店家门首，排设杈子及栀子灯，豪华酒店门前“皆缚彩楼欢门”，“九桥门街市酒店，彩楼相对，绣旆相招，掩翳天日”[②]。如图 4－8 所示，在张择端的《清明上河图》中，酒店“孙羊正店”门前高结欢门，装点得十分体面、气派。

印刷广告是中国古代广告中水平最高的一种，北宋时期出现了我国最早的工商印刷广告——山东济南刘家针铺的广告（见图 4－9），是古代印刷广告的一个重要里程碑。它以铜版印刷的方式展示了该店的产品和服务，排布严整，图文并茂，既有“济南刘家功夫针铺”名称，又有“白兔捣药”的品牌标志，被认定为中国古代使用较早、设计完整的商标体系。“认门前白兔为记”“收买上等钢条，造功夫细针，不误宅院使用。客转兴贩，另有加饶，请记白”等字，对产品原料、制作质量、使用效果、优惠条件、售卖方法等着意宣传，突出店铺讲求诚信和质量的经营之道，提醒消费者用商标来区分真伪，

① 李方红．《清明上河图》与宋代都城的市民生活［J］．传记文学，2022（12）：41－55．

② 许俊基．中国广告史［M］．北京：中国传媒大学出版社，2006：68．

图 4－8　《清明上河图》中的孙羊正店

防避伪劣产品，文字简省而信息密集，深谙广告宣传之道，体现出强烈的宣传意识。铜版的印刷品既可用作针铺的包装纸，也可印制招贴画，是目前世界上最早的印刷广告实物。这充分证明了中国古代广告的发展程度。此外，印刷广告能够大规模印刷，并且携带方便，因此非常适合古代商家进行广泛的广告传播。就拿“茶仙”陆羽来说，他在所著的《茶经》中，巧妙地为自己打造了一则广告。只要读者购买了这本书，无一例外都能够浏览到这则广告，这真是广告宣传的一大成功之举，展现了印刷广告的传播力和影响力。①

图 4－9　北宋济南刘家针铺广告

综上所述，我们可以发现我国古代广告自有其特征及局限性：广告活动的区域性强，传播局限在一定范围内；广告的发布者、产品的生产者、经营者多位一体；广告的内容都

① 赵新利．古代商业广告的丰富形态与文化意蕴［J］．人民论坛，2022（19）：110－112.

非常简单。但这些广告类型在古代中国的商业和市场中均起到了重要的作用，它们反映了古代广告的多样性和创新性，同时还为我们提供了了解古代商业文化和社会生活的重要线索。

二、近代广告

近代中国广告的兴起，标志着新式商业经营方式崭露头角。近代广告与众多报纸杂志以及各类新型媒体的涌现相辅相成，同时也与西方商业文化在中国的广泛传播密切相关。

随着人们日益深刻的商业认知，以及商业的繁荣与媒体的蓬勃发展，广告在近代中国进入了一个新的阶段，并且呈现多样化的创新形式，对于中国工商业的发展起到了积极的推动作用。不少商家巧妙地利用广告来扩展自己的业务，甚至在与外国资本激烈竞争的过程中站稳了脚跟，彰显出广告的战略重要性。这个时期的广告对社会、文化和经济领域都产生了深远影响。

1. 近代广告主要类型

近代广告是随着西方资本主义入侵中国，在中国境内创办报刊之后而产生的新事物。1815 年 8 月，英国传教士米怜在马来西亚创办了《察世俗每月统记传》，这是世界上最早的中文定期刊物。尽管其初衷是宗教传播，但它是中国近代广告生根发芽的契机。不久后，1853 年，英国传教士的刊物《遐迩贯珍》首次注意到广告的潜力，开始兼登和招揽广告。这标志着中国近代报纸广告的出现，商业信息逐渐成为普通民众关注的焦点。

然而，报纸广告的真正崛起要追溯到史量才管理《申报》的时代。他极为重视广告经营，将其视为报纸经济的重要组成部分，从而大力推动了广告的普及和发展。在 1913 年冬天，中国旧时代最大的报业资本家史量才接管了《申报》，并聘请了广告学领域的专家张竹平作为经理。史量才深知广告的潜力，着力改进了《申报》的广告部门，将广告变成报纸的主要收入来源。他专门设立广告推广科，科内分设广告外勤组，负责主动招揽广告，而不再被动等待客户上门。同时，他创立了广告设计组，根据广告的性质和类别为客户精心设计图案和文字说明，直到客户满意为止。这一创新举措迅速受到工商界的欢迎，客户蜂拥而至，广告大幅增加。

报纸媒介的影响力与广告的魅力相辅相成，都在当时达到了一个社会影响力的高峰。1926 年 10 月 23 日《申报》刊登了一则毛呢帽广告（见图 4 - 10），经过专业的广告人才润色，除了呈现毛呢帽的实用性之外，亦用“堂皇冠冕”“华贵非常”这样的广告语强调了产品的附属价值——提高消费者的气质、品位。可见，正如学者王儒年所说，近代广告已经开始“努力渲染商品能够为你带来的感觉、他人对你使用商品后的反应以及由使用商品而为你增添的优雅、高贵，也就是你在使用商品的过程中体现出的品位”①。这无疑是广告行业自身的一大进步。同时，借助传播面越来越广泛的报纸媒介，广告的影响力愈发显著。1927 年 2 月 27 日，惠维公司在《申报》发表了一则广告口号：“佛要金装，人要衣装。”这句话迅速成为包装行业的口头语。

---

① 许纪霖，王儒年．近代上海消费主义意识形态之建构：20 世纪 20—30 年代《申报》广告研究［J］．学术月刊，2005（4）：82 - 90.

图 4-10　斯德森毛呢帽广告

在史量才的改革之下，截至 1915 年 4 月，《申报》的广告版面已经超过了新闻版面，这标志着广告在报纸媒介中重要地位的突破。创刊时每日仅发行 600 份的《申报》，在短短几年内迅速扩大，到 1922 年 50 周年庆典时已经达到了 5 万份，成为当时财力雄厚、销量最大的报纸。

对于《申报》而言，这一腾飞的关键在于史量才改变了过去等待客户上门的传统做法，改进了广告设计和服务，让广告版面大幅增加。但是要吸引更多的广告，还必须扩大发行量。因此《申报》除了改进广告之外，也极其重视发行工作，在各地设立分馆和分销处，积极吸纳机关团体和个人订户，精心设计邮政线路，确保邻近上海的几个城市的读者都能及时获得《申报》。① 这一系列措施不仅加强了广告业务，还使报纸的影响力扩展到了更广阔的地域，为中国近代广告史的发展铺平了道路。

与此同时，名噪一时的月份牌广告和年画广告开始涌入市场。月份牌广告画是在年画的基础上发展起来的。画报社最早会通过赠送不附日历的年画做广告，如 1884 年创刊的《点石斋画报》在新年之际向读者所赠送的任伯年《岁朝清供图》之类的单页单色大年画。随着时间的推移，商业化的趋势催生了新的广告形式——月份牌广告。月份牌广告画（简称月份牌）是一种将绘画、广告和年历相结合的商业创新，最早出现在 20 世纪初，随后在 20 年代和 30 年代大量涌现，成为最早的商业海报之一。其形式通常是中间绘有画作，两侧附有日历表，而画面上方或下方则印有商家的广告信息。有些月份牌广告画上下镶嵌着铜条，有些则模仿中国画的装裱方式，上方有天杆，下方有地轴，以便悬挂展示。

月份牌广告画的主题以美女为主，分为古装美人和时装摩登美人两种。这种广告形式既是一种商业推广工具，又是一种艺术创作，同时还起到了思想启蒙的作用。在图 4-11

① 许俊基．中国广告史［M］．北京：中国传媒大学出版社，2006：149.

和图 4－12 中可以看到，女性骑自行车、在舞厅跳舞的这些广告不仅能传递商业信息，还传播了一些前所未有的观念，如男女平等、妇女解放等，深刻影响了近代社会。

图 4－11　女性骑自行车的月份牌

图 4－12　女性跳舞画报

在当时，著名广告画师如胡伯翔、杭稚英、郑曼陀等名扬一时，他们的作品更为广告增添了艺术魅力，令人驻足观赏。其中，郑曼陀作为中国近代广告画坛的女性代表之一，以其精湛的水彩技巧和细腻的画风而著称。她的作品常常以美丽的女性形象为主题，成功地吸引了观众的眼球，使广告更具吸引力和感染力。图 4－13 为郑曼陀所绘的安安色布广告，其中清丽的女性人物就极具魅力。

图 4－13　郑曼陀所绘安安色布广告

随着信息传播速度的加快和范围的扩大，名人广告也成为当时流行的广告方式之一。梅兰芳、胡蝶等名人都曾代言过商业广告。

进入20世纪20年代，广播媒体成为广告传播的新舞台。1922年美国商人E.G·奥斯邦（Osborn）在上海创立了中国境内的第一家广播电台，于1923年开始正式播音。每晚的一个小时节目中，除了包括新闻和音乐，还融入了商业信息的播送。至于中国本土的第一家广播电台，则出现在1927年，由新新公司开设。随着时间的推移，广播听众不断增加，广播电台也逐渐加大了广告内容的比重。私营电台的运营主要依赖广告收入，广告俨然成为广播媒体的重要经济支柱。自此，广播媒体成为广告主们吸引目标受众的重要工具，为中国的商业注入了新的活力。①

除了报刊广告和杂志广告，近代中国的广告形式变得更加多样化，融入了城市景观的各个方面。在上海这样的贸易中心，人们开始接触到路牌广告、橱窗广告、霓虹灯广告、车身广告等多姿多彩的广告形式。上海作为商业发达地区，早在1926年就于南京东路的伊文思图书公司的橱窗内首次亮起了霓虹灯广告。这一广告宣传了皇家牌（ROYAL）打字机，以英文广告灯的形式展示给市民。同时，上海的一些百货公司，如上海先施、新新、永安、大新等，也纷纷设立了大型橱窗广告，将各种商品以引人注目的方式呈现给购物者。② 这些新兴的广告形式不仅为商品销售提供了更多机会，也为城市营造了独特的商业氛围。霓虹灯广告的出现尤其令人印象深刻，标志着广告业在近代中国的不断创新和发展。

随着广告业的繁荣昌盛，广告的重要性也逐渐被学界广泛认可。1919年，北京大学新闻学研究会出版了徐宝璜的《新闻学》，其中对广告进行了深入研究。1920年至1925年，厦门大学、燕京大学和上海南方大学相继开设了广告课程，广告业迎来了新的发展机遇。全国报界联合会更是通过了《劝告禁载有恶影响于社会之广告案》，进一步推动广告内容的规范化。

2. 华商广告竞争

在西方资本集体涌入的近代社会，中国本土商人非常善于利用广告的独特社会效应，与资本雄厚的外国洋行展开激烈竞争，并取得了较为显著的效果。图4-14所示为20世纪20年代上海王开照相馆前的街景，旁边正是“爱用国货”及国货产品宣传牌。除了可窥见的繁盛的广告媒介形式之外，当时国货的爱国营销手法也很值得思考。

近代中国见证了多次大规模的抵制洋货运动，这为商家提供了宣传国货、推动民族资本主义工商业发展的绝佳机会。一些商家积极利用广告来鼓励人们购买国货，以此表现爱国行动的实际意义。

清末的抵制美货运动就是一个典型案例。在这个时期，一些商家在广告中号召改良国货、购买国货，号召人们不再使用洋货，而是支持国货。当时有商家一方面积极参与这场爱国运动，另一方面又在报纸上发布启事，阐明：“今为抵制美约，不用美货，办法文明，民志齐一，正我制造家改良土货，杜绝外货之机会。倘能及此振作，事事改良，则中国商业之发达，借此一举。”他们在报纸上发布广告，强调抵制美货是文明的行为，符合民意，

① 陈培爱．中外广告史［M］．北京：中国物价出版社，1997：48.

② 同①49.

图 4-14　20 世纪 20 年代上海王开照相馆前的街景

为本土制造业赢得了机会。[1] 这种号召在当时产生了显著的效果。抵制美货运动不仅成功遏制了美国货物在中国的销售，使其年销售额大幅下降，而且国货的销售额显著增加，特别是国产棉纺织品和面粉的销售量大幅上升，许多新的民族资本主义企业由此应运而生。

在类似的抵制运动中，广告不仅起到了宣传作用，也促使人们采取实际行动，企业改良土货、消费者购买国货，从而推动了本土产业的蓬勃发展。

3. 近代广告机构

近代广告业的兴起标志着广告成为一门专门的技术服务，因此广告机构在中国社会中开始扮演关键角色。自 20 世纪初以来，外商在华设立的广告公司逐渐增多，其中上海成为外商广告公司的主要集中地。这些公司的成立代表了广告行业在中国的国际化趋势。

1915 年，意大利人贝美在上海创办了贝美广告公司。紧随其后的是美国人克劳，他于 1918 年在上海创办了克劳广告公司。英国人美灵登也于 1921 年在上海成立了美灵登广告公司。

此外，早在 1904 年，中国人就创立了闵泰广告社，标志着本土广告机构的兴起。中国人自己开设的广告公司逐渐壮大，其中成立于 1926 年的华商广告公司和成立于 1930 年的联合广告公司规模较大。20 世纪 20 年代，上海的广告代理业蓬勃发展，广告公司数量超过 30 家。1927 年，上海的 6 家广告社共同成立了“中华广告公会”，旨在解决同业纠纷，争取共同利益，这是中国广告行业最早的行业组织之一。[2]

总而言之，近代的中国广告是西方资本裹挟中国半殖民地半封建社会下的时代性产物。其广告媒介逐渐多样化，内容丰富，出现了名人广告；广告不可避免地带有明显的半殖民地色彩，同时还有反帝反封建的性质；广告活动逐渐正式化、规范化，广告公司诞生，社会有了对广告的管理，学校也开设了广告课程。

---

① 朱英．近代中国广告的产生发展及其影响［J］．近代史研究，2000（4）：87-115，1．

② 丁俊杰，康瑾．现代广告通论［M］．4 版．北京：中国传媒大学出版社，2019．

三、改革开放后的广告

1978年底，中国共产党第十一届三中全会召开，会议提出将全党的工作重心转向社会主义现代化建设，这标志着改革开放时代的到来。改革开放带来了市场经济的发展，激发了商业活动的热潮，也催生了中国广告业的崛起与腾飞。1979年初，报纸媒体率先恢复广告业务，从此中国广告业保持了40多年的持续发展。按照广告经营额的增长速度，本书将中国这一时期广告业的发展分为以下三个阶段。

1. 初步恢复阶段（20世纪70年代末到80年代初）

（1）广告启蒙，推动流行。

在我国市场经济制度确立之前，消费者的选择有限，随着广告的复苏，消费者开始接触到更多的产品和服务。广告激发了人们的购买欲望，鼓励人们追求更好的生活品质。这一时期的中国市场经济迅速复苏，广告在引导市场需求和推动经济增长方面发挥了积极作用。

电视广告的崛起与报刊广告的逐渐恢复几乎是同时发生的。当时人们的消费水平逐渐提高，到1982年底，全国职工家庭平均每百户就拥有彩色电视机1.1台，黑白电视机72.21台，人们普遍养成了观看电视的习惯。改革开放前，电视媒体支出极大，经费主要依赖国家提供。1979年1月28日，由上海市美术公司精心组织和策划，上海电视台在当时的黄金时段播放了全国首个商业广告——“参桂补酒”的广告片，同时在画面下方显示出“上海电视台即日起接受广告业务”的字幕。[①] 这是电视广告在中国广告史上的重要一刻，标志着电视媒体成为商业广告传播的新舞台。日本学者山本武利在《现代中国的消费革命：改革开放下中国市民的消费·广告意识》中提到，改革开放初期，中国受众对广告有较高的好感度和信赖度，人们喜好电视广告的程度甚至要超过电视节目。因为在广告恢复之前，老百姓几乎没有渠道了解新鲜的事物，所以当时的广告对老百姓来说具有非常特殊的意义，意味着对未来美好生活的期许，是商品丰富、社会文明开放的重要标志，寄托着中国民众摆脱物质生活困窘状态、开启新生活的希望。

（2）广告行业规范化。

在这一时期，社会开始关注广告的伦理和道德问题。国家制定了广告行为准则，并加强了对广告内容的审查和监管。这些规范措施保障了广告不误导消费者、不侵犯他人的权益，提高了广告行业的合规水平。

1981年，中国对外经济贸易广告协会（以下简称外广协）创立。这个协会旨在促进对外贸易广告的发展，为中国的对外经济交流提供支持。外广协的成立为中国广告业的国际化和专业化发展提供了平台。

1982年，国家工商局设立了专门的广告司，体现出政府对广告行业管理的日益重视。同时，国家工商局颁布了《广告管理暂行条例实施细则》，这一法规文件为广告行业的规范化提供了法律基础，明确了广告从业者的权利和责任，加强了对广告内容的审核和监管。

---

① 许俊基．中国广告史［M］．北京：中国传媒大学出版社，2006：232.

1983年，中国广告协会（以下简称中广协）正式成立，是广告行业自我管理和协作的重要里程碑。中广协的成立旨在提高广告从业者的专业水平，维护广告行业的合法权益。

1984年，国家工商局发布文件，明令禁止在广播、电视、报纸、书刊、路牌、灯箱、霓虹灯、招贴等各种媒体上发布烟草广告。这一决定是对公共健康和社会责任的积极回应，同时也体现了政府对广告内容监管和规范化的积极意愿。广告行业的规范化举措为中国广告业的健康发展和国际化进程提供了坚实的基础，政府、行业协会和从业者的共同努力推动了广告行业朝着更加规范和专业的方向发展。

（3）广告教育与学术研究兴起。

市场经济刚刚恢复，广告行业的交流活动和相关的教育、研究项目便随之兴起。

1980年，《人民日报》发表了文章《必须研究广告学》，这篇文章的出现在某种程度上体现了中国社会对广告学的认可和重视。文章强调广告学的重要性，并呼吁学界进行广告学的研究和探讨，为中国的广告业发展提供理论基础。

1981年，中国广告学会正式成立，这是中国广告领域的第一个学术性组织。同年，中国广告学会成功举办了首届全国广告学术研讨会，这一学术盛会为中国的广告学研究提供了交流和合作的平台。学术研讨会汇聚了国内外广告领域的专家学者，推动了广告学科的发展。

1983年，厦门大学成为中国高等院校中首家开设广告学专业的学校。这一举措标志着中国广告教育的正式启动。开设广告学专业为有志从事广告行业的学生提供了接受专业培训和参与学术研究的机会，为中国广告行业培养更多的专业人才。

广告教育与学术研究的兴起为中国的广告行业发展提供了重要支持。学术界和教育界的积极参与使广告学在民间得到了更广泛的认可，为后续井喷式发展阶段的广告行业提供了理论和人才支持。

2. 补偿性发展阶段（20世纪80年代中期到90年代中期）

（1）低起点、高速度发展。

在改革开放初期，中国的广告业处于较低的发展水平，广告公司的数量少，广告业务的规模小。然而，随着市场经济的发展和对外开放的推进，中国的广告业开始进入补偿性发展阶段，呈现出低起点、高速度发展的特点。

广告营业额，即广告业的总收入，从1983年的2.34亿元增长到1993年的134.09亿元，累计增长了惊人的57.6倍。其中，1992年和1993年较前一年的增长幅度更是达90%以上。全国范围内广告经营单位的数量也呈现惊人的增长趋势，从1983年的2 340家发展到1993年的31 770家，增长了13.6倍。这意味着广告业务的需求急剧增加，各地纷纷涌现大量的广告公司。与此同时，广告从业人员的数量也出现了迅猛增长，从1983年的34 853人增长到1993年的311 967人，增长了9倍。广告行业的高速发展为就业市场提供了大量机会，吸引了更多人投身于这一领域。这些从业人员中，不仅有大量的美术、文案等专业人才，还有一批海外归来的具有国际化视野和创新思维的广告创意人才。

尽管广告营业额增长迅猛，但平均每个广告经营单位的员工人数从1983年的15人减少到了10人。这说明尽管业务量增多，但中小型广告公司依然占据市场主体地位，这与广告业的低门槛有关，许多广告公司只需一两人即可开展业务。此外，虽然广告经营单位的营业额增加了4倍，但相对于广告营业额近60倍的增长速度来说，这个比例相对较低。这表明广告市场中存在大量规模较小的广告公司，这些公司在广告制作方面可能存在较大的不规范性。①

总之，这一时期的中国广告业发展势头强劲，但也存在着中小型公司盛行、行业不规范等现象。

（2）广告“流行期”，影响力大。

20世纪80年代中期到90年代中期，广告影响力巨大，人们乐于传颂广告，尤其是产品型的广告。很多广告的创意表现形式开始追求新颖、独特、有冲击力，以吸引消费者的注意力。

广告渐渐成为大众文化的一部分。一些经典的广告作品，如太阳神口服液的歌曲广告“当太阳升起的时候，我们的爱天长地久”，海尔电器的广告语“海尔电器，真诚到永远”等，成为公众的集体记忆、日常话题。早期的广告歌曲、广告语很多都成为社会的流行元素，塑造着当时的消费文化，体现了复苏初期广告巨大的社会影响力，这种影响力既体现在市场层面，也体现在文化层面。

此外，广告进一步影响了公众的消费行为。因为经历了长期的物资短缺，率先进行广告宣传的广告主就能抢先占领消费者的心智，并且很容易激发其消费欲望和购买行为。当时敢于在电视上投放广告的广告主，都享受到了丰厚的红利，成就了自己的知名品牌，比如大宝、太阳神、健力宝等。

（3）外资广告公司进入中国市场。

在补偿性发展阶段，随着对外开放的推进和市场经济的发展，外资广告公司也开始进入中国市场。这些外资广告公司带来了先进的广告理念、技术和经验，对中国的广告业产生了深远的影响。

外资广告公司为中国市场带来了先进的广告技术。当时，它们在创意策划、视频制作等方面具有较高的水平，为中国市场提供了新颖、独特的广告作品。例如，宝洁公司1995年的“飘柔”洗发水广告，大胆启用了新人演员代言，广告中，年轻的空姐们穿着空姐制服，甩着浓密的长发，说“秀发飘柔的秘密，一传十，十传百，变成全国皆知的秘密”。独特的创意表现形式，吸引了大量消费者的关注。

同时，外资广告公司也为中国市场带来了先进的广告经营理念和管理经验。这些外资广告公司成熟的管理体制和完善的代理服务，为中国市场的广告公司带来了极大震动。奥美广告公司在中国市场成功的经营模式，就被后来的很多中国本土广告公司所学习和借鉴。

3. 转型发展阶段（20世纪90年代中期至今）

20世纪90年代中期到21世纪初，随着居民消费需求的日益多元，广告业进入了繁荣发展的阶段。

---

① 丁俊杰，康瑾．现代广告通论［M］．4版．北京：中国传媒大学出版社，2019.

（1）广告的“社会大课堂”时期。

改革开放后，广告成为居民生活知识的主要来源，广告就是先进生活方式的“大课堂”，推动着社会潮流的一轮又一轮变迁。

大宝SOD蜜“大宝明天见，大宝天天见”及舒适达抗过敏牙膏的牙医推荐广告，建立了人们关于皮肤、牙齿的日常保养意识。这两则产品广告强调了美容和健康的重要性，引导消费者更加注重个人护理，既推动了相关产品的销售，也提高了人们的生活质量。

步步高无绳电话“喂，小丽啊，我被锁到外面啦”的广告，东方奇洛瓦冰箱“每当我看见天边的绿洲，就会想起，东方——齐洛瓦！”的广告，带领人们走进了科技新生活。它们宣传了先进的家电产品，促使人们关注科技进步和便捷生活方式。同时，这些广告也激发了消费者对科技产品的需求，反向推动了科技行业的蓬勃发展。

中美史克“两片儿”、三九胃泰的药片广告则是在帮助人们关注自身健康，强调了预防和治疗，促使人们更加重视健康管理。通过广告的宣传，人们认识了各种健康产品和药物，有助于提高自我保健的能力。

可以说，这一时期的广告就是最为庞大的一场商业化全民教育。

（2）广告影响力分化。

这一时期广告的影响力也开始向正面、负面两极分化。

广告所产生的正面影响如下：

首先，国内广告公司、媒体广告运营走上正轨。在经历了企业CI热潮和中央电视台“标王”争霸等事件后，企业的广告观念逐渐变得成熟。[①] 直至20世纪90年代后期，中国引入了“整合营销传播”的理念，企业开始将广告视为营销战略中不可或缺的一环。这一转变意味着中国企业对广告的认知发生了根本性的变化，它们将广告纳入了营销策略体系之中，从而更好地满足了市场需求、促进了品牌发展。

其次，广告开始起到塑造品牌的关键作用。比如六个核桃的成功就证明了广告可以改变品牌的命运，挽救陷入困境的企业。六个核桃的前身是养元集团的养元饮料，养元集团是一家专注于保健核桃饮品研究的企业，尽管拥有全国最大的核桃种植基地，但该公司一直处于亏损状态。经过六年的连续亏损后，接管养元集团的衡水老白干决定出售养元饮品。衡水旗下的员工姚奎章率领数十名员工筹集了349万元，成功接手了养元饮品，这意味着公司的拯救者竟然是衡水的员工。在接手养元后，姚奎章给产品起了一个新的名字“六个核桃”，这个名字寓意着“六六大顺”。但光有一个新名字是不足以改变局面的，真正扭转局势的是六个核桃的广告语“经常用脑，多喝六个核桃”。这句在后来家喻户晓的广告语成为品牌的核心，精准传达了其保护大脑健康的信息，激发了人们对产品的兴趣。正是凭借这一强有力的广告，六个核桃才成功地挽救了这家曾多次面临破产的公司，并迅速在全国范围内取得成功。

最后，广告创意的艺术化、表现力提升。20世纪末“南方黑芝麻糊”的经典广告充分地抓住了消费者的感性诉求，通过回忆童年时光、叙述温暖亲情的精美视频以情动人，用“一股浓香，一缕温暖”八个字触动消费者的心弦，成功抢占了消费者的心智资源，也

① 丁俊杰，康瑾．现代广告通论［M］．4版．北京：中国传媒大学出版社，2019．

成功让南方黑芝麻糊这个品牌迅速成长为火遍大江南北的知名品牌。

广告所产生的负面影响如下：

第一，广告从业人员专业素质受到质疑。当时的社会随处可见散落在地上、贴在墙上的小广告，很多居民都觉得有碍观瞻，称之为“城市牛皮癣”。与此同时，由于广告行业的从业门槛较低，市场上存在着很多专业能力不强、专业素质欠佳的广告公司及从业人员，由此导致了社会上长期对广告人的专业能力没有建立广泛认同。虽然真正的广告人具有综合性知识体系和高层次技能水平，但随着“广告”一词的含义不断被泛化，社会公众对广告从业人员的专业化认知其实一直不够明确，这一职业的入职标准和专业要求也没有明确的资质认证。这一切都对人们建立正确的广告认知造成了不利影响。

第二，虚假广告开始出现。虚假广告是整体商业系统的脆弱环节在广告领域的体现。对于企业而言，在竞争激烈的市场中，某些企业可能会为了吸引消费者而使用虚假广告来夸大其产品或服务的优势。对于监管部门而言，商业领域的监管不足，或者监管机构在追查虚假广告方面资源有限等原因，都会使得虚假广告屡禁不止。对于消费者而言，当信息过载让他们面对大量广告和信息时，就会很难分辨哪些广告内容是真实的、哪些是虚假的。虚假广告发布者正是利用这一点，混淆了消费者的判断。

第三，“恶俗广告”在质疑声中层出不穷。恶俗广告未必违法，但由于使用了毫无美感的洗脑广告让受众的心智产生了负面的深刻记忆而广受社会批评。恶俗广告的出现有非常复杂的原因，其中最为重要的其实是广告人发现广告的艺术性和传播效果之间未必一定是正相关关系。换言之，如果不考虑广告的文化价值和社会功能，仅仅以其对消费者心智的占据和影响为标准，那么这些毫无艺术性可言但能够机械重复无数次的广告信息，也能够给受众留下深刻的印象。在这种观念的驱使下，广告作品的艺术性似乎就显得不那么重要了，只需要在传播环节做好对受众的“狂轰滥炸”即可。实践证明，这一观念是不正确的，如果企业过度偏重于传播环节的所谓效果，则势必忽略企业作为经济单元在整个市场和社会中的公众形象和公众认知，最终导致的后果必然是损害品牌形象，遭遇广泛的社会批评，从长远来看，其实是得不偿失的，并不值得借鉴和效仿。

（3）信息革命推动广告变革。

21世纪信息技术和通信技术的飞速发展，导致信息的传递和存储方式彻底颠覆。互联网、移动通信、社交媒体等技术的崛起，让信息的传播速度前所未有地变快，覆盖面也更加广泛。信息革命为广告带来了前所未有的机遇和挑战。

广告是信息革命不可或缺的组成部分，它随着信息载体的演进而不断扩展其影响力。从最初的平面媒体到无线电波媒体，再到如今的户外和网络媒体，广告的传播范围已经延伸至各个领域，包括汽车、房地产、家电等。这一演变过程清晰地表明，广告不再是一个可有可无的元素，而是成为与民生关联紧密的信息传递渠道之一。①广告在提供有关产品和服务的信息、推动市场发展及满足消费者需求方面，扮演着不可忽视的重要角色，对社会生活的改善和发展作出了积极贡献。

① 丁俊杰．广告改变了我们 还是我们改变了广告 中国广告影响力的“三观”解读［J］．声屏世界・广告人，2013（6）：43-44.

在广告领域，随着信息革命的推动，我们目睹了从传统媒体广告到“全媒体”广告的巨大变化。广告市场的总体增长速度远超国民经济的发展速度，这导致广告信息传播出现积极与消极两方面的极端影响。

它的积极影响是，广告作为信息革命的受益者，实现了与消费者之间更紧密的互动。它不仅成就了各种媒体形式的生存和发展，还为企业提供了多元化的营销渠道。数字时代的广告赋予了企业更多创新和创意的机会，提高了广告信息的传播效果。广告还能成为消费者与品牌之间的纽带，通过情感共鸣、故事叙述等方式，更深层次地激发受众的共鸣与认同感。

但广告信息传播也伴随着一些消极影响。例如，随着通信费用的降低，短信广告泛滥成灾；由于印刷成本的降低，城市中的“小广告”泛滥；由于电信资费的降低，邮件、短信广告“爆炸”等现象也引发了公众的反感。更严重的是，一些违法广告的公开传播损害了广告行业的声誉。这些负面现象的出现表明，在信息传播技术的变革过程中，广告的艺术性逐渐下降，信息性却持续提高。

回顾以上历史进展，我们可以看到，伴随着我国广告社会影响力的不断变化，不同时期国家商业体系中的各种问题通常都会反映在广告领域，广告现象是社会发展、商业经济发展的重要镜像，具有显著的经济、文化及社会价值。因此，广告行业需要时刻准备好应对时代赋予的挑战，抓住时代提供的机遇，找到自身发展的平衡点，提高广告的品质和价值，保持其在社会和经济中的积极作用。

第三节　外国广告简史——以美国为例

从全球范围看，各国在现代广告的发展上都有其令人瞩目的成就。尤其是自19世纪工业革命开始，广告就作为全球化的商业信息传播载体，在欧美、亚洲等多个地区得到了多样化的丰富应用。其中，美国的历史虽然相对短暂，但该国广告的发展却成为世界广告发展史上重要的一页。时至今日，无论是从人均广告费还是广告营业总额、广告费用总额占国民生产收入的比例，美国均居全球前列。对美国广告历史进行研究和探讨，具有一定的借鉴意义。

按照较为公认的说法，美国广告经历了前工业化时期、工业化时期、大生产时期和后工业时期四个历史阶段。

一、前工业化时期：19世纪以前

印刷术的发明在广告史上具有重要地位。15世纪中期，约翰内斯·古登堡的印刷术使书籍和传单的大规模生产成为可能。这一技术的出现逐渐改变了广告的传播方式。印刷术的出现使广告可以更广泛地传播，不再局限于口头传播和手工艺品制作。在17世纪末，一批清教徒带着寻找宗教自由和新机遇的愿望来到美洲大陆，他们带来了欧洲的商号招牌、报纸及广告传单。这一历史节点标志着美国广告的起源，开启了美国广告业的早期发展——印刷媒体时代。

早期的美国是自给自足的农业社会，随着南北战争的发生，美国逐渐进入大规模生产的初期工业革命时代。广告业也在这一时期从原始的地方性报纸上的简单通告，如海上船期和新货物通告，逐渐演变成为“全国范围内的大规模生产商品”促销的工具。在美国广告的萌芽时期，报纸上就出现了广告的踪迹。例如，《波士顿新闻信》（*The Boston News-Letter*）于1704年创刊，在创刊号上就刊登了广告。1729年，《宾夕法尼亚公报》采用线条将广告与其他内容区分开来，首次在广告中使用插图，而且主编本杰明·富兰克林亲自编写广告。他使用了更大的标题文字、增加了留白，还采用了美术设计等方式，以提升广告的可读性。富兰克林是已知最早在印刷广告中运用图画的美国人之一。

这一时期的广告虽然形式简单，但为后来美国广告业的兴起和发展奠定了坚实的基础。从此，广告成为美国历史进程中不可或缺的一部分。

二、工业化时期：19世纪初到19世纪末

工业化时期是美国广告史上的重要时刻，工业革命对广告业产生了巨大影响，广告业经历了巨大的变革，广告的形式、广告的传播方式、广告的专业化程度都发生了显著变化。

1. 工业化推动广告业的兴起

工业革命的到来彻底改变了生产方式和商品生产的规模。大规模生产的商品需要市场来销售，这就为广告业提供了机会。工业化加速了商品的生产和分销，也催生了广告业的兴起。工业化使商品多样化，需要广告来区分和宣传不同的产品。

广告开始在工业革命的背景下成为商品销售的关键因素。各个商家逐渐意识到，需要一种方式来吸引潜在消费者的注意力，宣传其商品有什么独特之处。这就带来了广告的快速增长，广告成为商品销售和市场推广中不可或缺的一部分。

2. 现代广告代理制度

19世纪时，媒介掮客公司开始崭露头角。1841年，帕默在费城开办了第一家公司，通过“买卖版面”，抽取25%的佣金。1869年，艾尔父子在费城成立了第一家按“版面纯成本”收取代理费的广告公司。① 媒介掮客公司充当商家与媒体之间的中介，负责协助商家制定广告战略并将广告投放到适当的媒体上。这一角色的出现加速了广告业的专业化，使广告更具科学性和战略性。

19世纪末，现代意义的广告代理公司出现。1890年，艾尔成立了第一家按现代广告体系运作的公司——它集策划、设计、制作、实施于一身，收取媒介返回的代理费或广告主支付的酬金；广告公司经营的重点，由单纯为报纸推销版面，转向为广告主直接服务。艾尔的广告公司完成了由推销型向服务型的转变，是当代综合型广告公司的雏形，带有当代广告业务特征。这个时期，广告代理的业务范围扩大，广告被当作一门职业来看待，广告作为独立的行业终于被社会正式认可。

在工业化时期，工业革命的兴起以及广告代理商的出现，使美国广告业得以快速发展，并帮助广告成为独立的学科和行业。

---

① 胡晓云．现代广告学［M］．2版．杭州：浙江大学出版社，2022.

三、大生产时期：20世纪初到20世纪70年代

在这一时期，美国的广告业经历了巨大的变革，成就了全球广告发展史上的关键阶段。

1. 广告对促销和品牌的双重作用

20世纪初，美国进入工业化和大规模生产的时代。随着大规模生产和消费的崛起，商品市场趋于饱和。各企业认识到其发展不仅与生产和流通相关，也与购买群体息息相关，因此开始重视推销工作。如果企业生产的产品没有特色，就只能任由批发商处置，所以树立品牌形象和促销变得越来越重要，全国性广告活动开始出现，广告开始承担促销和塑造品牌的双重功能。这一时期，广告业不断创新，采用了更多的心理学和社会学理论，以更好地理解和满足消费者的需求。20世纪初到20世纪70年代，品牌广告成为广告业的一大亮点。成功的广告不仅要推销产品，还应该塑造品牌形象，使之成为消费者信任和喜爱的标志。许多生产企业利用全国性广告、商标和方便消费者的包装来控制市场、建设品牌，从而创造和控制了大众消费模式。

2. 调查成为广告活动的重要环节

从1910年开始，广告代理公司逐渐承担起了日益丰富的调查种类，如销售、批发、零售、媒介受众以及普遍性的消费者调查。1915年，汤普逊率先在广告代理公司中设立了市场调查部门。1929年经济危机后，调查业应运而生，斯塔奇、尼尔森、盖洛普先后建立调研公司，对公众舆论、广告表现以及广告产品销售方面的信息进行全面调研。过去仅以促销为目的的广告很容易受到公众批评，所以广告行业通过建立行业协会、办专业刊物、开设大学课程等多种方式展开了协作研究。自此，广告公司开始注重运用心理学等科学的方法和手段来研究和控制消费，发明了一系列研究市场反馈的技术。

3. 文案写作专业化

随着广告业的蓬勃发展，广告主越来越在意广告文案的内容，广告代理公司的形象开始与广告的信息内容质量紧密联系在一起。在媒体的编辑权力高度集中的环境下，专业门槛带来的信息编码能力成为广告专业能力的重要部分。学者霍普金斯曾提出一种“理由式”的广告文案，认为“人具有喜欢购物的天性，但常常缺乏买东西的理由”，这为当时的广告从业人员带来了启发。

4. 广告公司业务多元化

受经济危机的刺激，广告公司开始提供更多额外的业务。初期由于经营困境、社会质疑、法律苛刻、竞争激烈等现实困难，广告公司的业务被迫拓展。为了保持竞争优势，广告公司提供额外服务，如调查、装潢设计、组织展会、培训推销员甚至打扮橱窗。但早在1929年前后，广告公司业务拓展与收费模式变化之间就出现了不同步的问题。在不增加服务费用的情况下提供额外服务会削弱广告公司有效地提供基本服务的力量，使得广告公司与企业之间的关系更加脆弱。

5. 电子媒体崛起

20世纪初，广播和电视等电子媒体的出现彻底改变了广告的传播方式。广播广告在20世纪20年代开始崭露头角，而电视广告则在20世纪50年代迅速崛起。这两种媒体为

广告商提供了广告播放的新平台，使它们能够将广告直接传达到家庭中的消费者。广播和电视广告的声音、图像和情感传达方式为广告创意带来了更大的发挥空间。这些新媒体的崛起也推动了广告产业的蓬勃发展，广告商纷纷投入巨资制作引人入胜的广告片，并在全国范围内传播。其他诸如路牌广告、霓虹灯广告、空中广告等多种媒体形式也风起云涌。

6. 社会和文化变革：广告在社会、文化方面的影响

广告不仅仅是商品销售的工具，它也在社会和文化方面产生了深远的影响。广告反映了社会的价值观和文化趋势，有时候也推动了社会变革。例如，20 世纪 60 年代的反战和民权运动对广告业产生了巨大的影响，广告商开始创造与社会运动相契合的广告，以迎合当时的社会氛围。此外，广告还在性别、种族、社会地位等多项公众议题方面引领了社会认知。

总的来说，20 世纪初到 20 世纪 70 年代是美国广告业蓬勃发展的时期，广告需要兼顾产品销售和品牌发展，广告公司的业务拓展在艰难摸索之中，电子媒体的崛起带来了更多的机会，广告还在社会和文化领域发挥了重要作用。

四、后工业时期：20 世纪 80 年代以后

20 世纪 80 年代以后，美国广告业迎接互联网时代的全面兴起。数字媒介的普及彻底改变了广告的传播方式。互联网为广告商提供了更直接、更广泛的渠道，使它们能够与潜在客户进行更频繁的互动。搜索引擎广告、社交媒体广告和电子邮件营销等数字广告形式进入大众视野。广告商开始更精确地定位受众，采用个性化广告来提高广告效果。这一时期也同步见证了在线购物的崛起，广告不再只用于品牌推广，还可以直接链接产品和服务的销售端。

1. 媒介零细化：整合营销传播的发展

这一时期的消费者越来越多样化，媒体越来越零细化，传统的广告方式已难以利用有限的广告费用达到广告主的要求。由于美国在 20 世纪 90 年代初出现了经济衰退，客户纷纷削减广告预算，将有限的资源转向那些能够迅速产生效益的促销方式，例如折扣券、直邮营销以及实地促销活动。在这样的背景下，许多广告公司采纳并实施了“整合营销传播”的理念。这一理念强调了市场营销应该脱离单一、零散的策略，整合多种媒介资源、贯彻一份营销传播计划，朝着更高效、更系统、更全面的方向发展。

2. 社交媒体和移动广告：新兴平台的崛起与互联网广告的趋势

社交媒体和移动设备的兴起引领新的广告平台的兴起。社交媒体平台，如 Facebook、Twitter、Instagram 等成为广告商的重要宣传渠道。

移动广告通过智能手机、平板电脑为广告商提供了直接触达消费者的机会，在包括游戏在内的各种移动应用中投放广告也屡见不鲜。社交媒体强调分享和互动，使这类平台的广告更具社交性质。此外，这些在线平台还为地方企业提供了机会，因为它们可以更精确地定位附近的潜在客户并定制化地投放广告。

3. 大型广告集团：适应客户的全球化经营

20 世纪 90 年代中期以来，美国广告公司之间的整合、兼并活动持续不衰，广告公司

向全方位服务的代理公司发展，业务范围也大大扩张，从传统的广告领域发展到所有营销领域，并且加强了为客户进行整合传播的服务，把整合传播作为开拓业务的重点。但是，为适应市场的进一步细分、受众需求的多样化，也有部分全方位服务的代理公司逐渐分离为几个进行专门化服务型小公司。①

综上所述，20 世纪 80 年代以后的美国广告业进入数字时代，广告传播方式及平台都发生了巨大变革。

在线自测

扫一扫　练一练

① 胡晓云．现代广告学［M］．2 版．杭州：浙江大学出版社，2022．

第五章　广告学说

广告学是一个不断发展的理论体系，从诞生至今一直处于演进和拓展之中。本章将带领大家深入了解广告学说的边界、溯源及发展历程，以及一些著名广告人的思想与作品。通过本章的学习，你将逐渐揭开广告学的神秘面纱，深入探寻广告学的发展逻辑。

第一节　广告学说的边界

从学科建立之初，广告学就被视为一个综合性的学科领域，因为广告学涵盖多个学科的知识领域，同时也与众多其他学科密切相关，比如市场营销、艺术设计、文化创意、新闻传播等。从高校教育来看，广告专业除设置在人文学院、新闻传播学院之外，也有设置在艺术、社科、管理等院系的情况。

既然无法割裂广告学的交叉学科属性，那么该如何明晰广告学的界限从而让广告学作为独立的学科有自身的学科建制，发展自己的独特学术话语体系，以期有效指导广告学的发展呢？

实际上，广告学是一门综合性的交叉学科，这种定义只是广告学理论建构初始阶段的一种权宜说法。一门成熟完善的学科通常具有明确的知识范围、理论导向和实践应用领域，而这些要素都有其明确的边界。

然而，就广告学的学理构建而言，不论是在西方国家的百余年历史中，还是在我国的四十多年发展中，都仍处于初级阶段。况且广告学是一个以创新为核心的领域，它在媒介和市场的迅速变化中不断成长，因此广告学的研究还面临着不断更新的挑战。所以，我们说由于广告学自身的理论体系尚未充分成熟，缺乏明确的指导框架，就必须依赖其他学科的知识和思想，以弥补自身的不足之处。这意味着广告学需要综合其他学科的观点和方法，进行跨学科研究，这也是广告学会被看作一门边缘学科的缘故。但是将多元的学科思维和方法作为广告学研究的工具并不会从根本上影响广告学科存在的独立性。尽管目前广告学学理建构在不断地演化发展，可这并不代表未来不会有理论上的进步，也不代表我们不能追求更为理想和完善的广告学理论体系。

第二节　广告学说溯源及发展历程

广告的历史可以追溯到古代文明，但广告学的形成是 19 世纪末至 20 世纪初的事情。广告学的萌芽与现代广告的诞生息息相关。正如前文所述，尽管广告业的全球化发展已成客观事实，现存的广告理论何以形成一门学科仍然广受质疑。在本节中，我们将回顾广告学的起源，深入研究广告研究的系统化过程和广告教育的起步。

一、专门论述广告的文章和专著出现

在19世纪末，广告学的学科体系尚未形成之时，包括美国在内的各国广告业开始蓬勃发展，当时关于广告的专业文章还比较有限，然而一些关于广告技巧和实践的文章已经开始出现，为广告学的发展和理论建设打下了基础。

1888年，乔治·罗厄尔创办了美国第一本广告专业杂志《印刷品》。这本杂志提供了广告的实践建议和案例研究，迅速成为广告从业者的宝贵信息来源，为广告业的专业化奠定了基础。20世纪初，随着广告业的发展，对广告学的理论研究逐渐引起人们的关注。传播学、心理学、管理学、行为经济学等多个领域的学者开始探讨如何把现代广告工作的实践发展成科学，并撰写了早期的广告学专著。心理学家沃尔特·迪尔·斯科特（Walter Dill Scott）于1903年撰写了《广告原理》一书，首次提出科学广告所必须遵循的一般原则。1910年，斯科特又撰写了《广告心理学》一书，深入探讨了广告的心理学特性。他分析了消费者接受广告的心理过程，这对广告学的理论发展产生了深远影响。

此前，一些关于广告技法的文章已为广告学理论的形成打下了一定的基础。福泽谕吉是日本近代经济学的奠基人之一，他的文章《告商人书》于1883年10月6日刊登在《时事新报》上。福泽谕吉提出了一些关于广告的实用性建议，包括如何制作能吸引顾客注意的广告。这篇文章被视为广告技法论的先河，尽管它主要停留在广告操作层面，但它标志着日本广告理论研究的开端。滨田四郎于1902年写下了日本广告领域的第一篇专业文章——《实用广告法》。不久，日本学者山崎繁树和笠原正树也分别发表了重要的专业文章和论著。山崎繁树于1903年写了《最新广告法》，而笠原正树则于1904年出版了《最新广告术》，这些作品都聚焦于广告的实践方法和技巧，帮助广告从业者更好地理解广告的运作原理，为广告学的专业化铺平了道路。

在我国，徐宝璜和戈公振两位新闻学先驱对广告学的早期创立作出了突出贡献。徐宝璜是我国新闻学领域的重要学者之一，他于1919年编写了著作《新闻学》，在其中设有专门章节讨论了广告。这本书不仅探讨了广告的历史和实践，还提供了广告的基本概念和原则，为中国广告学的初步建立提供了重要支持。戈公振是中国报学史专家，他于1927年出版了《中国报学史》一书。在这本书的第六章“报界之现状”中，他系统地论述了广告的历史和现状，并提出了发展中国广告的一些主张。虽然这本书主要是关于报纸和新闻业的研究，但它为广告学的早期发展提供了有价值的背景和信息。

这些早期的专业文章和论著虽然未能深入探讨广告学的理论细节，但它们在广告的实践和传播方面提供了有益的观点，为广告领域的专业化和理论研究的发展奠定了基础。

二、广告研究的系统化和广告教育的起步

自19世纪末20世纪初起，广告从业者为了将广告知识引入大学校园积极努力、四处奔走。在那个时期，美国各大城市都设有广告俱乐部，大家在俱乐部交流广告业界的信息，探讨广告技能的实践。同时，如何高效地培养和吸纳新一代广告从业者以适应广告行

业的快速发展，也成为当时不可回避的话题。1901 年，玛瑙广告俱乐部的年度聚餐活动由俱乐部成员、《淑女之家杂志》（*Ladies' Home Journal*）的托马斯·巴尔默（Thomas Balmer）筹备。他邀请到当时刚刚建成心理学实验室的西北大学的沃尔特·迪尔·斯科特（Walter Dill Scott）在广告从业者的年度盛会上发表演讲，探讨如何将心理学运用于他们的职业实践中。于是，沃尔特·迪尔·斯科特于 1901 年 12 月 20 日发表了题为《如何将无意识的注意力心理学应用于广告》的演讲，提出“广告或许应该成为一门科学，拥有自己的话语权”。这一演讲很快在芝加哥传开，堪称广告领域的“葛底斯堡演讲”。[①] 其影响之深远，彻底激发了从业人员对广告学科成为一门科学的热切愿望，以及对广告领域拥有自己的学术话语的渴望，为数年后广告教育在大学中的出现铺平了道路。

数十年后，美国广告学者昆汀·小舒尔茨（Quentin J. Schultze）回顾当时的广告业界，描述了广告从业者迫切需要专业广告教育的社会氛围。他提到，“当时商界首次正式提出了标准化广告课程的必要性，以使广告行业成为一门科学。美国联合俱乐部的成员们参考法学和医学领域的教育方式，讨论了如何制订广告教育计划的途径。他们认为，专业教育将使广告行业受益匪浅，不仅提高了广告行业的社会地位，也增强了广告行业的专业性。这其中，人们普遍认为，科学方法能够减少广告中的主观性，提高广告的效果，并为广告从业者赢得社会声誉”。

广告从业者不仅致力于将广告知识引入大学校园，还通过开设函授学校或担任函授学校教师等方式，向社会传播和普及广告知识，从而扩大了广告的社会影响力。这一时期，广告业界充满了对广告教育和专业化的渴望，为广告学的发展和成熟奠定了坚实的基础。

与广告学间接相关的美国市场营销教育始于 1902 年，当时密歇根大学和伊利诺伊大学都开始开设市场营销学课程。1903 年，俄亥俄州立大学及其他一些大学也相继推出市场营销课程。1904 年，沃顿商学院也提供了一门名为“产品营销（the Marketing of Products）”的课程，其中涵盖了广告方面的内容。当时，通过市场营销课程来涵盖和关联广告技巧，成为向广告领域施加影响最普遍、最便捷的方式。正是通过商学院，或者更确切地说是通过市场营销课程，美国的广告知识才逐步走进美国大学的校园。[②] 从历史角度看，商学院的市场营销教育在美国广告知识进入大学校园的过程中发挥了关键作用，而且在接下来的一个世纪中持续发挥着重要作用。

1902 年至 1905 年，美国宾夕法尼亚大学、加州大学、西北大学、密歇根大学的经济系都先后开设了广告学方面的课程。直至 1915 年，纽约大学所创办的广告营销学系是美国开设广告课程或专业的大学中第一个真正在名称中带有“广告”的大学科系，这是广告教育起步阶段的重大进展，从此许多大学都开办了广告专业。

在这一时期，广告研究也开始逐步系统化。心理学的研究、统计学的研究、社会学的研究等均有广告活动的涉及。1912 年，美国哈佛大学教授赫杰特奇访问了许多大企业主，并研究了他们的广告活动及市场销售情况，在此基础上编写了第一本以讲授广告方法和推

---

① QUENTIN J SCHULTZE. “An honorable place”: the quest for professional advertising education (1900 - 1917). The Business History Review, 1956 (1): 16 - 32.

② 何鹊志. 美国广告研究制度化研究 [D]. 武汉：武汉大学，2016.

销方法为主的教科书，其中对广告理论进行了初步探讨。1915 年，约 28 位营销学和广告学教师在芝加哥会面，组成了美国广告教师协会（the National Association of Teachers of Advertising，NATA）。这是美国广告教师第一个“同业组织”。但是，美国广告教师协会出现的真正历史意义在于，在广告教育日渐走上正轨的背景下，沉溺在广告教学事务中的教师已经开始超脱事务的羁绊，从日常的教学活动中挣脱出来，冷静思考和应对整个广告学科在发展中所面临的问题。这种变化的背景传递了一个信息，即既往的教学者正悄悄地变身为研究者。随着 1936 年《市场营销杂志》（*Journal of Marketing*）的创刊，广告教师们又拥有了相对稳定的广告研究成果发表地，写出了一批广告学教材和著作。①

在我国，最早的广告研究团体是 1918 年在北京成立的“北京大学新闻学研究会”，它把广告纳入新闻学研究和教学。1920—1923 年，上海圣约翰大学、厦门大学、北京平民大学、北京国际大学、燕京大学和上海南方大学的报学系、科先后建立，广告学都被列为这些科、系的一门独立课程。上海南方大学报学系和哲学专修科把“广告原理”列为必修课之一。后续出版的《报业管理概论》等有关书籍，对报纸广告的经营管理提出了较为系统的观点。②

在 19 世纪末到 20 世纪初这个时期，商品经济迎来了巨大的发展。企业和广告公司开始探索各种广告形式和策略，以增加产品销量；广告公司、调查研究人员、新闻从业人员和各领域的学者不断加强对广告实践的总结。同时，广告学作为一门独立学科走进了高校。然而，受限于当时的商品经济水平、科技水平、媒体形式及广告活动的局限性，广告学主要集中在研究报刊广告方面，且当时的广告学仅仅关注广告在社会中的基本影响，尚未构建起系统、完整的理论框架。

三、广告学说的发展

20 世纪初，在西方国家，科学技术的不断进步和社会政治经济的发展与变化（例如经济增长、商品供应过剩、消费主义兴起、政府宏观管理加强等）共同推动了广告领域的演变。此前，工业革命已在西方资本主义国家完成，这些国家相继进入垄断时代，这一时期的背景也影响了企业的广告活动和实践。尤其在历经 20 世纪 30 年代的经济大萧条和第二次世界大战后，市场疲软、企业倒闭，存活的企业不得不重视产品销售的问题，想办法让广告起到更加强有力的推销作用、发挥更完善的功能。这极大地推动了广告学说的发展。在广告学说的发展历程中，有三件事具有决定性的意义：一是广告活动开始注重市场调查结果的运用；二是广播、电视媒体的崛起；三是美国广告协会的成立。

在经济萧条的背景之下，民众抵制推销行为，企业只能通过市场调研来提高广告活动的效力。A. C. 尼尔森是著名的市场调研专家，他于 20 世纪初建立了 A. C. 尼尔森公司。该公司通过开展广告效果研究，为广告商提供了有关广告活动效果的关键信息。A. C. 尼尔森的工作强调了数据和科学方法在广告领域的重要性，这促使广告业开始更加关注市场研究。丹尼尔·斯塔奇是另一位广告研究的先驱，他提出了“读者反应”（reader response）理论，旨

① 何鹄志．美国广告研究制度化研究［D］．武汉：武汉大学，2016.

② 丁俊杰，康瑾．现代广告通论［M］．4 版．北京：中国传媒大学出版社，2019.

在测量广告在读者中的影响。他的研究能够帮助广告商了解广告对受众的吸引力，以及哪些广告元素最吸引人。这种研究方法使广告商可以更精确地调整广告内容，以满足消费者需求。乔治·盖洛普是民意调查领域的创新者，但他的工作也在广告领域产生了重要影响。他的调查方法帮助企业进一步了解消费者的需求、喜好和看法，从而有针对性地制定广告策略。盖洛普的研究为广告商提供了一种数据驱动的科学方法来理解受众。事实上，早在19世纪末20世纪初，为了拓展产品销路，市场调查就已经存在于商业活动之中。卡其斯出版公司就在20世纪初进行了一项重要的市场调查，以了解其潜在的读者和市场。

1920年，在美国宾夕法尼亚州的匹兹堡，新的广告媒介——广播诞生了。全国的广告主们纷纷敏锐地嗅到了广告投放的机会，大量地在广播中插入自己的产品广告，以便更迅速、更广泛地触达这群爱听流行广播节目的潜在消费者。但1941诞生的电视立刻改变了广告媒介的格局，使得一度风光的广播沦为地方性媒体。20世纪50年代彩电的出现，更稳固了电视作为重要广告媒介的地位，带来了四五十年代的消费热潮。电子媒介的出现，很大程度上改变了广告活动的运营模式。

1958年，位于得克萨斯州达拉斯市的美国广告学会（The American Academy of Advertising，AAA）正式成立。美国广告学会旨在改变以往的学术组织，将其重心从市场营销服务转向学术研究，以平衡从业人士和学者的比例。自成立以来，美国广告学会一直以其教授广告学的师资力量为主导，毋庸置疑是真正的广告学术团体。从组织名称中可以看出，他们选择了“Academy”一词，而非“Association”，体现了创始人对学术研究的坚定态度和决心。美国广告研究首次拥有了自己的广告研究组织，拥有了一系列专门的广告研究学术期刊及稳定的研究队伍。广告行业的人才从不同的方面对广告实践、广告理论进行了研究，推动了广告学说的发展。

20世纪二三十年代，我国广告学研究也呈现一派繁荣景象，各地纷纷成立一些广告社，广告学著作、译作也相继出版。此时出版的编译、编写的各种广告学著作达10余种。[①]

20世纪六七十年代，人们对广告的认识、对广告学的研究已经有了飞跃发展。由于市场学、预测学、统计学、传播学等学科的发展，广告活动以及对广告的研究得以建立在科学和系统的基础之上。这时人们不再单纯地从企业的角度去看待广告在市场营销中的作用，而是从社会、经济、文化、政治、心理等环境（因素）入手，多视野、多角度地研究广告与社会发展、生活方式、集体行为的关系问题；研究广告在经济运行系统中如何发挥作用，才能使企业与市场或整个外部环境达到最佳组合，从而满足消费者与整个社会的需要；研究广告如何影响人们的心理；研究如何运用广告进行政治宣传、引导舆论等问题。

基于以上所述，不难看出，经历20世纪初的经济萧条以及中后期强劲的经济复苏，在资本主义市场经济愈发繁荣的背景下，广告学说也得到了飞速发展。广告专业在当时俨然已经确立了这样一种理论核心和操作方法论的共识：借助市场调研方法，进行消费者研究，用科学的方式解决了寻找市场需求的问题，再以此为基础考虑广告活动的创意表现及媒介选择。对照如今的大数据互联网时代，这一经典的方法论仍然是万变不离其宗：在大数据的精准识别之下，互联网平台可以描述出不同消费者个体的碎片化行为习惯，从而寻

① 丁俊杰，康瑾．现代广告通论［M］．4版．北京：中国传媒大学出版社，2019．

找到精确的碎片化市场需求，最后广告商再以此需求为基础设计并投放能赢得消费者价值认同的广告。

自 20 世纪起，在经过数十年的发展、不断完善和壮大之后，广告学已经发展成为一门独立的学科，同时也演化成了一个综合性的边缘学科，将多种社会科学和自然科学融合在一起。

第三节　著名广告人的思想及作品

著名广告人奥格威认为，有六位广告行业先驱对现代广告作出了巨大贡献，分别是阿尔伯特·拉斯克尔、史丹利·雷索、雷蒙德·罗必凯、李奥·贝纳、威廉·伯恩巴克、克劳德·霍普金斯。

本节将带领读者深入了解上述六位广告人以及其他对现代广告史有巨大贡献的广告人，并了解他们所创造的经典现代广告作品。这些作品不仅在商业上取得了成功，还在文化领域引起了广泛的讨论。它们通过创意、独特的表现形式和直击人心的信息传递，在人们心中留下了深刻的印记。针对这些宝贵的案例，我们将深入研究广告的创意形式及效果，探索广告如何从最初的商业推销手段逐渐演化为一门充满深刻社会影响的学科。

一、创造现代广告的六位著名广告人

1. 阿尔伯特·拉斯克尔

阿尔伯特·拉斯克尔（1880—1952）是美国广告史上的传奇人物，对现代广告业产生了显著影响。他领导世界上最大的广告公司达四十多年，20 世纪初的著名广告人约翰·肯尼迪和克劳德·霍普金斯都曾是他的员工。他曾经策划和创意了许多享誉至今的商品知名品牌，被称为在很大程度上通过广告改变了消费者购买习惯、企业营销模式，同时也改变了媒体在商业生活中的作用。他还主导制定了当时被广泛使用的“广告创意模型”。

2. 史丹利·雷索

1879 年，史丹利·雷索出生于美国辛辛那提市，毕业于耶鲁大学艺术系。他做过银行工作，也在宝洁公司的一个分部做过销售，干了 4 年后，受雇于智威汤逊（JWT）公司，该公司当时由著名广告人詹姆斯·沃尔特·汤普逊掌管。1916 年，汤普森决定退休时，雷索用 50 万美元买下了这家公司。当时公司一年的营业额只有 300 万美元。45 年后，雷索退休时，公司已成为美国最大的广告公司，资产近 4 亿美元，拥有 6 225 名员工。雷索认为广告人需要接受良好的培训和教育，便雇用了许多没有从事过广告工作的大学生。他成立了一个两年半的员工培训项目，叫广告大学。每个进入公司的员工都要接受专家对新定义、新解释的培训，包括广告和广告公司应该是什么。

对雷索而言，广告是一个教育工具，融合了营销、经济、社会力量，并承载着社会责任。当然，为了使广告专业化，可以依靠一些广告方法和广告业的自身能力来解决在商业运作中遇到的问题。雷索认为人类行为可以通过科学研究来洞察。

雷索雇用心理学家约翰·B. 沃森开展了一系列试验，其中最具有开创性的试验是关

于品牌喜好因素试验。一群消费者被集中在一起，他们都有品牌忠诚度，声称非某一品牌的产品不用，沃森安排这些消费者品评被去掉商标的产品，结果表明，这些人不能辨别出哪种产品是他们经常使用的。这个试验证明了广告的重要作用。受到了美国各界的广泛关注，不但为智威汤逊公司提供了科学依据，而且让公司声名大振。雷索还对消费者的各种习惯进行了许多次科学调查。这些做法在当时的广告界具有开创意义。

3. 雷蒙德・罗必凯

1882 年，罗必凯出生在美国费城，30 岁的罗必凯和 37 岁的约翰・扬共同成立了一家公司，公司名为“扬・罗必凯公司”，取自两个人的名字，地点在纽约。扬・罗必凯公司在创立初期规模很小，但具有独特的气质和主张。

一方面，公司创始人罗必凯极为看中广告创意，且信任创意人员，把重点放在技巧钻研上，而非夸夸其谈。他在广告工作中追求高雅、轻松、浪漫的广告风格，是典型的感性推销派。罗必凯常说，能卖出东西的好方法，是让人先愿意读产品的广告。他对好广告也有自己的定义：“不仅具有较强销售力，还必须让一般大众和广告主可以长久记得那是一件值得称赞的作品。”

另一方面，公司内部氛围被刻意营造得自由松散、充满趣味，没有那么正式。这些特点受到罗必凯鲜明个性的影响。在那个时代，广告公司的风格大都比较正统。罗必凯是一个广告创意十足、成就非凡的一线精英，他直接从其所理解的本质入手，按照自己的理解和标准来塑造公司。看起来这个公司缺乏严密的组织结构，办事也不拘泥于标准的业务程序，甚至没有一个人在上午九点半之前来上班，但是罗必凯希望依赖大家的天资和活力来推动公司的发展。

4. 李奥・贝纳

李奥・贝纳于 1891 年出生在美国密歇根州的斯坦顿。他在芝加哥大学学习，后来进入广告行业，开始了他的广告生涯。他最初在一家广告公司工作，但很快就决定要创建自己的广告公司，于 1935 年成立了李奥贝纳广告公司。

李奥・贝纳以其创意理念和广告作品而被誉为广告界的“魔法师”。他强调广告应该反映人们的价值观和情感，而不仅仅是销售产品。李奥・贝纳的创造力和广告观念使他成为广告历史上的传奇人物，他的作品至今仍然被广泛研究和赏析，为广告行业的发展留下了不朽的遗产。

5. 威廉・伯恩巴克

威廉・伯恩巴克于 1911 年出生在美国纽约市。他毕业于纽约大学，并在广告领域找到了自己的职业方向。1949 年，他与两位合作伙伴共同创立了道明广告公司（Doyle Dane Bernbach，DDB）。伯恩巴克在广告行业中推动了创意团队的合作模式，强调文案和美术的合作，以创造更具创意和影响力的广告。

伯恩巴克个人的广告理念被称为“创意革命”，他强调广告应该具有创造力、幽默感和人性化，而不仅仅是产品的宣传。他认为广告应该打破沉闷的传统模式，引起人们的共鸣。他的广告作品充满了幽默、智慧和独特的创意。

埃飞斯汽车租赁的广告是伯恩巴克的一个代表作品。1963 年，连续亏损多年的埃飞斯公司开始改弦易张，正式推出“公开宣称自己是第二名”的全新广告。

图 5－1　埃飞斯汽车租赁公司广告

如图 5－1 所示，伯恩巴克为埃飞斯所策划的广告标题是："埃飞斯在出租车业只是第二名，那为何与我们同行?"广告正文是："我们更努力（当你不是最好时，你就必须如此），我们不会提供油箱不满、雨刷不好或没有清洗过的车子，我们要力求最好。我们会为你提供一部新车和一个愉快的微笑……与我们同行。我们不会让你久等。"

这是美国历史上第一个将自己置于领先者之下的广告。这一大胆创意遭到了许多人的反对，因为谁也不愿意公开承认自己不如人。但是，埃飞斯公司的总裁对此却十分赞赏，他力排众议，果断采纳了这一广告作品。广告刊播后，立即引起了广大消费者的关注，并产生了相当强烈的效果。

这一广告的高明之处，就在于它敢于公开承认埃飞斯公司所处的地位，同时又申明了公司不忘顾客的厚爱，努力工作的积极态度。这一表态引起了美国消费者的极大兴趣和同情。因为，崇拜强者与同情弱者是人类普遍存在的两种感情。埃飞斯公司的广告通过巧妙的形式唤起了人们的同情心，因而争取了大量的顾客。两个月之后，埃飞斯公司竟奇迹般扭转了亏损局面。这就是杰出的广告策划所带来的巨大效益。

埃飞斯公司的这组广告被广告专家视为经典之作，被认为是美国最早的定位广告之一。有专家指出，这则广告的成功之处在于它为埃飞斯公司建立了"比附"位置，也就是说，用哈兹公司的第一衬托自己的地位，使一般顾客通过第一而认定第二，联想第二，这无疑是一种优秀的定位策略。再有，这种策略也扩大了人们同情弱者的自然心理，对吸引顾客十分有利。在商品市场竞争日趋激烈的 20 世纪 70 年代，定位理论在美国广告界甚为流行，此后经过有关专家的不断总结，已形成了比较完整的体系。如今，定位已经成为广告策划过程中一个不可缺少的战略环节。比附营销的成功案例在中国也屡见不鲜。例如，中国某酒业品牌，在广告中并不直接宣传自己，而是强调中国有两大酱香酒类品牌，第一是茅台，自己名列第二。这种定位的方法和策略与埃飞斯公司的如出一辙，是比附营销在中国市场的实践应用。

尽管伯恩巴克在 20 世纪 60 年代初制作一系列的广告时并没有使用"定位"这一概念，但是，人们却将他视为定位广告的创始人和杰出的定位广告专家，因为他的许多作品中非常明晰地体现了这一思想。此外，伯恩巴克还认为广告应以情动人，要具有独创性和文采。

伯恩巴克的广告哲学不仅在广告创意方面产生了深远的影响，还改变了广告行业的整体格局。他的理念使得品牌营销更加关注消费者的情感，树立了现代营销科学以消费者为中心的整体理念，从而提高了广告的效果和影响力。

6. 克劳德·霍普金斯

克劳德·霍普金斯是美国广告史上著名的广告文案撰稿人。他撰写的广告文案使很多产品闻名于世，他还发明了新产品强行铺货的方法，发明了试销，发明了用兑换券散发样品，发明了广告文案研究。他认为广告要针对平民消费者，注重实效，注意区分广告与文学，摆脱了广告的盲目性，使广告成为一门科学。

霍普金斯认为，广告只能传达一种信息，因此在设计广告时就应当注意区别什么才是有用的产品信息，如此才能称为有效的广告。在霍普金斯的眼中，广告主不知道产品的价值可能是因为不了解，也可能是因为太了解。因此他站在消费者角度选择消费者感知到的产品的“显性化”本质。

霍普金斯的重要影响在于他用实践经历证明了广告是有科学性的，并不是没有规律可循。霍普金斯在制作百普素登牙膏广告时，读了大量的有关牙医的书籍，从中找出了牙齿的保护膜这样一个概念来吸引消费者。为了一种产品的文案，他访问了 2 000 多位消费者，他意识到牙膏广告应该将美丽作为主要诉求。如图 5－2 所示，霍普金斯决定向消费者灌输一个概念，吃东西后牙齿上会形成一层垢膜，你需要用手指擦牙齿、刷牙或者漱口来清除掉这层垢膜。霍普金斯认定，垢膜是一种消费者可感知的暗示，可以让消费者迅速而直接地确认产品的功能和价值，并形成使用习惯。该广告发布三周后，该品牌牙膏的销量就开始暴涨。三年后，该产品走向国际，并在此后的十年间成为畅销世界的产品之一。

图 5－2　百普素登牙膏广告

二、其他著名广告人及其经典作品

1. *罗素·瑞夫斯*

罗素·瑞夫斯生于 1910 年，他提出了著名的 USP 理论——独特销售主张。这是广告发展史上最早提出的一个具有广泛深远影响的广告理论，对广告界产生了经久不衰的影响。瑞夫斯提出应该建立每个产品的 USP，然后反复使用它，并将它传达给受众。他认为一个成功的 USP 必须具备三个条件：一是广告主题应包括一个产品的具体好处和效用，即具有一个特殊的产品利益点；二是该利益点必须是独一无二的，是竞争对手所没用过的，甚至是其他品牌所没有的；三是必须具有销售力，是能够影响消费者购买决策的重要承诺。

瑞夫斯策划的著名的USP广告案例有以下几个：

（1）玛氏巧克力豆。

在瑞夫斯的职业生涯中，他的广告作品从一而终地贯彻了USP理论。其中，玛氏糖果的广告最为经典。1954年，瑞夫斯在自己的办公室里接待了玛氏糖果公司的总经理麦克纳马拉。玛氏糖果公司当时在美国已经是一家小有名气的企业，尤其在巧克力生产上具有相当优势。公司新近开发了一种产品——巧克力豆，但广告宣传不太成功，销售效果并不理想。麦克纳马拉想请瑞夫斯为其新产品作广告宣传，扩大产品的销路。瑞夫斯与麦克纳马拉交谈了10分钟，他敏感地发现，在美国，玛氏糖果公司开发生产的玛氏巧克力豆是当时唯一用糖衣包裹的巧克力豆。有了这一发现，瑞夫斯即刻形成了广告构想，抓住玛氏巧克力豆这一与众不同的特点来打动消费者。

经过缜密思考和精心策划，瑞夫斯创作了这样一部电视广告片：电视画面上有两只手，一只脏手，一只洁净手。画外音："哪只手里面有玛氏巧克力豆？不是这只手，而是这只手。因为玛氏巧克力豆只溶在口，不溶在手。"极其巧妙地点出了玛氏巧克力豆用糖衣包裹的特征，并深深植入了消费者的心智之中。

（2）高露洁和安诺星。

对许多商品来说，其独特的销售主张并不像玛氏巧克力豆那样显而易见。因此，在很多情况下，USP的界定依赖于对产品消费者使用情况的详细调查，一旦USP找到之后，广告的创作就会水到渠成。瑞夫斯其他经典的案例是为高露洁（Colgate）和安诺星（Anacin）做的广告。高露洁有句广告语"清洁牙齿，清新口气"（Colgate cleans your breath while it cleans your teeth）沿用至今。现在几乎所有薄荷味的牙膏都这样宣称，但瑞夫斯让高露洁第一个这样宣称，别人这样说只能算是模仿。

安诺星广告描绘了一个头疼病患者脑袋里的三个盒子，第一个是弯曲的弹簧，第二个是大锤，第三个是锯齿状的霹雳。这三种头疼都被胃里的安诺星泡沫给治愈了，口号是："安诺星，医生推荐的缓解头疼的良药。"据说，虽然有很多人都不喜欢这个广告，但随着这则广告的发布，该产品销量的大幅上升却是个不争的事实。

2. 大卫·奥格威

在当广告人之前，大卫·奥格威曾经当过见习厨师、推销员、农夫。而到1948年，37岁的奥格威创立了奥美广告公司，有调查显示，他通过广告卖出去的产品数量是比尔·伯恩巴克和李奥·贝纳加起来的6倍。

奥格威也是最早强调零售机构"服务特征"的广告人之一。在他为西尔斯百货创作的广告中，突出了百货公司提供给顾客的服务的价值，而不仅仅是商品本身。这一理念引导了后来广告中强调客户体验和服务的发展方向。

奥格威是"品牌形象"的最早倡导者和实践者，他为广告界引入一种革命性的思维方式。他坚信每一次广告都是对品牌的长远投资，将品牌形象树立起来需要时间和持续的努力。在他看来，品牌形象并非产品固有的特性，而是在外部因素如产品质量、价格、历史等的影响下逐渐形成的。因此，广告活动的根本任务就是树立和维护这一长期投资。

奥格威的思想在广告界产生了深远的影响，引领了一场广告观念的变革。他曾言："每一个品牌都是一个产品，但不是所有的产品都是品牌。"这一理念强调了品牌的重要性，品牌形象不再是商品的附属品，而是构建消费者认知的核心。这一概念在广告界产生了革命性的改变，品牌成为广告创作的焦点之一。

奥格威也特别强调创意的力量。他认为，广告如果没有伟大的创意，就无法吸引人们的注意。他被誉为"广告古典主义者"，因为他注重使用基于事实的长文案，创作出精致而典雅的广告。奥格威坚信广告是一门科学而非艺术，他认为广告的内容比表达方式更为重要。奥格威的经典广告作品有以下两则：

（1）哈撒韦（Hathaway）衬衫。

如图 5－3 所示的广告中，一个气宇轩昂的神秘男人，通过他所戴的一只黑色眼罩，触发了一种奇妙的关联性，使哈撒韦衬衫拥有了独一无二的个性特征及形象魔力。奥格威采用"故事诉求"的方式创作出一系列的哈撒韦广告，让这个男人指挥音乐会、开豪华汽车、参加贵族社交、购买梵・高名画等。从广告表现元素来看，模特的眼罩是点睛之笔。第一，眼罩为模特带来了神秘感和故事感，可以激发消费者的关注和联想，无形中增强了画面的叙事深度。第二，身有残疾的模特形象有助于激发消费者对于自我形象做积极构建和正面联想："作为健全人的自己穿上这件衬衫肯定会更加好看。"

图 5－3　哈撒韦衬衫广告

凭借这则广告，哈撒韦成为当时世界的高档衬衫品牌，一家默默无闻长达 114 年的手工作坊一朝名扬天下。

（2）劳斯莱斯广告。

如图 5－4 所示，这则广告的标题是“在时速六十英里时，这辆劳斯莱斯车内最大的噪声，来自它的电子钟”，副标题为“是什么原因使劳斯莱斯成为世界上最好的汽车？其实没什么奥妙——无非是对细节的一丝不苟”。这也是奥格威最著名的平面广告之一。

图 5－4　劳斯莱斯广告

这则广告有着超长的标题以及 719 个英文单词，洋洋洒洒地陈述了有关劳斯莱斯汽车的细节，列举了 11 大理由，对汽车的技术性能进行了介绍和描述。奥格威以这种实用、朴素甚至略显平庸的广告风格吸引了消费者，通过对“关键细节”的放大和强调，将劳斯莱斯的“品质感”植入消费者的心智之中。

奥格威不仅引领了品牌形象的概念，还在广告界推动了创意、科学和客户体验的发展，他的影响力一直持续至今。

在线自测

扫一扫　练一练

第六章　广告主概述

第一节　广告主的定义、类型与职责

一、广告主的定义

广告主是广告活动的主体之一，是广告活动的出资人。他们对广告活动的发起和实施具有重要作用，因此对广告主的分析和研究显得尤为必要。

从定义上来看，广告主（advertiser）就是为自己的产品（商品、服务或观念），自行或者委托他人设计、制作、发布广告的法人、非法人组织或者个人。广告公司经常将其称为“广告客户”。在广告活动中，广告主的类型多种多样，既可以是各行各业中的企业，也可以是各级政府、社会组织或个人。总之，通过一定方式和渠道设计、发布广告的主体，都可以统称为广告主。

广告主在广告活动中扮演着重要的角色。首先，作为广告信息的提供者，广告主决定着广告的主题、内容和形式，对广告活动的开展提出了需求和要求，自然也决定了广告活动的目标和实施过程。其次，广告主是广告活动的发起者，他们投入资金和资源来推动广告活动的进行，如果没有广告主，广告活动就不会发生。再次，广告主还承担着与广告代理商、媒介等各方沟通协调的角色。最后，广告主需要对广告效果进行评估和反馈，换言之，广告主的态度和评价在很大程度上决定了广告效果的实现程度。

二、广告主的类型

回顾第三章对广告的分类，其中根据广告传播范围的不同，我们将广告划分为地方性广告、区域性广告、全国性广告和国际广告。[①] 进行这样划分的一个重要原因在于广告主的影响、商品流通和服务范围是有限的。根据广告主经营范围的不同，我们可以将广告主划分为地方性广告主、区域性广告主、全国性广告主和跨国广告主。

1. 地方性广告主

地方性广告主是指其经营范围仅限于某一地区的广告主，如当地的零售商、餐馆、医疗机构等。这类广告主通常在当地拥有一定的知名度和影响力，主要通过当地的报纸、电

---

① 威廉·阿伦斯，迈克尔·维戈尔德，克里斯蒂安·阿伦斯．当代广告学：第11版［M］．丁俊杰，程坪，陈志娟，等译．北京：人民邮电出版社，2013.

视、电台、灯箱等媒体投放广告。地方性广告主的营销策略和目标受众较为局限，主要针对当地消费者，因此他们更注重广告的效果和性价比。

2. 区域性广告主

区域性广告主是指其经营范围覆盖多个地区的广告主，如区域性零售商、连锁餐厅、金融机构等。这类广告主通常在当地及邻近地区拥有一定的知名度和影响力，主要通过区域媒体进行广告宣传。区域性广告主的营销策略和目标受众相对较广，因此相较于地方广告主，他们更注重广告的影响力和品牌形象。

3. 全国性广告主

全国性广告主是指其经营范围覆盖全国的广告主，如全国性零售商、金融机构、汽车制造商等。这类广告主通常在全国范围内拥有较高的知名度和影响力，主要通过全国媒体进行广告宣传。全国性广告主的营销策略和目标受众较为广泛，主要针对全国消费者。由于其广告预算较为充裕，营销策略和目标受众较为广泛，因此他们更注重广告的品牌形象和市场影响力。

4. 跨国广告主

跨国广告主是指其经营范围覆盖多个国家或地区的广告主，如跨国企业、国际品牌等。这类广告主通常在全球范围内拥有较高的知名度和影响力，他们通常会选择具有全球范围服务能力的广告公司，能够为他们提供全球范围内的广告策划和执行服务，主要通过国际媒体进行广告宣传。跨国广告主的营销策略和目标受众较为广泛，广告预算非常充裕，因此他们更注重广告的品牌形象和市场影响力。

三、广告主的职责

1. 企业决策层应该重视广告

广告是企业营销的重要手段之一，从广告实践来看，企业决策层对广告的重视程度直接决定着其在广告方面的投入和广告的效果。企业决策层对广告的重视程度通常体现在两方面：一是对广告投入的资金和资源保障方面；二是对广告策略和计划的把关和决策方面。

2. 广告主应在一定程度上控制广告活动

广告虽然是企业营销的重要手段之一，但广告的效果并非完全可控。因此，广告主需要在一定程度上控制广告活动，以确保广告的效果符合预期。广告主控制广告活动的方式包括：制订明确的广告策略和计划、监控广告的制作和投放过程、评估广告效果、适时调整广告策略。

3. 广告主应当为广告的真实性负责并履行在广告中作出的承诺

广告是企业向消费者传递信息的重要手段，因此广告主必须为广告的真实性负责，确保广告内容真实、合法、健康，确保广告内容不含有虚假、误导性的信息，不侵犯他人的权益和利益。同时，广告主需要对产品的质量和服务进行把关和监控，确保产品的质量和服务符合广告的宣传和承诺。

4. 广告主的产品或服务具有市场竞争力

广告的效果应当建立在广告主提供的产品或服务本身具有价值的基础之上，换言之，产品力是品牌力的基础。广告主应当确保其提供的产品或服务具有一定的市场竞争力，这样才能够吸引消费者的关注和购买，从而实现企业的营销目标。脱离了产品力的广告实质上是无源之水、无本之木。

5. 广告主应当有明确的产品营销策略

明确的产品营销策略意味着广告主应当对产品的市场定位、目标受众、竞争状况等方面有清晰的认识和规划，能够对广告公司和媒体传播提出相对明确的需求，对广告活动进行有力的支持和推动，进而对产品的广告策略进行有效的规划和引导。

6. 广告主应当有健全的财务制度和良好的信用

健全的财务制度意味着广告主的财务管理规范、透明、合法，能够为自身的经营和发展提供坚实的保障和支持。良好的信用意味着广告主的信誉度高、口碑好，能够更好地与营销服务机构合作，提升广告活动的质量和效率。

7. 广告主应当建立健全、合理的审查制度

在广告活动中，健全、合理的审查制度意味着广告主需要建立对广告活动的有效审查机制。将对广告内容的审查和管理规范纳入企业管理的日常工作范畴。审查人员需要熟悉广告监管的相关法律法规，帮助企业预判广告加工和传播中的潜在风险，规避可能出现的法律或伦理问题。广告审查的内容通常包括广告内容的审查、广告效果的评估、合作方的选择等方面。

8. 广告主应当尊重广告公司和广告人的劳动

广告主和营销服务机构应当建立伙伴关系，广告公司不仅是广告主的乙方，更是帮助和支撑广告主共同应对困难，实现共赢发展的伙伴。因此，广告主应当摆脱单纯的“甲方思维”，与广告公司建立平等、互利、共赢的合作关系。同时，广告主应当对广告人的劳动成果给予充分的认可和支持，在一个良性氛围中激发广告人的创造力和工作热情。

9. 广告主应当建立选择广告公司的标准

成熟的广告主一般对广告公司的选择有着明确的要求和标准，从而更好地为企业的营销提供有效支持和保障。广告主选择广告公司时通常需要考虑以下几点：

（1）双方在企业文化和价值观等方面的相似程度。

（2）广告公司的信誉和行业评价。

（3）广告公司的财务状况是否良好。

（4）广告公司的人员结构、组织结构和管理体系是否合理。

（5）广告公司在人才、经营和资源方面是否具有稳定性，能否为广告主提供持续服务和支持。

（6）广告公司的收费标准和收费方式。

（7）广告公司在某一特定行业领域的从业经验是否丰富。

（8）广告公司的专业能力和创新能力，包括消费者洞察能力、创意策划能力、新媒体传播能力等。

第二节　企业广告部门与品牌经理制度

一、企业广告部门

企业广告部门是企业内部设置的专门负责广告义务的机构部门，它是企业广告政策的制定者、广告计划与战略的谋划者、与广告公司密切合作的监督者和具体实施广告活动的组织者。其工作内容涉及市场调研、广告策划、创意与设计、媒介投放等多个方面，旨在帮助企业实现更好的市场营销效果。

1. 设立企业广告部门的意义

企业广告部门的设立对于企业的发展和成功至关重要。在现代商业竞争中，广告已成为企业获取市场份额和利润的重要手段之一，一个优秀的广告部门能够为企业统筹和规划广告业务、提高经济效益、提升企业品牌形象，从而对企业的商业目标提供有力的支持。

不过，广告部门的存在并不能取代广告公司。一般来讲，广告主会将监督的责任交给本公司的广告组织，而把策划、创意、制作等委托给广告公司①，原因如下：

（1）广告活动和策划往往非常复杂。一个成功的广告活动需要对目标受众有深入的了解，对市场趋势有准确的把握，对产品和品牌有深入的洞察——这需要对市场、消费者、媒体等多个领域有深入的了解和丰富的经验，而广告主的广告部门在这些经验上并不如专业的广告公司丰富。

（2）广告主可以通过与广告公司的合作，获取更多延伸性服务。例如，广告公司通常拥有专业的市场调研团队、创意团队、制作团队等，可以为广告主提供全方位的服务。通过与广告公司的合作，广告主可以利用这些资源，以更低的成本达到更好的广告效果。

（3）广告主自行策划广告活动的成本可能会很高。建立一个专业的广告团队需要投入大量的时间和资金，包括招聘、培训、设备购置等。即使建立了这样的团队，也不能保证他们能够达到专业广告公司的水平。因此，将广告活动委托给专业的广告公司对广告主而言会更为经济高效。

2. 企业广告部门的主要类型和设立方法

（1）按地区市场构建的广告部。

按地区市场构建的广告部是根据企业所在的不同地区或市场而设立的广告部门。这种广告部门的设立方法适用于那些在不同地区或市场有广泛业务的企业，如跨国公司或多地区经营的企业。此种设立方法下，企业会根据不同的地区或市场特点，制订相应的广告策略和计划。按地区市场构建的广告部的优点在于能够更好地满足当地消费者的需求和偏好。

（2）按产品类别构建的广告部。

按产品类别构建的广告部是根据企业所生产或销售的不同产品类别而设立的广告部

① 曾振华，胡国华，黄清华．广告学原理［M］．广州：暨南大学出版社，2006.

门。在这种设立方法下，企业会根据不同的产品类别，制订相应的广告策略和计划。其优点在于能够更好地满足不同产品类别的特点和目标受众的需求。

（3）按媒体类别构建的广告部。

按媒体类别构建的广告部是根据企业所使用的不同广告媒体类别而设立的广告部门。这类广告部的优点在于能够更好地满足不同媒体类别的特点和受众群体的需求。

3. 企业广告部门的主要职责

在早期的市场营销中，广告被视为一种促销手段，其主要目的是吸引更多的潜在顾客，促进销售。因此，广告部门被设在营业部门下。但随着广告业务的发展和变化，两者逐渐产生了明显的区别。首先，广告部门所面向的对象要比营业部门所服务的顾客广泛得多，营业部门主要针对的是已有的顾客和潜在的顾客，而广告部门则需要面向更广泛的受众群体，包括消费者、潜在消费者、合作伙伴、投资者等。其次，广告活动必须在营业活动之前进行，以吸引更多的潜在顾客和增加销售额，而营业部门则是在销售产品和服务之后，与客户进行交流和沟通。

因此，广告部门开始独立出来，成为直属公司主管的部门，而负责管理广告部门的负责人便是广告经理。在不同的公司，广告经理所处位置有所不同，如在设有广告部门的小型企业中，广告经理可能直接受到公司主管的管辖；而在组织结构复杂、非常注重营销的企业，广告经理则可能会是营销经理领导下的一个部门经理①。

由于企业规模不同，广告在公司中的重要程度以及产品本身的特性，广告经理的特殊责任会有所变化。然而，有一些责任对于大多数广告经理来说是相同的，显著的共同点包括以下方面：

（1）了解市场营销与传播的各个环节及策划广告活动。广告营销是市场营销、品牌传播的重要手段，了解市场和消费者是广告经理的首要工作之一。

（2）广告经理需要向高级主管请示有关广告事宜，并与他们共同商定市场营销、广告策划及广告预算等各种问题。

（3）广告经理需要监督下属和广告公司实施上述策划，这包括确保广告活动的顺利进行、监督广告公司的工作质量及协调各方、定期评估广告公司的工作质量和服务水平的工作。

（4）广告经理需要协调与其他部门之间的关系，包括：与销售人员合作，帮助他们准备销售材料；与批发商合作，帮助他们准备销售推广材料；与法务部合作，对竞争方案进行检查，以防竞争活动违反法规；与财务部合作，监督媒介和广告开支或落实付款事宜。

二、企业品牌经理制度

1. 企业品牌经理制度的概念

品牌经理制度是一种市场营销管理制度，其核心在于由专门的品牌经理负责管理和规

① 丁俊杰，康瑾. 现代广告通论［M］. 4版. 北京：中国传媒大学出版社，2019.

划品牌的全过程，包括品牌设计、定位、推广、维护等方面的工作。[①] 品牌经理需要对品牌进行全面的了解和分析，制订适合品牌的营销策略和计划，并协调各部门执行，以实现品牌的长期发展和成功。

品牌经理制度的起源可以追溯到20世纪30年代的美国宝洁公司。宝洁公司（Procter & Gamble，P&G）成立于1837年，是全球最大的日用消费品公司之一。宝洁公司在全球范围内拥有众多知名品牌，如帮宝适、护舒宝、飘柔、沙宣、汰渍等。

在20世纪初，宝洁公司推出了佳美香皂，但由于其广告和定位太像它们早先推出的一款名牌产品象牙皂，导致佳美香皂的业绩一直不佳。为了解决这个问题，宝洁公司开始探索新的品牌管理和规划模式。1931年，宝洁公司的一位年轻职员内尔·麦克尔罗伊（Neil McElroy）提出了一个新的想法，即设立专门的品牌经理来负责管理和规划每个品牌的全过程。麦克尔罗伊认为，每个品牌都应该有自己的独特定位和市场策略，而这些策略需要由专门的品牌经理来制定和执行。

宝洁公司采纳了麦克尔罗伊的建议，开始设立专门的品牌经理来负责管理和规划每个品牌的全过程。宝洁为佳美选择了新的广告公司，这就意味着佳美能够与其他公司的品牌，甚至本公司的象牙皂进行竞争——在那时，鲜有公司内部不同品牌展开竞争的事。佳美的差异化定位以及竞争策略无疑是一个进步，因为管理者意识到了管理相似或竞争品牌的最佳办法就是为它们提供差异化策略。

这一制度的实施取得了巨大的成功，并被广泛应用于全球各地的企业。图6-1所示是宝洁公司某部门采用的品类管理体系。

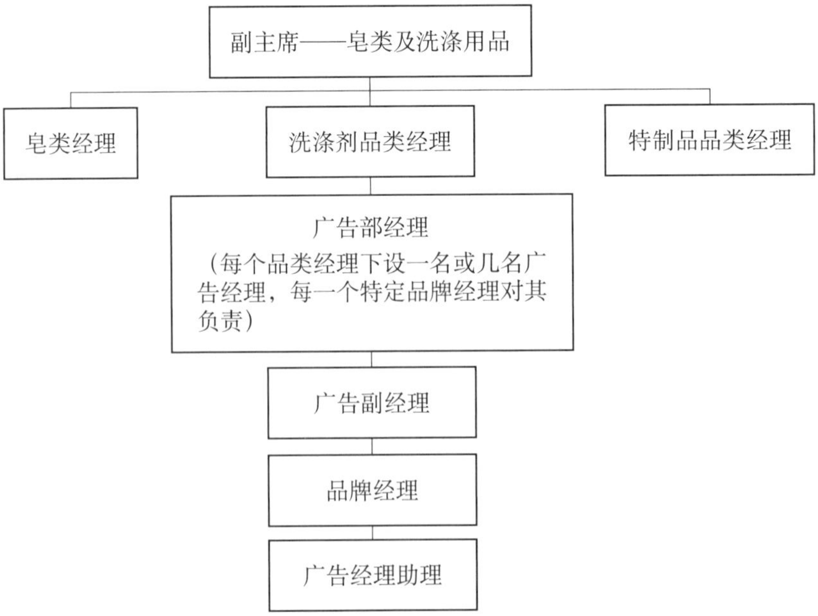

图6-1　宝洁公司某部门采用的品类管理体系

① 托马斯·C. 奥吉恩，克里斯·T. 艾伦，理查德·J. 梅尼克. 广告学：从IMC的视点重新审视现代广告活动[M]. 程坪，张树庭，译，北京：机械工业出版社，2002.

在我国，品牌经理制度也逐渐受到企业的重视和应用。近年来，国内企业纷纷设立品牌经理职位，以加强品牌的管理和规划。一些知名企业如海尔、联想、华为等，都已经建立了完善的品牌经理制度，并取得了良好的市场效果。

2. 企业品牌经理制度的优势

品牌经理制度的核心优势在于其能够帮助企业更好地管理和规划品牌，从而提高品牌的知名度、美誉度和忠诚度。具体来说，品牌经理制度有以下优势：

（1）提高品牌的战略地位：在品牌经理制度下，品牌成为企业的重要战略资源，由专门的品牌经理负责管理和规划，从而提高了品牌的战略地位。

（2）增强品牌的差异化：品牌经理需要对市场进行深入的分析和研究，找出品牌的差异化和独特卖点，从而增强品牌的差异化竞争优势。

（3）提高品牌的传播效果：品牌经理需要制订适合品牌的营销策略和计划，协调各部门执行，从而提高品牌的传播效果和市场份额。

（4）加强品牌的维护和保护：品牌经理需要对品牌进行全面的维护和保护，包括打击假冒伪劣产品、维护品牌形象等方面的工作。

3. 企业品牌经理制度与广告的关系

广告是品牌传播的重要手段之一，也是品牌经理制度下不可或缺的一部分。品牌经理需要通过广告等手段，将品牌形象、特点和优势传递给目标受众，从而提高品牌的知名度和美誉度。品牌经理制度产生后，它与广告之间产生了如下关联：

（1）品牌经理制度下，广告的策略和计划需要由专门的品牌经理负责制订和执行。品牌经理需要对市场进行深入的分析和研究，找出目标受众和竞争对手的特点和优势，从而制订适合品牌的广告策略和计划。同时，品牌经理还需要协调各部门执行广告计划，确保广告活动的顺利进行和效果的评估。

（2）广告的制作和执行过程中，品牌经理需要与广告公司和内部团队密切合作，共同确定广告的主题、创意、媒介等方面的内容。同时，品牌经理还需要对广告的效果进行评估和调整，以确保广告的有效性和符合品牌形象和特点。

（3）品牌经理制度下，广告的作用和地位更加凸显。首先，广告是品牌传播的重要手段之一，能够帮助品牌迅速扩大知名度和影响力。其次，广告能够将品牌形象和特点传递给目标受众，从而增强品牌的差异化竞争优势。最后，广告还能够促进产品的销售和提高市场份额。

三、广告主与品牌

当谈到品牌经理制度时，我们已经了解到在品牌管理过程中，有专门的人员负责策划、塑造和推动品牌的发展。然而，在实际执行过程中，品牌与广告主的密切关系发挥着至关重要的作用。接下来，我们将深入探讨品牌与广告主之间的互动，以揭示在实现成功品牌策略中它们之间是如何相互交织的。

品牌和广告主之间的关系是相互依存的——广告主需要通过品牌来传达自己的产品或服务，而品牌则需要广告主来推广和传播。

（1）广告主是品牌的创建者和传播者。广告主通过广告活动来传达品牌的核心信息，建立品牌的形象，塑造品牌的个性和价值观。广告主的创意和战略决策直接影响着品牌的认知度和认可度。例如，一家高科技公司可能通过广告宣传其创新性和领先地位，而一家传统手工艺品公司则可能侧重强调其传统价值和精湛工艺。广告主的策略将有助于确立品牌在市场中的位置。

（2）广告主负责品牌的推广和宣传。广告主选择合适的广告渠道，制定广告预算，设计广告内容，以便将品牌信息传递给目标受众。广告主必须考虑不同的媒体平台，如电视、广播、社交媒体、互联网和印刷媒体，以确保品牌信息覆盖尽可能广泛的受众。广告主还需要跟踪广告效果，以确保广告活动的投资产生回报。

（3）广告主还承担维护品牌声誉的责任。他们必须确保广告内容不与品牌形象相冲突，不会引发负面反响。广告主还需要应对市场竞争和危机情况，以保护品牌的声誉。例如，如果品牌面临负面新闻或社交媒体风波，广告主需要迅速采取行动来修复损害的声誉。

总之，广告主与品牌的关系是一个互相支持的合作关系。广告主依赖于品牌的强大声誉和独特性来吸引受众，而品牌依赖广告主的专业知识和资源在市场中保持竞争力。这种合作关系需要持续沟通和协作，以确保广告活动与品牌策略保持一致。

延伸阅读

品牌是什么？

凯文·莱恩·凯勒在《战略品牌管理》中对品牌的定义是：“品牌是用以识别某个销售者或某群销售者的产品或服务，并使之与竞争对手的产品或服务区别开来的商业名称及其标志，通常由文字、标记、符号、图案和颜色等要素或这些要素的组合构成。”

我们可以说：品牌是符号。“品牌是用以识别一个或一群产品或劳务的名称、术语、象征、记号或设计及其组合，以和其他竞争者的产品或劳务相区别。”这是美国市场营销协会在《营销术语词典》（1998）中对品牌的定义。

我们可以说：品牌是形象。“品牌是一种错综复杂的象征，它是品牌的属性、名称、包装、价格、历史、声誉、广告风格的无形组合。”这是著名广告人大卫·奥格威对品牌的定义。

我们可以说：品牌是认知。“品牌是在消费者心智中所占据的位置，人们会在心智中给产品和品牌分级，企业必须在顾客心智中抢占一个有利的位置。”这是特劳特和里斯在《定位》一书中赋予品牌的意义。

我们更可以说：品牌是一种产品。因为品牌产品是企业生产经营的核心，是企业竞争力的体现。

品牌还可以有以下解释：

品牌是一种服务。品牌服务是企业提供给消费者的一种附加价值，是品牌形象的延伸。

品牌是一种商标。商标是品牌的法律保障，代表着企业的知识产权和合法权益。商标需要具有独特性和可识别性，以便在市场中脱颖而出。

品牌是一种活动。品牌活动是企业为了推广品牌、提高知名度而组织的一种市场营销活动。

品牌是一种事件。品牌事件是企业为了推广品牌、提高知名度而制造的一种新闻事件或社会热点话题。

品牌有历史。品牌的形成和发展需要一个漫长的过程，经历了不同的历史时期和市场环境的考验。品牌的历史和文化代表着企业的传统和价值观念，是品牌形象的重要组成部分。

品牌无边界。品牌的影响力可以超越地域和文化的限制，成为全球性的知名品牌。

…………

总之，品牌的形成源于消费者对产品或服务的认知和理解，是一种独特的符号，代表着企业的形象和价值，是企业与消费者之间建立信任和情感联系的重要桥梁。品牌不仅仅是一个商标或标志，更是一种文化、一种价值观、一种个性特点的体现。品牌可以是产品，也可以是服务，它涵盖了企业生产经营的各个方面，是企业综合实力的体现。

第三节 数字媒体环境对企业营销理念的影响

随着信息时代的到来，数字媒体环境已经成为我们日常生活中不可或缺的一部分。数字媒体的范围广泛，包括各种在线平台和渠道，从社交媒体巨头如网易、字节跳动，到搜索引擎巨头如百度，再到电子商务平台如阿里。这些数字媒体提供了一个巨大的市场，吸引了全球数以亿计的用户，而对于企业而言，它们已经成为不可或缺的营销工具和平台。

在这样的背景下，企业营销正在经历巨大的变革——从广告传播到品牌建设，数字媒体的兴起已经深刻地改变了企业的营销理念和策略。这引发了一个重要的研究问题：数字媒体环境如何影响企业的营销理念?

一、广告主：从单打独斗到多元合作

随着人们消费水平的提高和科技的进步，企业、广告主为了提供更好的产品和服务来满足日益增长的市场需求，竞争越发激烈。同时数字媒介的发展使得人们可以轻易地获取大量信息，但也导致人们的注意力分散，难以专注于一件事情。在此背景下，广告主意识到，他们需要与具有创造力、影响力和专业知识的合作伙伴合作，从而提升品牌曝光和关注度，刺激消费者购买。单打独斗已不再是成功的路径，合作伙伴的角色变得至关重要。

例如，近年来我们经常看到的品牌联名营销，就是一种成功的合作广告方式。2023年瑞幸咖啡与茅台酒联名，推出的饮品“酱香拿铁”火遍全网。它不仅将白酒的独特风味与咖啡的醇厚口感相结合，为消费者带来了全新的味觉体验，而且同时触达两个年龄段的消费者群体，可以说酱香拿铁是“年轻人的第一杯茅台，中年人的第一杯拿铁”。通过联名，品牌之间相互合作、创新和借力，提高了品牌的影响力和关注度，同时为消费者带来新鲜感和惊喜，刺激了消费市场的增长。

总之，在数字媒体环境下，广告主开始追求广泛的合作，以消除信息过载，吸引消费者的关注，最终实现他们的广告和品牌目标。

二、广告内容：从拦截式广告到植入式广告

根据国家广播电视总局发布的数据表明，2023年上半年广播广告收入30.14亿元，同比下降8.78%；电视广告收入236.45亿元，同比下降9.92%。传统广告近年来陷入困境，不仅与数字媒体的兴起有关，也与传统广告被认为是侵入性广告有关。随着广告市场规模的增长，消费者越来越不愿意被打扰和干扰。消费者广告回避能力的增强以及更多在线流媒体平台充值会员免广告的出现，导致人们可以轻松规避传统广告。广告主需要找到更具创意的方式来吸引和保留消费者的注意力。

1. 数字媒体推动更具创意和内容性质的广告

数字媒体环境的崭新特点为广告带来了翻天覆地的变化。通过社交媒体、在线视频、移动应用等渠道，广告可以更具创意和内容性质的方式触达受众。数字媒体提供了多样的互动性和个性化选择，让广告主可以根据受众的需求和兴趣定制广告内容。这种更具创意的广告策略更容易引起消费者的共鸣。

2. 内容营销成为新的广告方式

近年来，广告与内容之间的边界日益模糊，大量广告信息逐渐“融化”在媒体内容之中，出现了原生广告等新的概念和广告方式。尤其是在数字媒体平台上，由于用户对于内容的高度定制化，导致很多广告信息在短视频中以植入的方式呈现，甚至很多广告本身就成为内容的一部分。例如，综艺节目《奇葩说》中，主持人口播的赞助商广告，本身就成为节目趣味内容的组成部分而被广泛传播和关注。消费者在关注节目内容的同时不知不觉地接收到广告信息，而且由于没有破坏观看时的心流体验，因而不容易导致消费者对于广告的回避和排斥，更加有助于提升广告的传播效果。未来，随着短视频传播的不断发展，广告与内容融合的方式将会越来越多。

三、媒介：多元发布渠道

数字媒体的出现，为企业提供了广告发布的多元选择，使其能够更好地满足不同消费者群体的需求。社交媒体平台如微博、微信成为广告的重要发布渠道，允许企业与广大用户互动，获取实时反馈，并定位受众。抖音等视频共享平台提供了展示产品和服务的机会，通过视觉和声音传达广告信息。这种多样化的平台不仅给了广告商更大的创意自由，而且有助于在全球范围内传播信息。

多样化的广告发布平台使企业能够更好地满足不同消费者的需求。同时，数字媒体的

拓宽，包括社交媒体、音乐、电影等领域，为品牌提供了更多的创意机会，以吸引消费者的关注并与消费者建立更深层次的联系。阿迪达斯等企业通过积极与数字媒体互动，加强与消费者的联系，不仅推广了产品，还在广告中探讨社会和文化问题。这种新型营销理念已经成为企业成功推广和塑造品牌形象的关键因素。

值得注意的是，尽管数字媒体环境不断发展，但传统媒体仍然有其价值。企业不应该完全放弃传统广告，而应该在数字媒体和传统媒体之间取得平衡。电视仍然是体育赞助和品牌营销的关键平台，特别是在社会共性文化的传播领域。因此，广告主应当协调使用数字媒体和传统媒体，以实现全面的广告策略。

四、受众：分化与精准投放

随着消费的升级以及媒介技术的进步，受众的特点发生了许多新变化，广告主的营销理念也应当作出相应调整。

首先，数字媒体为广告主提供了更多工具来识别和定位特定的受众。通过数据分析、社交媒体追踪和搜索引擎优化，企业能够更精准地定位潜在消费者。这种分众化的趋势要求企业不再采用传统的大规模广告，而是针对特定受众制定个性化的广告策略。

其次，数字媒体给予受众更多权利和控制，使受众能够选择在何时、在何地、以何种媒介来消费信息。这使得企业需要更多关注受众的首选媒介和体验，以确保广告能够按照受众的期望传递。

最后，数字媒体的兴起导致了信息过载和注意力竞争加剧。消费者经常面临大量信息的涌入，使得他们的注意力分散，难以长时间聚焦在单一广告上。这意味着企业必须创造引人入胜的广告内容，以在瞬息万变的数字世界中脱颖而出。

针对这些情况，企业的应对策略有前文中提到的寻求品牌合作、内容创意和价值观营销、多渠道组合投放。此外，企业还能够采取以下策略：

（1）社交媒体参与。品牌需要积极参与社交媒体，与受众建立互动关系。它们可以回应用户的问题、分享有趣的内容，或者与受众进行实时互动。可以通过与社交媒体上的意见领袖合作，实现品牌快速传播，建立口碑，与消费者建立更紧密的联系。例如，可口可乐通过社交媒体平台与年轻消费者直接互动，了解他们的需求并提供定制化的服务。

（2）数据分析和个性化推送。数字媒体允许品牌收集大量数据，可以用于个性化广告。品牌可以通过分析用户行为和偏好，为不同受众提供个性化的广告内容。这可以提高广告的效益，减少浪费。例如，耐克根据运动爱好者的运动类型和购买历史，通过个性化推送，向他们提供特定产品的广告。

五、广告效果测量：革命与应用

传统广告时代，效果测量主要依赖于定性分析和广告曝光数量。但数字媒体为广告效果测量带来了全新的维度，使广告主能够深入了解广告受众、转化率、参与度和 ROI 等指标。通过数字媒体，企业可以更清楚地知道广告被多少人看到、看了多长时间、是否产生了购买或互动行为。这种精确的测量为企业提供了更大的透明度，帮助它们根据数据作出明智的决策。

在数字媒体时代，企业必须适应新的广告效果测量方式，并利用数据来改进广告策略和营销策略。以下是企业应对这种变化的方式。

1. 利用数据优化广告投放

通过数字媒体，广告主可以追踪广告受众的互动情况，并根据数据来优化广告投放。这意味着广告主可以更精准地定位受众并投放广告，以提高广告效果。

2. 探索新的广告指标

传统的广告指标如曝光率和点击率仍然重要，但数字媒体环境下还有其他关键指标，如参与度、转化率和社交分享。广告主需要了解这些指标，并将它们纳入广告效果测量。

3. 实时响应广告效果

在数字媒体时代，广告可以实时互动，因此广告主应该及时响应广告效果。这意味着他们需要跟踪广告受众的反馈，如社交媒体上的评论和分享。如某品牌可以通过引发社会媒体上的热议来提高知名度，然后利用这些互动来进一步推广品牌。

4. 将整合广告效果与全媒体策略相结合

在数字媒体时代，广告主可以将广告效果测量与全媒体策略相结合，以确保广告在各种平台上一致并有针对性地传达品牌信息。

数字媒体环境正在重新定义企业的营销理念。广告内容的新趋势、品牌营销的多样性、品牌价值观的重要性、理念的调整与整合，以及互联网与传统媒体的协同，都构成了数字媒体对广告主营销理念的深刻影响。企业必须适应这个变化，以更好地满足现代消费者的需求，同时维护和传播它们的品牌。

延伸阅读

阿迪达斯的互联网营销探索

继2013年宝洁宣布大幅压缩传统媒体广告预算之后，阿迪达斯首席执行官Kasper Rorsted在接受媒体采访时表示：为了达到2020年电子商务收入增加4倍的目标，阿迪逐渐放弃电视广告，专注于数字渠道，来吸引年轻消费者。“很明显，年轻消费者主要通过移动设备和我们接触，数字互动对我们来说很关键，你再也看不到任何电视广告了。”

数字媒体大大压缩了广告主与目标市场之间的信息传输距离，带来了更为便捷、丰富的消费者沟通方式，企业广告投放中的“去电视化”现象也随之日益显著。在阿迪达斯之前，宝洁、海尔等企业均先后爆出过类似新闻，“电视广告无用论”似乎已渐渐成为数字媒体时代这些品牌的共识。然而，从实际情况来看，宝洁在高调宣布全面拥抱互联网之后，2016年却又宣布回归电视广告；海尔则一方面自建团队，加快对于CRM（用户管理）系统和BBP电子商务平台的战略布局，另一方面也宣布并不放弃传统媒体的广告投放。

可以看出，上述企业对于媒体广告价值的判断具有较强的随意性和摇摆性。那么，如何理性思考品牌与媒体之间的关系？我们至少应当从三个维度进行分析。

一、品牌精神

多年以来，在专业运动产品领域，不同时期的阿迪达斯广告虽然在内容和创意上不尽相同，但其中蕴含的品牌精神却始终一脉相承，那就是运动梦想和超越自我。在广告中，借助体育明星代言品牌的方式，实现体育精神与品牌精神的深度融合，个人品牌与体育品牌的紧密绑定。不同时期的阿迪达斯品牌代言人都体现着对于运动梦想的坚持和努力。因此，对于运动品牌而言，单一的购买行为具有能够满足多重消费的特点。例如，人们购买阿迪达斯，在商品层面消费的是专业运动装备的各种功能，在精神层面消费的却是由体育明星代表的体育梦想，因此，体育明星与运动品牌之间的绑定，成为早期阿迪达斯广告的核心内涵和具象载体。

近年来，阿迪达斯的品牌形象日益多元化，旗下的“三叶草”系列不再主打专业运动功能，转而注重在休闲时尚潮流中的引领作用。我们认为，这一变化源于阿迪达斯品牌战略的拓展和延伸，旨在实现从“运动品牌”向“潮流品牌”的转型。从广告表现来看，阿迪达斯一直非常重视品牌战略与广告策略的彼此契合。例如，“三叶草”系列品牌的代言人不是体育明星，而是拥有巨大号召力的一线娱乐偶像。通过这种有的放矢的策略转型，“三叶草”淡化了“阿迪达斯是专业运动品牌”的定位，成功塑造了自身与主品牌有所差异的品牌气质。

因此，我们认为，不同时期阿迪达斯品牌精神的延伸与变迁，是分析其广告策略和媒体选择的基础要素。

二、媒体塑造运动品牌的经典模式

现代媒体中，电视是体育产业实现全球化发展的“加速器”，没有电视，就不会有今天各种热门国际赛事。以奥运会为例，在电视出现之前，奥运会只能借助报纸、电报、广播等媒体来进行报道，由于存在参与人数有限、新闻滞后、缺乏临场感等诸多不利因素，其运营状况曾一度非常窘迫，影响力和商业价值自然无从谈起。而能够跨越千山万水进行生动转播的电视媒体，不但令奥运会起死回生，更发展为被全球瞩目的体育盛典，形成了包括体育明星、国际影响以及运动精神等多种“副产品”。除奥运会之外，电视也是 NBA、世界杯等赛事长足发展的重要支柱。

从运动品牌传播视角来看，运动作为现代社会的一种共性化刚性需求，历来注重群体效应。电视与体育品牌商业传播的结合，源自电视在大型赛事中的“造星”能力，正如 NBA 的精神汇聚体现在篮球明星身上一样，这些明星的体育精神也汇聚体现在阿迪达斯等运动品牌的广告诉求之中，并最终形成了一个完整的商业传播逻辑。在这种环境下，专业运动品牌探索出了看似简单却屡试不爽的体育营销模式：在广告中将自身品牌诉求与竞技体育精神进行强力绑定，再通过电视媒体进行广泛传播。

然而，我们认为，这种模式决定了运动品牌的广告活动具有两个容易被忽视的短板：

第一，在精神消费层面难以与竞品清晰区隔，容易形成同质化的品牌气质。多年来，由于品牌精神同根同源，运动品牌的“爆款”广告语具有很强的同质化色彩。例如，NIKE的“Just Do It”，阿迪达斯的“Impossible is Nothing”，李宁的“Anything is possible”等，内在蕴含的精神其实大同小异。

第二，运动品牌需要跟不同时期的当红球星形成紧密绑定，才能持续保持其品牌活力。由于明星是运动品牌形象的有形载体，因此企业需要按照明星人气和热度来选择品牌代言人。能否顺利签到本赛季或某项目最受热捧的明星，往往直接决定着市场竞争中的优劣对比，而实现合作的前提，就是企业不但要承担体育明星年年高涨的代言费用，还必须与体育赛事的主要传播平台——电视媒体进行紧密结合，才能保证品牌的曝光度。想象一下，就算是阿迪达斯这样的强势品牌，如果在奥运会、世界杯和NBA比赛中完全销声匿迹，恐怕其在专业运动市场中的品牌影响力也会直线降低。

然而，对于主打时尚休闲潮流的阿迪达斯子品牌“三叶草”系列而言，由于适用范围从有限的赛场空间延伸到了无限的生活空间，“三叶草”与消费者之间沟通的方式也随之更加多样。在专业运动装备市场，阿迪达斯品牌的专业、高端必须借助体育明星和大众媒体才能彰显，但在时尚潮流市场，“三叶草”追求的是爆款带来的潮流引领和消费追捧效应，此时互联网当仁不让地成为更为适合的选择。

总之，我们认为，媒体塑造运动品牌的经典模式今天依然有效，但效仿门槛低，短板也非常明显，同时，由于广告媒体策略选择必须基于品牌精神，因此企业对自身品牌精神的反思和转型，有时候比单纯的媒体策略更为重要。

三、品牌发展战略与媒体功能属性的关系

从媒体属性上来看，以满足共性文化休闲需求为核心功能的电视依然是当前最适合体育转播的媒体平台。因此，阿迪达斯如果真的彻底与电视媒体划清界限，那么势必也就意味着失去了现象级的体育赛事传播平台。阿迪达斯会甘心如此吗?

首先，如果仔细分析我们就会发现，阿迪达斯只提出要“放弃电视广告”，而从未表示会“放弃体育赞助”，换言之，通过冠名赛事或赞助运动员装备、比赛用球等宣传方式，阿迪达斯依然可以在电视媒体转播体育赛事的时候保持一定的品牌可见度，所减少的只是原先专门拍摄并投放的电视广告而已。

其次，阿迪达斯同时还提出了数字化转型的另一个重点，就是布局电商渠道，即通过全渠道销售策略，增加线上曝光率，直接将流量转化为购买行为。就这一层面而言，与其说阿迪达斯是在进行广告策略的转型，不如说阿迪达斯是在探索整体营销战略的转型。

最后，如上文分析，电视适合塑造品牌，互联网擅长制造“爆款”，何去何从，选择的标准取决于企业期望获得的广告效果。因此，品牌广告传播策略和广告媒体选择的变化，从深层次上来看，考验的其实是企业整体品牌战略的清晰程度，不应抛开品牌战略盲目追求互联网上碎片化的品牌可见度。

总之，今天的电视依然是运动品牌与体育明星完成彼此捆绑、进行相互背书的核心平台，无论是阿迪达斯还是耐克，在其专业运动品牌传播中，短时间内很难完全放弃电视广告。例如，虽然阿迪达斯 CEO 号称以后将不再做电视广告，但其中国企业公关部负责人却明确表示："电视仍然是我们主要的并且十分重要的媒体渠道"，"在中国，阿迪达斯将继续通过多元化的媒体渠道来和消费者进行沟通"。

此外，无论选取什么方式，未来阿迪达斯品牌战略的核心目标都应该是建立符合旗下不同品牌气质的全媒体文化社区，最终实现从"品牌文化"到"品牌信仰"的升级。实现这一目标显然是体育品牌追求的重点，在这一过程中，对于各种媒体渠道和平台无须轻言废立，而应当综合运用，发挥协同效应。

在线自测

扫一扫 练一练

第七章　广告公司概述

广告公司是广告活动的重要环节，它不仅是商业传播活动的引擎，更是创意与营销的孵化中心。本章我们将深入研究广告公司的多个方面，包括广告公司的定义与发展，广告公司的运作流程和组织结构，以及数字媒体环境对广告公司的挑战和机遇等。

第一节　广告公司的定义及发展

探究广告公司的本质和基本概念，深入了解它们的历史与发展，洞悉它们在市场中扮演的多种角色，揭示它们的核心价值观和商业道德，以及它们在品牌建设中的关键作用，是进一步学习的重要基础。

一、广告公司的概念和本质

1. 广告公司的基本概念

广告代理公司简称广告公司，是指专门经营广告业务、开展商业信息传播活动的企业。广告公司往往由消费者洞察、广告策划与创意、市场营销等领域的专业人士组成。他们对市场趋势洞察敏锐，对消费者心理理解深刻，对传媒和技术运用熟练。广告公司的职责是为客户打造引人注目的广告活动，通过深入挖掘产品或服务的独特之处，实现品牌形象的成功塑造。

广告公司不仅是广告发布的媒介，更是商业创意的摇篮。它们通过独特的创意和前瞻性的商业策略，将品牌故事呈现给受众。例如，广告公司通过创意或策略服务，帮助广告主加工和传播自身的广告诉求，通过品牌故事打造理想的品牌形象。

2. 广告公司的使命和目标

广告公司的使命不仅是提供广告服务，更是帮助客户在市场中脱颖而出，实现商业成功。通过深入了解客户的需求和目标市场，广告公司制订战略性的广告计划，从而将广告精准地展示给潜在客户。例如，数据型广告公司运用智能算法和数据分析，帮助客户在广袤的互联网空间中找到目标受众，提高广告的点击率和转化率。

在品牌建设方面，广告公司也发挥着关键作用。它们不仅传递信息，还通过广告活动传达品牌的核心价值观和文化。例如，广告公司可以通过为企业塑造个性化的品牌形象，帮助企业从同质化竞争中脱颖而出。如饮料品牌的“开启快乐”，运动品牌的“不走寻常路”，等等。

在竞争激烈的商业环境中，广告公司的目标不仅仅是帮助客户提高销售额，更要帮助客户建立长期稳固的消费者品牌忠诚度。它们致力于使品牌在消费者心中树立良好的形象，建立起消费者对品牌的信任和认可。通过专业知识和创造力，广告公司推动客户走向商业成功的道路，成为品牌成功背后的有力推动者。

二、广告公司的历史与发展

1. 广告公司的起源和演变

广告公司的历史可以追溯到 19 世纪末，当时随着工业革命的兴起，商品生产大幅增加，产生了对于广告专业化服务的市场需要。第一家现代意义上的广告公司是 19 世纪 70 年代在伦敦成立的 Benson 公司。Benson 公司的创立标志着广告制作成为一项专业性工作，而不仅仅是商家的个体努力。

从那时起，广告公司开始不断演变和壮大。在 20 世纪，随着广播和电视的普及，广告公司开始在广播和电视节目中制作广告，使品牌信息迅速传播到千家万户。进入 21 世纪，随着互联网和社交媒体的崛起，广告公司迎来新的挑战和机遇。它们不再局限于传统媒体，而是开始专注于数字媒体广告，包括搜索引擎营销、社交媒体广告等，以更好地满足客户在数字时代的需求。

广告代理制的起源与发展也是广告公司演变的一个重要方面。在广告行业的早期，广告代理公司的职能主要是直接贩卖报纸版面，将广告内容发布在报纸上，这可以视为广告代理的第一步。随着时代的变迁，广告代理进入单纯媒介代理阶段，涵盖更多的媒体形式，如广播和电视。随后，广告代理逐渐发展为提供广告的技术服务，包括广告文案的撰写和广告设计。这一阶段被视为广告代理的第三步。随着市场需求的不断增长，广告代理进入全面服务的综合代理时代，广告公司开始为客户提供更全面的服务，包括市场调研、广告策划和制作等。最近几十年，随着数字时代的来临，广告代理迈入整合营销阶段，广告公司专注于数字媒体广告，例如社交媒体广告和搜索引擎营销，以适应市场的需求。

这种演变是广告公司不断适应市场需求和技术进步的结果。由于广告公司的不断创新和发展，广告行业得以不断壮大，为企业提供了更多样化、精准化的广告服务。这种发展也反映了社会的进步和科技的日新月异，广告公司将继续在不断变化的市场中发挥关键作用。

2. 广告公司的发展历程

广告公司的形态随着科技的进步而不断变化。从最初的纸质媒体广告，到电视、互联网和社交媒体时代，广告公司不断探索新的媒体形式，以适应不断变化的市场需求。例如，在数字时代，广告公司不仅关注传统媒体，还专注于搜索引擎营销、社交媒体广告等新型广告形式。

在数字时代，广告公司必须跟上技术的步伐。它们开始利用大数据分析和人工智能算法，深入了解消费者的行为和偏好，以制定更具针对性的广告策略。例如，谷歌广告公司（Google Ads）通过智能算法，帮助客户将广告精准地展示给潜在客户，提高广告的点击率和转化率。

此外，社交媒体广告也成为广告公司的新战场。通过 Facebook、Instagram 和 Twitter 等平台，广告公司可以实现与潜在客户的直接互动，推广产品和服务。例如，苹果公司的社交媒体广告常常以简洁的画面和吸引人的音乐吸引用户，使得广告更具吸引力。

总体来说，广告公司的历史和发展充分体现了科技和市场需求的相互影响。它们不仅在传统媒体上发挥影响力，也在数字时代焕发新的生机，通过不断创新，为客户提供更多元化、更具创意性的广告服务。

三、广告公司的角色与职责

1. 广告公司在市场中的角色

广告公司的职责是深入挖掘产品的独特之处，洞悉目标受众的心理需求，为客户量身定制独特的广告方案。在市场竞争激烈的背景下，广告公司的角色愈发关键。通过市场调研和消费者洞察，广告公司可以为客户提供深入见解，指导品牌定位和营销策略。广告公司的任务不仅是制造引人注目的广告，更是帮助客户建立起独特的、令人信赖的品牌形象。例如，天高广告公司（BBDO）为维萨（Visa）设计的“超级碗广告”成功地提升了Visa品牌的认知度和美誉度，使其成为美国消费者心中信任的支付品牌。

2. 广告公司的社会责任和影响

广告公司不仅是商业机构，更是社会责任的践行者和文化影响的塑造者。它们需要对所传递的信息负责，遵守商业伦理，履行社会责任。广告不仅是商品的推销者，更是社会观念的传播者。因此，广告公司在广告创作中需要考虑社会的多元性和包容性，确保广告内容对社会产生积极影响。

广告公司还通过广告活动参与社会公益事业，传递积极价值观。例如，宝洁公司的“感受清新，保护地球”系列广告呼吁人们采取环保措施，促进了可持续发展的社会意识。广告公司在塑造品牌形象的同时，也在积极引导社会观念，促使社会向更加和谐、积极的方向发展。

四、广告公司的价值观

1. 广告公司的价值观和文化

广告公司的价值观通常包括创意、创新、客户至上、团队合作和社会责任等核心元素。创意是广告公司的生命力所在，它推动创意团队不断挑战自我，寻找独特的创意方案。创新是广告公司持续发展的动力，鼓励公司不断探索新的广告媒体和营销策略，以适应市场的变化。客户至上是广告公司最重要的价值观之一，它们深知客户满意度的重要性，因此努力超越客户期望，提供卓越的服务和创意。团队合作是广告公司成功的基石，鼓励员工之间的合作和互动，以实现共同的目标。社会责任是广告公司应尽的义务，他们努力传递正面信息，引导社会价值观，同时关注可持续发展，推动社会向更好的方向发展。

2. 广告公司的商业道德和行业标准

广告公司在业内通常遵守的商业道德和行业标准包括尊重客户隐私，保护消费者权益，遵循广告真实性原则，不使用虚假宣传等。广告公司还积极参与行业组织，遵守制定的行业规范和伦理准则。通过遵循这些商业道德和行业标准，广告公司能够形成良好的行业声誉，赢得客户和消费者的信任。例如，我国广告公司应遵循广告法和广告行业自律规则，确保广告内容真实、准确，不误导消费者。对商业道德的遵守不仅使广告公司在竞争激烈的市场中脱颖而出，还有助于行业的可持续发展和社会的和谐稳定。

五、广告公司与品牌建设

1. 广告公司在品牌建设中的作用

广告公司在品牌建设中扮演着至关重要的角色。它们通过市场调研、竞争分析和消费者洞察，为客户提供全面的品牌建设方案。无论是创新型初创企业还是知名品牌，都可以依赖广告公司的专业团队，制定独特的品牌战略。这些战略涉及视觉形象、品牌标志的设计、选择合适的广告媒介，确保品牌信息能够精准传达给目标受众。广告公司通常拥有丰富的经验和创意思维，能够为客户量身定制独具特色的广告活动，帮助品牌在市场中脱颖而出。

广告公司的作用就好比建筑师为一座大厦设计蓝图，它们深入了解每个细节，确保整体结构稳固，外观吸引人。例如，当苹果（Apple）推出 iPhone 时，广告公司设计了“iPod＋iTunes＋iPhone”系列广告，突出了产品的简洁、易用和智能特性，使得 iPhone 迅速成为一个标志性的品牌。

2. 广告公司如何帮助客户塑造品牌形象

广告公司通过市场调研、竞争分析和消费者洞察，为客户提供全面的品牌建设方案。它们设计视觉形象、品牌标志，制定品牌传播策略，选择合适的广告媒介，确保品牌信息能够精准传达给目标受众。它们的创意和策略不仅是为了推销产品，更是为了建立品牌的情感联系。

总之，广告公司的专业性和创造力使得品牌不仅是一个商品，更是一种文化、一种情感的象征。它们通过精心策划的广告活动，帮助客户打造出引人注目的品牌形象，使品牌在激烈竞争的市场中脱颖而出。

第二节　广告公司的类型

根据广告公司的服务功能和经营范围的不同，我们可以将广告公司分为两种主要类型：全面服务型公司和部分服务型公司。全面服务型公司提供涵盖广告活动的整个过程和各个方面的服务。这些服务包括但不限于产品分析、市场调查、销售方式分析、媒介调查，以及广告规划的制定和实施等。此外，它们还提供与广告紧密相关的其他市场活动的服务。与之相反，部分服务型公司则提供广告活动中的某一项或几项特定服务，比如单一的设计、制作等。

一、综合广告代理服务公司

1. 业务范围

（1）调查与分析：广告公司需要调查客户产品或服务，确定产品特点与竞争关系，分析客户面临的市场以及潜在市场，了解分销与销售因素及方法。

（2）媒介选择与制订计划：广告公司负责了解可用的媒介和手段，制订明确的计划并向客户演示该计划。它们还与广告媒介签订广告发布合同，确保广告按计划在特定媒体、特定时间或版面发布。

（3）创意与制作：广告公司提供创意服务，将客户的意愿表达出来，包括广告脚本、设计与演示等。

（4）市场调查服务：广告公司进行市场调查，撰写详尽准确的调查报告，帮助客户了解实际情况。

（5）监督与反馈：广告公司监督广告发布是否符合发布合同的约定，测定广告效果，并向广告主反馈市场信息。

2. 服务项目

（1）广告策划与执行：广告公司帮助广告主制定广告规划，包括市场调查策划、广告目标、广告战略和预算建议等。广告公司运用丰富的经验和技法，将广告主的意愿转化为创意、设计和制作等广告实体。这项工作需要计划、创意、营销、客户联络以及财务等专业部门的密切合作。

（2）媒介选择与合同管理：广告公司负责与广告媒介签订广告发布合同，保障广告在特定媒介、特定时间或版面发布。媒介部门负责将广告投放到不同媒体，同时密切关注媒介计划的执行，必要时进行修改以确保广告活动的传播目标得以实现。

（3）市场调查服务：广告公司进行市场调查，了解市场需求和竞争状况，为广告活动提供基础数据。有些广告公司甚至进行实地调查，为客户提供详尽准确的市场调查报告。

（4）广告效果监测与反馈：广告公司监督广告发布是否符合合同约定，同时测定广告效果。广告公司将市场信息反馈给广告主，帮助广告主更好地了解广告活动的效果和市场反应。

（5）产品设计与销售推广：广告公司为广告主提供产品设计、包装、营销和企业形象等方面的服务。随着广告业的发展，广告公司与广告主和批发商共同制订 POP 广告和其他提高广告效率的促销计划。销售推广部门还负责开发销售推广材料，支持销售人员和批发商。

除了这些明确的服务项目外，综合广告代理服务公司还在流通、销售等环节为广告主提供服务，协助广告主优化销售活动，确保广告的最大效益。这些服务不限于高质量的广告创意，还包括广告活动的全程支持，致力于提高广告的影响力和市场竞争力。

二、专业广告代理公司

在广告业中，除了提供全面服务的综合广告代理服务公司外，还有一些专业广告代理公司。自 20 世纪 90 年代以来，广告公司呈现两大发展趋势：一方面，规模化发展，形成数个全球性的广告集团；另一方面，专业化发展，涌现大批专业广告代理公司。这些规模相对较小的专业广告公司通常只负责广告运作环节的部分任务，因此更专注于特定领域。常见的专业广告代理公司包括创意工作室、媒介购买公司和网络广告公司。

1. 创意工作室

创意工作室是一种提供有限服务的广告代理公司，其业务主要集中在为客户开发具有高度创意的广告信息上。有时，创意工作室直接受雇于广告主，有时则是由全面代理广告公司委托完成创意部分的工作。它们的任务是推敲出独特的创意，制作新颖别致的广告信息。尽管无法提供包括调查、策划等全面服务，但其独特的组织结构、推崇创造力的企业文化以及独立思考的员工队伍保证了它们在创意方面的优势。例如，麦肯广告公司是可口可乐公司的综合广告服务公司，但其创意工作大部分由创意艺术家公司（CAA）完成。创意艺术家公司是一家成立于 1975 年的好莱坞演员经纪公司，为多领域的艺术家提供经纪服务，诸如电视、电影、音乐等，曾受可口可乐和宝洁的委托进行广告活动。另外，威登-肯尼迪广告公司（Wieden & Kennedy）以其独立的创意见长，为众多知名品牌如耐克、喜力、本田、西门子等提供服务，保持了创意构思的独立性。

2. 媒介购买公司

早在 20 世纪初，美国就有很多媒体掮客，它们替媒体发行报刊并负责征订广告。后来，这些媒体掮客逐渐脱离媒体，成为为广告主提供服务的独立第三方力量——媒介购买公司。20 世纪 80 年代后，媒介购买公司以全新面貌呈现，成为广告业的重要组成部分。由于在广告活动中，媒介购买费用占据较大比例，因此广告主对媒介购买费用的有效性和经济性更加关心。在这种背景下，一些大的媒介集团将自身所属广告公司的媒介购买业务整合，成立了专门的媒介购买公司，以提高媒介购买效率。例如，WPP 集团将奥美广告公司和智威汤逊广告公司的媒体业务合并，由传力媒体（Media Share）代理；奥姆尼康旗下的天高广告公司（BBDO）、恒美广告公司（DDB）、李奥贝纳广告公司（TBWA）的媒体业务由浩胜媒体（OMD）代理；阳狮集团（Publicis Group）的媒体业务由实力媒体（Zenith Media）负责；哈瓦斯（Havas）广告集团的媒介业务由 MPG（Media Planning Group）代理；IPG（Interpublic Group Companies）集团旗下的媒介购买公司为盟诺（Magna）。

3. 网络广告公司

随着互联网在 20 世纪末的飞速发展，专门从事网络广告业务的公司应运而生，人们称这样的广告公司为网络广告公司或互动代理公司。它们致力于设计网站、策划和发布网络广告，有时业务也涉及数据库营销领域。全球五大广告集团基本上都设有专门提供网络广告服务的子公司，主要是因为客户在广告传播计划中越来越重视网络的作用。

在我国，随着 20 世纪末第一波网络发展的高潮，出现了首批网络广告代理公司。这些公司当时规模较小，缺乏网络传播经验，主要通过与网站的良好关系，为客户提供相对简单的网络广告设计和发布服务。同时，一些全面代理广告公司也成立了自己的互动部门，专门为客户提供网络广告方面的建议。

专业广告服务公司的出现，丰富了广告业态，使得客户能够根据需求选择更精细化、专业化的服务。从创意工作室到媒介购买公司再到网络广告公司，每一类公司在广告生态系统中都扮演着不可或缺的角色，共同推动着广告行业的持续发展。

三、专属广告公司

专属广告公司，又称 in-house agency 或 house agency，是广告主自营的广告代理公司，由特定广告主经营、支配，经营上从属于该广告主。广告主通过这种公司制作广告（全部或部分）、代理发布业务等。广告主之所以自设广告代理公司，通常基于以下几个原因：企业的广告需求巨大，有足够的盈利来支付独立经营代理公司所需的成本；广告主属于高度专业化的行业，外部广告代理公司难以了解其状况；广告主对经营广告代理有浓厚兴趣。例如，1928年成立的灵狮（Lintas）最初就是联合利华（Unilever）自设的广告公司。当然，企业是否设立专门的广告代理公司取决于一系列市场营销和广告因素。业界对广告主自设广告代理公司这种做法一直存在不同意见，主要是因为这种做法的优缺点非常明显。

1. 优点

（1）节省费用：专属广告公司可以担负外部广告公司的责任，可能在更少花费的情况下实现广告目标，相比之下，外部全面服务的广告公司费用可能更高。

（2）便于保密：有些公司不愿意透露某些营销或广告信息，与内部的专属广告公司合作更方便、更保密，而专属广告公司也可以获得广告活动策划所需的全部资料。

（3）易于沟通：专属广告公司可以与公司主管有更直接的联系，而与外部广告公司之间的沟通可能更为复杂。

（4）便于协调与控制：从协调广告与其他市场营销手段、控制广告支出的角度看，公司内设广告代理的做法能发挥更好的作用。

（5）更加熟悉本公司及产品情况：作为广告主自己的雇员，专属广告公司的工作人员更了解公司的产品及经营原则。

（6）更尽力：专属广告公司是广告主的唯一或最大客户，因此它们自然会竭尽全力满足广告主的要求。

（7）营利：专属广告公司除服务本企业之外，有时也可以接受公司外客户委托的其他广告项目，成为广告主的一个营利单位。

2. 缺点

（1）很难客观：企业之外的广告公司可以客观地看待广告问题，代表着多种不同类型的广告主，每位广告主都有自己独特的市场营销状况，而设在公司内部的广告公司可能因为距问题太近而熟视无睹、思路狭窄。

（2）影响服务质量：尽管企业利用内设广告公司的费用可能较低，但有时必须为广告的质量担心。

（3）缺乏专业人员：专属广告公司可能没有经验丰富的专家，因此企业有时不得不聘请外部人才提供广告创意和所需的特殊服务。

（4）工作关系有障碍：企业管理部门可能会发现与另一家公司打交道更容易，而专属广告公司则是本企业的另一个机构，企业外的广告公司可以解约，而企业内部的广告公司则难以辞退工作人员。

（5）竞争力薄弱：专属广告公司长期为一个客户服务，缺乏为其他专业或产业服务的经验，与其他广告公司相比可能显得竞争力较弱。

（6）资料不充分：综合性广告公司一般拥有丰富的资料库，而广告主自设的广告公司在资料搜集方面可能能力不足。

（7）成本增加：企业增设一个新的单位，在人力、物力、财力上的开销可能使广告主负担更多的成本支出。

很多设有专属广告公司的企业通常将其用于特殊用途，例如，经营多品牌的企业可能发现委托自己的专属广告小组处理试验性市场中的品牌效果非常好。在管理部门不了解消费者如何看待某个品牌之前，企业通常难以准确选择一个与自己有业务往来的外部广告公司，并将品牌委托给它。如果广告公司以佣金形式获取报酬，试验性市场由于媒介预算较低，广告公司可能会因利润低而拒绝接受委托。

第三节　广告公司的操作流程

广告公司作为现代市场营销领域不可或缺的关键组成部分，具备一套高度复杂且系统化的操作流程。这个流程是其成功执行广告活动、满足客户需求、实现品牌目标的关键。从深入的市场洞察到引人入胜的广告呈现，广告公司的操作流程通常横跨多个关键环节，确保广告内容深入人心、传达客户信息，并在目标受众中产生强烈共鸣。

一、市场调研阶段

市场调研是广告公司操作流程的基石。在市场调研阶段，广告公司采用多种手段进行深入的市场分析，以确保广告活动的针对性和有效性。

1. 目标客户群分析

通过市场调查、数据分析等手段，广告公司精准确定广告的目标客户群体，深入了解客户的需求、偏好和行为特点，为后续广告策划提供重要依据。这一步骤帮助广告公司更好地了解目标受众，确保广告内容更符合客户的期望和需求。例如，在推广一款新型智能手机时，广告公司通过用户调查发现年轻专业人士是主要目标客户，广告公司则可以通过设计富有科技感的广告语言和画面吸引年轻受众的关注。

2. 竞争对手分析

市场调研还包括对竞争对手的广告策略进行深入研究。通过分析竞争对手的优势与劣势，广告公司可以更好地了解市场格局，找到差距与机遇。这种分析为广告策划提供了宝贵的参考，帮助广告公司制定与竞争对手差异化的广告方案。例如，一个新的食品品牌在市场中竞争激烈，广告公司需要分析主要竞争对手的广告活动。通过分析竞争对手的优势与劣势，广告公司可以更好地了解市场格局，找到差距与机遇。比如，发现竞争对手主要在价格上竞争，广告公司可以选择突出产品的品质与独特之处，制定与竞争对手差异化的广告方案。

3. 市场趋势研究

市场调研阶段还需要对市场发展趋势进行深入考察。了解消费者的新需求和新兴市场，为广告创意提供灵感和创新点。通过关注市场的变化和趋势，广告公司能够更好地把握市场脉搏，为客户提供具有前瞻性的广告方案。例如，在绿色环保逐渐成为消费者关注的焦点时，广告公司可以结合可降解材料和环保理念，设计推广环保产品的广告，吸引越来越注重环保的消费者。

这些市场调研手段为广告公司的后续策划和创意设计提供了有力支持。在这个阶段，广告公司积极倾听市场声音，洞察消费者需求，以确保后续的广告活动能够更好地满足客户期待，实现品牌目标。

二、策划阶段

策划是广告公司操作流程中的关键一环。在策划阶段，广告公司与客户密切合作，制订广告活动的详细计划，确保广告目标的明确性和广告战略的针对性。

1. 制定广告目标

在策划广告活动之初，广告公司会与客户进行深入的讨论和沟通，以明确广告的宣传目标。这些目标可能包括但不限于销售增长、品牌知名度提高等具体指标。例如，一家新推出一款健康饮料的公司可能希望在半年内提高销售额20%，广告公司将根据客户的需求和市场状况，制定出明确的目标，为后续的广告策略提供指导。

2. 制定广告战略

在策划阶段，广告公司会制订详细的广告战略计划，其中包括选择最适合的传播媒体、确定广告信息的关键元素，以及制定吸引目标受众的具体策略。例如，如果目标是提高品牌知名度，广告公司可能会选择在社交媒体平台上进行广告投放，结合创意视频和有趣的互动活动，以吸引更多的目标受众。这个过程需要深入的市场洞察和战略眼光，以确保广告活动的有效性和创意性。

3. 预算和资源规划

在策划阶段，广告公司会制定广告活动的预算，并详细规划各项资源的使用。这包括媒体购买、创意设计、制作费用等方面的开支。同时，广告公司会合理规划人力资源和时间，确保广告活动的高效执行。例如，广告公司为一家化妆品公司制定了详细的预算，包括媒体购买、博主合作费用等，还合理规划了设计团队的工作时间，确保广告宣传资料的及时制作。通过这个广告策划，该化妆品公司成功地推出了新产品，销售额在短时间内实现了大幅增长。

在策划阶段，广告公司的决策将直接影响广告活动的整体效果。因此，广告公司需要与客户紧密合作，充分了解客户需求，基于市场洞察和战略眼光，制定出切实可行、具有创意性的广告策略，以实现客户的宣传目标。

三、创意设计阶段

在创意设计阶段，广告公司的创意团队充分利用之前市场调研和策划阶段的信息进行创意构思，提炼出广告的核心概念和创意方向。

1. 创意概念提炼

这个过程就像艺术家在画布上开始勾勒一幅画的轮廓。例如，一家汽车制造商可能决定以“未来出行”为核心概念，因为市场调研显示，消费者越来越关注环保和智能化。创意团队会联想到未来科技感、绿色环保等元素，为广告策划打下创意基础。

2. 广告文案和设计

创意设计阶段的下一步是编写广告文案，设计广告画面、音频、视频等内容，确保广告信息简洁明了、引人注目。广告文案需要精炼表达核心信息，设计则需要与概念相契合。例如，苹果公司在推广 iPhone 时，以“一个革命性的设备”为核心概念，广告画面简洁清晰，突出产品的特色。广告文案则以简单而引人深思的口号融入广告，如“千变万化的 iPhone”。

3. 品牌融入

创意设计阶段也需要确保广告内容与品牌形象一致，提高品牌在广告中的曝光度，增强品牌认知度。品牌的融入不仅需要在广告中展示品牌标志，还需要将品牌理念与广告内容融为一体。例如，可口可乐以“开心就喝可乐”为品牌理念，广告中常常通过欢快的音乐、快乐的场景来传递这一理念，使消费者与品牌建立起情感联系。

在创意设计阶段，广告公司的创意团队努力将策划阶段的概念转化为引人入胜的广告内容。他们通过独特的创意和吸引人的视觉效果，确保广告能够引起目标受众的兴趣和共鸣。

四、制作和生产阶段

在广告公司操作流程中，制作和生产阶段被认为是广告创意最终实现的阶段，也是广告活动最为直观、感知性最强的一环。在这个阶段，策划、创意和设计等各个环节的理念将会以视觉、听觉的形式呈现。

1. 广告制作

广告制作是将策划和创意概念具体化的过程。例如，一则时装广告可能需要展示服装的剪裁、面料和穿着效果。制作团队会选择合适的场景、模特，并使用高质量的摄影和摄像设备，确保广告所展现的产品或服务达到最佳状态。例如，苹果公司的 iPhone 发布广告通常采用极简主义的风格，以产品本身的设计和功能为重点，呈现科技感和品质感。

2. 后期编辑

后期编辑是为了提升广告的视觉效果和冲击力。后期编辑可以加入各种特效、过渡动画，以及音频处理，让广告更具吸引力。例如，在汽车广告中，通过后期特效，汽车可能被放置在壮丽的自然风景中，增加广告的震撼感和吸引力。可口可乐、百事可乐的广告通常通过后期编辑，制作出令人印象深刻的视觉效果，营造出欢快、愉悦的氛围。

3. 音频制作

音频在广告中有时比视频更为重要。通过选择恰当的背景音乐、声音效果，广告可以在观众的心里营造出深刻的情感连接。例如，一则豪华餐厅的广告可能选择高雅的音乐，配上清晰的语音描述，以突出其高品质的用餐体验。同时，一些广告会使用特定的音效，例如汽车引擎轰鸣、海浪声等，来增加广告的生动感。

在这个阶段，广告公司需要确保每个细节都符合预期，无论是图像的质量、音频的效果还是视频的流畅度。只有通过精心制作，广告才能够真正触动观众的内心，引发共鸣，从而加深他们对品牌的记忆和认知。这些视觉和听觉的冲击力，将广告的信息深深刻在受众的心里，为品牌赢得关注和信任。

五、发布和推广阶段

在广告公司的操作流程中，发布和推广阶段被视为广告活动的顶峰。这个阶段是将前期的广告策划、创意设计、制作等工作成果转化为实际传播的关键时刻。

1. 媒体购买

在这一阶段，广告公司根据精心制定的广告策略，选择合适的媒体平台进行购买。例如，在数字时代，广告商可能选择在社交媒体平台如 Facebook 和 Instagram 上购买广告位，以便吸引年轻、活跃的用户。一些高端品牌可能会选择在著名的时尚杂志或高端电视节目中购买广告，以确保品牌形象的高度曝光。

2. 广告投放

广告投放是将广告在选定的媒体上进行实际展示的过程。在这一阶段，广告公司需要根据目标受众的特性和媒体的影响力，选择合适的时间和频次进行广告投放。例如，一则旨在吸引上班族的健康饮品广告可能会选择在早晚高峰期播放，因为这段时间是上班族的主要媒体消费时段。

3. 效果监测

在广告发布后，通过各种数据分析工具，广告公司会监测广告的效果。这包括曝光量、点击率、转化率等指标。例如，一家电商平台发布了一则促销广告，通过数据监测发现点击率较低，但转化率较高，说明广告吸引了真正对产品感兴趣的用户。基于这些数据，广告公司可以进行针对性的调整，例如改进广告内容、调整投放时段，以提高广告的效果。

在这个阶段，广告公司不仅要将广告传达给受众，更要持续关注广告的传播效果，并根据数据分析结果灵活调整广告策略，以确保广告活动能够取得最佳的营销效果。通过及时的监测和优化，广告公司能够更好地了解受众需求，提高广告的精准度和吸引力，最终实现客户的品牌宣传和销售目标。

广告公司的操作流程是一个层层递进、错综复杂的过程，在市场调研、策划、创意设计、制作和生产、发布和推广的各个阶段，专业团队紧密合作，结合市场洞察和创意力，确保广告活动的顺利进行。这个流程的执行情况会直接影响广告活动的效果，进而影响客户的品牌形象和市场地位。

第四节　广告公司的组织结构

在了解广告公司的组织结构之前，我们将深入探讨综合广告代理公司的组织形态以及广告公司的人员配置和分工方式。通过这些详细分析，我们将揭示广告公司内部错综复杂的运作机制。广告公司不仅是创意和营销的集合体，更是一个高度协同合作的组织。在本节中，我们将剖析广告公司内部各个部门的职能，深入了解每个人员角色的关联性。

一、综合广告代理公司的组织形态

综合广告代理公司的组织形态在不断演变中，传统的资源集中式和小组作业中心制是两种常见的模式。传统的资源集中式结构以其集中利用资源的特点，为公司提供了有效管理的便利。然而，在当今快节奏的商业环境中，这种结构可能面临着人才快速流动和沟通障碍的挑战。

相较之下，小组作业中心制在处理不同客户需求方面更具灵活性和针对性。每个小组负责特定行业或产品领域的广告活动，确保了专业性和个性化服务。这种模式的灵活性使得公司能够根据市场需求迅速调整团队的组成，提供更符合客户期望的广告服务。例如，采用小组作业中心制的广告公司在客户满意度和服务质量方面表现更为出色。它们可以更好地理解客户的特定需求，提供个性化的解决方案。这种专业性和个性化往往能够赢得客户的信任，有利于与客户建立长期稳定的合作关系。

然而，这种模式也不是没有挑战。资源分配的不均衡可能导致小组间的竞争和冲突，甚至可能影响整体的服务质量。因此，广告公司在实施小组作业中心制时需要精心平衡资源，确保每个小组都有足够的支持和培训，以提高整体团队的协作效能。

综上所述，广告公司的组织结构选择应该根据公司规模、客户需求和市场变化等因素综合考虑。无论选择哪种模式，团队的紧密合作、专业知识的持续提升以及对市场需求的及时响应都是确保广告公司持续竞争力的关键因素。

二、广告公司的人员配置及分工方式

广告公司的人员配置及分工方式是确保广告活动顺利进行的关键因素。广告代理公司为客户提供全面的服务，这些服务包括调查客户的产品，分析产品市场现状和消费者需求，制订广告计划，传达广告主的信息，撰写、设计和制作广告，购买广告媒介，核查发布情况，满足客户的各种需求，如培训、展览、促销等。为了实现这些功能，广告公司通常会设置以下职能部门和职位。

1. 客户部门

客户部门是广告公司与广告主之间的桥梁，负责推动广告活动的产生和完成，需要深入了解客户的产品、市场反应和业务，与市场和消费者保持密切接触，代表广告公司与客户进行沟通，确保广告活动符合客户期望。在与客户沟通时，客户经理必须具备良好的谈判技巧，例如在与客户商讨广告预算时，能够提供市场数据和竞争对手的广告投入情况，以增加说服力。

2. 市场调研部门

市场调研部门负责在广告活动策划前后进行市场、产品、消费行为、媒体等方面的调查研究，为广告策划提供参考。市场调研部门的工作在广告活动前期、中期、后期都起到关键作用，确保广告活动与市场需求紧密契合。例如，使用调查和分析工具，市场调研人员可以收集消费者的意见和反馈，以评估广告活动的效果。

3. 广告策划部门

广告策划部门是客户部和创意部之间的桥梁，负责从消费者和市场角度出发，找到客户产品特征与消费者需求的最佳结合点，为创意部提供依据。广告策划部门需要了解市场竞争和消费者偏好，确保市场和消费者态度能在广告中得到体现。广告策划人员可以引用市场研究报告中的数据，例如产品在特定市场的销售增长率，作为制定广告策略的依据。

4. 创意部门

创意部门负责广告文案和设计，将广告创意具象化。文案指导和文案写手负责撰写引人入胜的广告文案，艺术指导、视觉化人员和插图绘制人员负责视觉元素的设计，他们通过撰写文案、挑选或绘制图片，再加上整体编排，将抽象的创意概念呈现为具体的广告作品。创意部门可以通过专业设计软件创建引人注目的广告画面。

5. 媒介部门

媒介部门包括媒介策划人员和媒介购买人员，负责媒体选择、时间安排、媒体购买及发布核实。他们需要熟悉各类媒体的情况，与各媒体建立良好关系，具备媒介策划、谈判和控制能力。媒介部门可以引入先进的媒体购买工具，例如尼尔森媒体研究（Nielsen Media Research），以分析广告在不同媒体上的曝光度和效果。

6. 制作部门

制作部门负责将创意部交付的广告原稿制作成在媒体上展示的最终形式，包括完稿和流程监控。他们需要监督广告制作进度，与外部协作厂商进行沟通和协调，确保广告按计划发布。在印刷广告时，制作部门可以与印刷厂商合作，选择高质量的印刷纸张和油墨，确保印刷品质量。

7. 其他业务部门

广告公司还可能提供传统广告业务以外的其他服务，例如促销、展览、公关等。如果这类业务较多，广告公司也会设立专门的部门。

8. 行政管理部门

行政管理部门包括行政、财务、人事、会计等人员，负责公司的内部管理和财务核算。行政管理部门可以制订预算计划，确保广告活动在预算范围内进行。

以上这些部门和人员共同合作，确保广告活动的顺利进行和取得预期效果。这种紧密合作的团队架构是广告公司成功开展广告活动的关键。一个高效的广告团队需要在客户服务、市场调研、广告策划、创意设计、媒体购买和制作等方面保持卓越的表现。广告公司的团队应该具备多方面的技能，例如客户经理需要具备卓越的沟通和谈判技巧，市场调研人员需要精通市场分析工具，创意部门的人员需要掌握专业的设计软件，媒介部门的人员需要了解各类媒体的特性和影响力，制作部门的人员需要熟悉广告制作流程和技术。

在现代数字化环境下，广告公司的团队也需要适应新媒体的发展。例如，社交媒体平台的崛起改变了传统广告的传播方式，广告公司的团队需要具备社交媒体营销的知识和技能，能够制定针对不同社交媒体平台的广告策略。

在广告公司的运作中，专业知识、市场洞察和创意力的完美结合是至关重要的。广告公司的成功执行将直接影响广告活动的效果，进而影响客户的品牌形象和市场地位。为了保持竞争力，广告公司的团队需要不断学习和更新知识，紧跟市场趋势，提供创新的广告解决方案，以满足客户不断变化的需求。

第五节　数字媒体环境对广告公司的影响

一、数字化广告创意和制作

数字媒体环境的快速发展为广告公司带来了前所未有的创意自由度。现代技术，尤其是虚拟现实（VR）和增强现实（AR）等数字技术已经深入广告创意的核心。在数字化时代，广告不再是平面图片或简单的视频，而是一个立体、交互式的体验。

虚拟现实（VR）技术为广告公司提供了一个全新的创意空间。通过 VR，广告公司可以创造出身临其境的体验，让用户沉浸在产品或服务的虚拟世界中。例如，房地产公司可以利用 VR 技术，让用户在未来的家中漫游，感受空间、布局和氛围，这种体验比传统的平面图更加直观和引人入胜。

增强现实（AR）技术将虚拟元素叠加到现实世界中，创造出令人惊叹的互动体验。例如，零售行业可以使用 AR 技术，让顾客通过手机应用在实际场景中"试穿"衣服或"摆放"家具，这种互动体验增强了用户参与感，提高了购买的可能性。

在实际应用中，耐克就是一个成功运用 AR 技术的例子。耐克推出的 AR 应用可以让用户通过手机摄像头将鞋子投影到自己的脚上，仿佛真的穿上了鞋。这种互动式体验引发了用户的好奇心，提高了购买欲望，同时也加深了用户对品牌的记忆。

整体而言，数字化广告创意和制作不仅是技术的应用，更是对创意和想象力的挑战。在数字媒体环境下，广告公司需要不断探索创新的可能性，利用先进技术为用户提供引人入胜的广告体验，从而在激烈的市场竞争中脱颖而出。

二、精准定位和个性化营销

在数字媒体环境中，广告公司得以深入了解消费者，实现了更为精准的定位和个性化的营销策略。随着大数据技术的崛起，广告公司可以收集、分析用户的行为数据，从而了解用户的兴趣、偏好、购买历史等信息。这种精准定位使得广告公司能够更好地理解目标受众，预测用户的需求和行为，为用户提供更符合期待的广告体验。

一个鲜明的例子是亚马逊（Amazon）的个性化推荐系统。亚马逊运用先进的算法分析用户的购物历史、浏览记录、点击行为等数据，并基于这些数据为每位用户量身定制产品推荐，使用户在海量商品中更容易找到符合个人需求的产品。这种个性化的推荐不仅提高了用户的购买转化率，也加强了用户与平台的互动体验。

此外，社交媒体平台也是个性化营销的重要渠道。如 Facebook 和 Instagram 拥有庞大的用户群体，而它们的算法可以分析用户在平台上的行为，例如点赞、分享、评论等。广告公司可以利用这些数据，精准地将广告投放给对其产品或服务有兴趣的用户。这种定位和个性化的广告策略提高了广告的点击率和用户参与度，为品牌带来了更高的曝光度和市场影响力。

这种个性化定位和广告策略不仅为用户提供了更符合其兴趣和需求的广告体验，也使得广告公司能够更有效地运用营销预算将广告资源聚焦在真正潜在客户身上，提高了广告活动的回报率。

三、社交媒体营销和影响者合作

在数字媒体时代，社交媒体不仅是人们交流的平台，也是广告公司宣传产品和品牌的重要渠道。社交媒体上的用户群体庞大，而且用户通常会根据自身兴趣关注一些特定领域的社交媒体影响者，这使得与这些影响者的合作成为一种非常有效的广告策略。

与社交媒体影响者合作是一种直接而又亲近的推广方式。当品牌与社交媒体上备受欢迎的个人博主、时尚达人等合作时，他们的推荐和评价常常被粉丝视为可信的信息来源。这种口碑传播具有很强的说服力，可以迅速提高品牌知名度和信誉。以 Instagram 为例，时尚博主常常会在其页面上展示他们穿着的服装品牌，并配以个人的使用心得。这样的合作不仅能够吸引博主的关注者，也能够通过分享、转发等社交媒体机制迅速传播给更多潜在消费者。

此外，与社交媒体影响者合作还具有很好的定位效果。因为社交媒体平台通常允许用户根据兴趣、地理位置等因素进行精准的广告定位。当广告公司选择合作的社交媒体影响者时，可以根据其粉丝群体的特征，将广告精准地传递给目标受众。这种个性化的传播方式使得广告更容易引起受众的共鸣，提高了广告的点击率和转化率。

综合来看，社交媒体营销与影响者合作为广告公司提供了一个直接、具有影响力的推广途径。通过选择合适的社交媒体影响者，结合其影响力和定位效果，广告公司能够在数字媒体上实现更为精准和高效的营销。

四、视频内容的崛起

在数字媒体时代，视频内容崭露头角，成为广告领域的一大亮点。随着网络带宽的提升，人们更容易流畅地观看高清视频，这为广告公司提供了一个极具吸引力的传播方式。广告制作不再仅仅关注产品特性的呈现，更侧重于讲述一个引人入胜的故事，用视觉和听觉的结合打动观众的心。

在这个领域，视频分享平台成为广告公司的首选。通过视频分享平台，广告商可以将创意和幽默巧妙地融入视频广告中。例如，一些广告公司制作了富有情感的微电影式广告，通过感人至深的故事情节，触动观众的内心。这种情感共鸣能够更好地引起观众的共鸣，使他们更容易记住广告内容。

一些幽默风趣的广告视频也在视频分享平台上赢得了大量点击和分享。幽默是一种通用的语言，可以跨越文化和地域的限制，因此能够吸引更广泛的受众。例如，一些品牌制作了系列幽默广告，通过讲述搞笑的故事或制造出意想不到的情境，引发观众的笑声。这些广告视频往往在社交媒体上迅速传播，积累了大量的观众和粉丝。

此外，视频广告的崛起也受益于用户参与度的提高。在一些社交媒体平台上，用户可以评论、点赞、分享喜欢的广告视频，这种互动性使得广告不再是单向传播，而是可以和受众进行双向互动的传播。这种互动不仅增加了广告的曝光度，也增加了用户与品牌的互动机会，提高了用户对品牌的认知度和好感度。

因此，视频广告的崛起不仅是一种广告形式的演进，更是一种与时代需求相契合的创意表现。通过在视频广告中融入引人入胜的故事情节和幽默元素，结合互动性的提高，广告公司能够更好地吸引受众，提高产品的知名度和美誉度。

五、互动广告和用户参与

数字媒体的特性使得广告不再是单向传递信息，而是变得可以互动。广告公司充分利用数字媒体的优势，设计各种互动广告形式，包括在线投票、游戏、有奖竞赛等，来吸引用户参与。这些互动广告不仅是产品的宣传，更是一个与用户建立联系的机会，通过用户的参与，广告可以更好地传达品牌信息，提高用户对品牌的认知和好感度。

可口可乐在互动广告方面的一个成功案例是“分享快乐的可乐”（Share a Coke）活动。在这个活动中，可口可乐将瓶装饮料上的品牌标志替换为常见的人名，例如“分享一瓶可口可乐，与朋友 John 一起”。这个活动鼓励人们与自己的朋友和家人分享一瓶可乐，并在社交媒体上使用特定的标签来分享这个经历。这个简单而有趣的互动广告活动使得消费者更加参与品牌，他们不仅购买了产品，还与品牌建立了一种情感联系。这种用户参与不仅提高了销售，还加深了消费者对品牌的忠诚度。该案例凸显了互动广告的力量，它不仅是一种营销手段，更是一种与消费者建立深层联系的方式。通过这种互动，广告不再只是被动地呈现给观众，而是成为与用户共同创造的体验。

六、实时数据分析和效果追踪

数字媒体广告的一大优势在于它提供了实时数据分析和效果追踪的能力。广告公司可以通过各种分析工具，监测广告活动的每一个关键指标，了解广告的曝光量、点击率、转化率等数据，以及受众的互动行为。这些实时数据不仅为广告公司提供了即时了解广告效果的机会，还为它们提供了调整广告策略的能力。通过分析这些数据，广告公司可以了解哪些广告形式更受欢迎，哪些受众群体更倾向于与广告互动，从而更好地优化广告内容和投放策略。

数字媒体带来了丰富的广告管理工具，其中包括实时数据分析功能。广告主可以随时监测广告的表现，比如广告的展示次数、点击次数、点击率、转化率等。这些数据可以按照不同的时间段进行分析，帮助广告主了解广告的受众群体和受众行为。广告主还可以通过这些数据看到广告触发的实际销售和网站转化，从而更好地了解广告活动的回报率。这种实时数据分析的能力使得广告主能够及时调整广告投放策略，确保广告活动的最佳效果。

实时数据分析和效果追踪不仅为广告公司提供了详尽的数据参考，也为它们提供了更加精细化、个性化的广告策略制定和优化方向。这种个性化的数据分析和调整，使得广告活动更加精准，更具有针对性，从而提高了广告的转化率和投资回报率。

七、移动设备广告优化

随着移动设备的普及，广告公司必须不断创新，以提供更好的移动广告体验。在数字化时代，响应式设计和应用内广告已经成为主流趋势。响应式设计确保广告能够适应不同大小和分辨率的移动设备屏幕，保持用户界面的一致性，提供更好的用户体验。同时，应用内广告，即在移动应用程序内部展示的广告，也成为一种非常有效的移动广告形式。这种广告形式通常更具交互性，能够更好地吸引用户的注意力。

微博和微信等社交媒体平台为了提供更好的用户体验，设计了高度交互的应用内广告形式。这些广告能够以视频、图片或者滑动画廊的形式呈现，使得用户能够更轻松地与广告互动。这种广告形式的特点在于，它融入了应用的界面，使得用户在使用应用的过程中不会感到被打扰，同时又能够吸引他们的注意力。这种应用内广告设计不仅提高了用户的点击率，也提供了更好的用户体验，增加了广告的有效传达。

八、新兴媒体在广告行业中的应用

1. 直播在广告公司中的应用

随着互联网的迅猛发展，直播技术作为一种即时、互动性强的媒体形式，已经在广告行业中崭露头角。广告公司积极探索直播技术，将其巧妙地应用于各类广告活动，为品牌传播带来了新的机遇和挑战。

（1）品牌活动直播。

广告公司利用直播平台，为客户打造独特的品牌活动直播。这种直播形式包括产品发布会、新品试用、庆典活动等。通过直播，品牌可以实时向观众展示产品特点，回答用户提问，展示产品使用场景，甚至进行限时促销。这种实时性和互动性使得观众能够更加身临其境地了解产品，增加了购买的可能性。

品牌活动直播的优势如下：

第一，实时互动。观众可以即时提问，获得品牌方的实时回应，建立起更紧密的互动关系。

第二，用户参与度高。用户可以在直播中参与各类互动环节，例如投票、抽奖，增加用户黏性。

第三，提高信任度。直播呈现真实场景，增加了品牌的透明度和信任度。

（2）博主合作直播。

广告公司与知名博主、网红合作，共同进行直播推广。博主通常有庞大的粉丝群体，他们的推荐和评价常常被粉丝视为可信的信息来源。在直播中，博主可以现场展示产品，分享使用心得，与观众互动。这种合作方式能够迅速提高品牌知名度，吸引更多潜在客户。

博主合作直播的优势如下：

第一，广告效果好。博主拥有忠实的粉丝群体，能够迅速传播品牌信息，提高产品曝光度。

第二，形式新颖。与传统广告形式相比，博主合作直播更富有娱乐性，观众更容易接受。

第三，增强共鸣。博主与观众有更强的共鸣，能够更好地传达产品的特点和品牌理念。

（3）互动式广告直播。

在互动式广告直播中，观众不仅可以观看直播内容，还可以参与到直播活动中。例如，广告公司可以设置一些互动小游戏，观众通过参与游戏可以获得品牌赠品或优惠券。这种形式的直播不仅增加了用户参与度，也提高了直播的趣味性，吸引更多用户参与。

互动式广告直播的优势如下：

第一，用户积极参与。互动游戏等形式激发了用户的积极性，提高了直播的参与度。

第二，增加转化率。通过游戏等互动环节，观众更容易被吸引，提高了购买的意愿。

第三，提高用户留存。互动式广告直播形式更具吸引力，提高了用户的留存率，增加了再次观看的可能性。

直播作为一种新兴媒体形式，为广告公司提供了多样化的广告推广方式，带来了更多的机遇和创意可能性。它不仅是信息传递的工具，更是一种建立品牌与用户深度互动关系的途径。

2. 短视频在广告公司中的应用

随着社交媒体的普及和用户对快速、简洁信息的需求增加，短视频在广告领域备受关注。广告公司巧妙地运用短视频，创造了多种引人注目的广告形式，提升了品牌影响力和用户互动性。

（1）创意广告短视频。

广告公司将创意融入短视频制作，创造引人入胜的广告内容。这种短视频通常在极短的时间内，通过独特的拍摄手法、特效和故事情节，传达产品特点或品牌理念。创意广告短视频强调视觉冲击和情感共鸣，使观众在短时间内产生深刻的印象。其优势如下：

第一，简洁高效。在短时间内传达信息，提高了信息传递的效率。

第二，创意突出。突出广告的创意和独特性，吸引观众的眼球。

第三，易于传播。短视频易于在社交媒体上传播，扩大了广告的影响范围。

（2）用户生成内容（UGC）短视频活动。

广告公司发起用户生成内容短视频活动，鼓励用户创作与产品或品牌相关的短视频。这些视频通常以挑战、互动的形式呈现，用户可以参与其中，创作自己的短视频并分享。这种活动不仅增加了用户参与度，也扩大了品牌在社交媒体上的曝光度。其优势如下：

第一，用户参与度高。用户可以积极参与视频创作，增加了用户与品牌的互动。

第二，创意多样。不同用户的创意呈现多样性，为品牌带来更多新颖创意。

第三，社交传播。用户在社交媒体上分享 UGC 视频，增加了品牌在社交网络上的曝光。

（3）短视频广告投放。

广告公司利用短视频广告投放，将短视频嵌入社交媒体平台、视频网站等广告位。这种广告形式通常以非常短的时长展示产品特性或服务优势，吸引用户点击了解更多信息。短视频广告投放通常在用户浏览社交媒体或视频内容时出现，提高了用户观看的可能性。其优势如下：

第一，高点击率。短视频吸引眼球，提高了用户点击广告的可能性。

第二，快速传递信息。短视频在极短时间内传递产品信息，增加了信息传递的效率。

第三，适应移动设备。短视频广告适应移动设备观看，迎合了移动用户的观看习惯。

（4）故事性短视频广告。

故事性短视频广告通过叙述一个小故事或情节，将品牌或产品巧妙地融入其中。这种短视频吸引观众通过情感共鸣与广告产生连接，使品牌更具人情味。故事性短视频通常具有情感色彩，观众在短时间内被情节吸引，加深对品牌的记忆。其优势如下：

第一，情感共鸣。通过故事情节引发观众的情感共鸣，加深对品牌的好感。

第二，记忆深刻。故事情节容易被观众记住，增加了品牌信息的记忆度。

第三，品牌形象建立。通过故事性叙述，塑造品牌特有的形象和文化。

短视频作为一种简洁、生动的广告形式，已经成为广告公司创意表现和用户互动的重要途径。其多样化的应用形式为品牌传播提供了更为丰富的可能性，使广告更加具有创意性、吸引力和影响力。

九、网络安全和隐私保护

数字媒体广告的快速发展带来了网络安全和隐私保护方面的挑战。广告公司在开展广告活动时，必须保障用户的数据安全，并且遵守相关的隐私政策和法规。在数字化时代，保护用户的隐私信息不仅是一种法律责任，也是广告公司赢得用户信任的关键。

欧盟颁布的《通用数据保护条例》是一个典型的例子。该法规于 2018 年生效。根据该法规，任何在欧盟内收集或处理用户数据的公司，无论其是否在欧盟境内，都必须遵守严格的隐私保护规定。该法规要求企业在收集和处理用户数据时，需要明确告知用户数据将被如何使用，用户有权拒绝数据的收集和处理，并且有权要求已收集的数据被删除。这种法规的实施，迫使广告公司重新审视它们的数据收集和处理方式，以确保符合法规的要求。

网络安全方面，广告公司也需要加强防范措施，防止恶意攻击、数据泄露等安全问题。例如，加密技术的应用、网络流量监控系统的建立等，都是提高网络安全性的有效手段。通过遵守法规、采用先进的网络安全技术，广告公司能够保护用户隐私，确保用户数据的安全，同时也建立了用户对广告公司的信任，为广告活动的顺利进行提供了可靠的保障。

当前，广告公司面临着前所未有的挑战和机遇。数字媒体环境不仅拓展了广告传播的边界，赋予广告创意更为广阔的天地，例如利用社交媒体进行个性化定制和沉浸式体验的创新。数据分析在此时显得尤为关键，广告公司需要投资于数据分析工具和专业人才，以制定更为精准的广告策略，提高广告的转化率。此外，与社交媒体上的意见领袖合作也成为一种趋势，借助他们的影响力将产品和品牌推广得更远。然而，这一切的实现需要广告公司不断学习、创新，保持灵活性和适应性。只有不断迭代自身的策略和方法，广告公司才能在这个数字化时代立于不败之地。

在线自测

扫一扫　练一练

第八章　广告媒介及信息平台概述

广告的传播离不开多样化的媒介和信息平台。本章将深入探讨广告媒介及信息平台的全貌。在这个数字科技飞速发展的时代，广告不是简单的信息传递，而是涉及媒介融合、数字化趋势和多元传播策略等方面的复杂议题。通过对广告媒介的定义、我国媒体结构的主要特点、融媒体环境以及各类媒介在广告中的运用进行剖析，我们将深入了解广告传播的多层面特性。

在这一章中，我们将走进广告传播的核心，深入了解各种媒介形式在信息传递和品牌建设中的作用，呈现广告媒介与数字时代的交融与碰撞。通过学习，我们将更深入地理解广告媒介的演变历程，洞察其未来发展的趋势，为适应未来的广告传播环境提供经验和启示。

第一节　广告媒介的定义

广告媒介在现代广告活动中扮演着不可或缺的角色，它是连接品牌和目标受众之间的桥梁，是传达信息、塑造形象、引发共鸣的重要渠道。深入了解各种媒体形式，不仅是为了在广告中进行有针对性的创意活动，更是为了实现广告的战略目标。广告媒介不限于我们日常接触的传统媒体如报纸、电视、广播和杂志，它还延伸至任何可以传递信息的地方，包括数字平台、社交媒体、移动应用等新兴媒介形式。了解广告媒介的多样性和广度，意味着更好地把握受众的喜好、行为和需求，从而为广告活动的成功奠定坚实基础。广告媒介的选择不仅是一项战略决策，更是在当今数字化、全媒体环境下的必然要求，唯有深谙广告媒介的本质，广告活动才能更富创造力、更具影响力。

一、广告媒介的作用与分类

1. *媒介在广告活动中的作用*

在广告活动中，媒体的作用至关重要。媒体策划、媒体选择、媒体购买、媒体监测及媒体运用等细节，在整个广告过程中扮演着关键角色。这是因为媒体刊播费用几乎占了广告预算的绝大部分。在典型的广告预算中，通常有80%的费用用于购买不同广告媒介的时间和空间。如果没有合适的媒体策略配合，即使广告创意再出色，广告信息的传播效果也会大打折扣，甚至适得其反。

此外，媒体是传递广告信息的中介，是信息传播的桥梁。如果没有媒体作为中介，广告信息就无法准确、迅速地传递到目标消费群的接收范围内。因此，现代传媒机构，如报社、电视台、广播电台、杂志社等，都设有广告部门。这些广告部门不仅负责向广告公司或广告主销售时间或空间，也主持调查活动，为销售时间和空间提供促销依据。此外，媒体的广告部门还承担其他各种任务，如文稿写作、美工、广告制作等。

在我国，虽然存在客户直接与广告媒介发生业务关系的现象，绕过了广告代理公司这个环节，但随着我国广告业的逐步正规化和广告代理制的普遍实行，这种现象将会逐步消失。随着市场的发展，广告媒介的角色将更加凸显，其与广告代理公司、广告主之间的合作将变得更加密切。例如，在数字化时代，广告媒介不仅提供广告时间和空间，还在广告领域探索新的可能性，如社交媒体广告、在线视频广告等，为广告主提供更多元化、创新化的广告服务。这种变化不仅影响了广告的传播方式，也对广告媒介的职能提出了更高的要求。

2. 广告媒介的分类

广告媒介种类繁多，通常可以分为两大类：标准媒体（measured media）和非标准媒体（unmeasured media）。

标准媒体包括电视、广播、报纸、杂志、网络和户外媒体等。这些媒体具有一个共同点，即可以相对精确地进行测量和分析。例如，在电视广告中，我们可以通过收视率数据来了解广告的观众覆盖率，从而评估广告的影响力。这种准确的数据分析为广告主提供了明晰的市场反馈，帮助广告主更好地了解广告活动的效果。

非标准媒体包括直邮、促销活动、联合广告、优惠券、目录、飞机拉烟、充气模、杂志报纸外套、泊车计时器、垃圾桶、厕所、车票、购物小票、自动扶梯、特别活动等。这些媒体的特点是不容易进行系统的跟踪和测量。举个例子，在特别活动中，如音乐节或体育赛事，广告信息可能通过赞助、互动和参与度等方式传递给观众，但难以精准地测量广告的曝光率和触达率。

在广告活动中，标准媒体和非标准媒体各有优势。有专家认为，标准媒体更适合传达广告信息，因为它们提供了可靠的数据支持，能帮助广告主了解广告的传播效果。而非标准媒体则更擅长引发观众的行动，比如促使他们参与特殊活动或者使用优惠券。因此，在实际的广告活动中，科学的媒体组合十分关键。充分发挥两类媒体的作用，既确保了广告信息的传递准确性，又增加了观众的参与度和互动性，提高了广告活动的整体效果。

二、广告媒介的影响与挑战

1. 媒介对消费者行为的影响

当谈及广告媒介对消费者行为的影响时，我们深入研究了广告媒介的心理学和社会学维度，揭示了媒介在引导消费者行为方面的重要作用。

首先，在情感引导和消费决策方面，广告媒介通过情感化的内容建立与消费者的情感共鸣，进而影响他们的购买决策。通过触发消费者的情感，情感化广告鼓励消费者采取积极行动，促使购买行为的发生。

其次，在认知塑造与品牌认知方面，广告媒介是传递产品信息、特性和优势的关键途径，对消费者的产品认知水平产生深远影响。媒介通过独特的视觉和声音元素，帮助建立品牌形象，加强品牌认知，使消费者更容易辨识和信任品牌。

在社会影响和消费习惯方面，广告媒介通过呈现不同社会角色，影响消费者的社会认同感，从而引导他们购买符合社会期望的产品。此外，广告还能影响消费者的购买习惯和使用方式，帮助他们建立新的消费模式。

在态度和行为意图方面，广告媒介通过影片、音乐、图像等形式，能够改变消费者对产品的态度，从而影响他们的购买决策。同时，媒介中的产品使用场景呈现也会引导消费者形成购买意图，促使实际购买行为。

在行为反馈和用户体验方面，互动媒介通过鼓励消费者参与，增加了消费者的黏性，提高了广告的效果。媒介中呈现的产品特点和用户体验也会影响消费者的购买满意度和再次购买行为。

综上所述，了解这些影响因素，广告制作者和市场人员可以更有针对性地选择合适的广告媒介，引导消费者的态度和行为，实现广告宣传的最佳效果。在选择媒介时，深入了解消费者的心理和行为，将帮助广告更好地传达信息，引导消费者的购买决策。

在实践中，这些影响因素在各种真实案例中得到了充分体现。例如，苹果公司通过广告策略，成功地触发了消费者对于产品的情感共鸣，使得消费者不仅是购买产品，更是购买品牌背后的情感体验。社交媒体平台上的个性化广告，根据消费者的兴趣和行为习惯，为消费者呈现了更符合他们需求的产品，增加了购买的可能性。在线购物平台的推荐系统，比如亚马逊的“您可能还喜欢”功能，通过分析消费者的购买历史和浏览记录，为消费者推荐他们可能感兴趣的产品，成功地改变了消费者的购物习惯。而移动应用内的广告，比如游戏应用中的插页广告，通过与应用内容相关的形式，吸引了消费者的眼球，增加了消费者与广告互动的机会，提高了消费者购买的欲望。

这些案例不仅印证了广告媒介对消费者行为的影响，也为广告制作者提供了宝贵的经验，让他们更好地选择合适的媒介和内容，引导消费者的购买行为，实现广告宣传的最佳效果。

2. 广告媒介面临的挑战与应对策略

随着科技的飞速发展，广告媒介面临着前所未有的挑战。

首先是广告过载和受众疲劳。受众在多个媒介中接收大量广告信息，导致他们逐渐忽视广告。为了解决这个问题，广告从业者采取了个性化广告投放的策略。例如，在社交媒体平台上，广告商利用用户的行为数据为他们呈现个性化广告，增加了受众的关注度。同时，创意和独特性也是吸引受众的关键。苹果公司的广告就一直以其简洁而引人入胜的方式著称。“Get a Mac”系列广告通过对比 Mac 电脑和 Windows 电脑的不同特性，幽默风趣地改变了人们对 Mac 电脑的看法，成功地引导了人们的购买决策。

其次是广告隐私和数据安全问题。个性化广告背后需要大量的用户数据，然而，隐私问题成为受众关注的焦点。为了应对这一挑战，广告商加强了透明度和合规性。它们提供了详细的隐私政策说明，明确告知用户他们的数据将被如何使用，以及如何保护数据的安全性。同时，数据匿名化也成为保护用户隐私的有效手段。

再次，广告内容质量和真实性也是一个备受关注的问题。虚假广告和低质量内容损害了受众对广告的信任度。为了建立信任，广告商强调广告内容的真实性。它们确保广告内容真实、可验证，并符合产品或服务的实际情况。用户参与也是维护广告真实性的有效途径。通过鼓励用户参与评价广告内容，用户的反馈可以帮助改进广告的质量，使之更符合受众的期待。

最后，新兴技术的整合也为广告业带来了新的挑战。随着虚拟现实（VR）、增强现实（AR）等技术的兴起，广告商面临着技术整合的问题。为了应对这个挑战，广告商不断探索新技术的应用。例如，在手机应用中，插页广告通过引人入胜的视频和动画吸引用户的注意力，成功地提高了用户对广告的关注度和点击率。持续创新是应对技术挑战的关键。广告商需要不断跟踪新技术的发展，调整广告策略，以满足受众的需求和期待。

在面对这些挑战时，广告从业者需要具备灵活性和创新性。只有不断适应新的市场环境，结合创意和技术，才能在竞争激烈的广告领域脱颖而出，实现更好的传播效果。

三、广告媒介对消费者的影响

广告媒介在当代社会中扮演着至关重要的角色，它不仅是一种信息传递的工具，更是一种能够塑造消费者情感、认知和行为的强大影响力。当提及广告媒介对消费者行为的影响时，我们可以通过具体的案例来加以说明，使得理论内容更为具体生动。

1. 情感引导和消费决策

广告媒介通过情感化的内容、音乐、图像和故事情节，引导消费者产生积极的情感体验。积极的情感体验能够深刻影响消费者的购买决策，使其更愿意购买产品或服务。典型的例子是可口可乐的广告策略。多年来，可口可乐一直致力于通过情感引导来影响消费者的决策。其广告常常以温馨、友爱和幸福为主题，试图在观众中建立起对品牌的情感连接。例如，可口可乐在春节期间推出的广告通常呈现温馨的家庭场景，强调家庭团聚和友谊。这些广告通过展现人与人之间真挚的情感，试图激发观众的共鸣。当消费者在观看这些广告时，他们不仅是在看一个产品的宣传，更是在体验一种情感，这种情感会影响他们对品牌的看法和购买决策。这种情感引导的策略在可口可乐的广告中表现得淋漓尽致。通过这种情感引导，可口可乐成功地建立了一个充满正能量和愉悦情感的品牌形象，影响了消费者的购买决策，使得消费者更倾向于选择可口可乐的产品。

2. 认知塑造与品牌认知

广告媒介通过重复、巧妙的传播手法，塑造了消费者对品牌的认知。品牌广告不仅是产品的宣传，更是一种塑造品牌形象的工具。品牌的形象在消费者心中树立了信任感，增加了品牌忠诚度。认知塑造也包括产品特点的传达，通过广告，消费者了解产品的功能、优势，进而产生购买动机。耐克长期致力于通过广告活动树立强大的品牌认知，其中最著名的例子之一就是“想做就做”（Just Do It）系列广告。这个系列广告不仅是在推销产品，更是在传达一种生活态度和精神信念。例如，有一则耐克的广告展示了各种各样的运动场景，包括跑步、篮球、足球等。在每个场景中，都是普通人在坚持努力，挑战自我。广告的最后，出现了“Just Do It”的标语，这句简短的口号传达了勇气、坚持和决心的精神，激励人们去追求自己的目标。通过这种广告策略，耐克成功地树立了“Just Do It”作为品牌的核心认知，即使没有出现品牌标志或产品，人们看到这句口号也能够联想到耐克。这种鼓舞人心的品牌认知使得耐克成为运动领域的领导品牌之一，激励了无数人去追求运动目标和个人突破。

3. 社会影响和消费习惯

广告媒介通过展示社会中的价值观、审美观和消费习惯，影响着消费者的行为。社会影响力使得一些产品或品牌成为社会潮流的一部分，消费者购买这些产品时是在追求社会认同感。社会影响和消费习惯之间存在紧密关联，一个典型的例子是可持续消费的趋势。在当今社会，越来越多的消费者关注产品的环保性和社会责任感。这种社会影响导致消费者的习惯发生了变化，更倾向于选择那些符合可持续发展理念的产品和品牌。例如，越来越多的食品公司和餐厅在它们的产品和服务中强调使用有机食材、减少塑料包装、推行零浪费政策等。这种社会影响使得消费者更倾向于购买这些可持续产品，因为他们意识到自己的消费选择可以对环境产生积极影响。

此外，社交媒体的普及也加强了这种社会影响。当消费者在社交媒体上看到朋友或社交媒体影响者推荐某个环保产品时，他们更有可能受到影响，改变自己的购物习惯。这种社交媒体上的积极信息传递加速了可持续消费理念的传播，引导了更多人采取环保的消费习惯。

因此，社会影响通过改变消费者的认知和价值观，进而影响他们的购买决策和消费习惯。这种现象在市场中越来越普遍，成为引领消费趋势的一个重要因素。

4. 态度和行为意图

广告媒介通过创造正面的品牌形象和情感连接，影响消费者的态度。一个积极的品牌态度能够促使消费者更积极地考虑购买该品牌的产品。同时，广告也影响了消费者的购买意图，即使在观看广告时并不打算购买，但通过广告的影响，消费者可能会转变为潜在购买者。

当我们看到知名家居品牌 IKEA（宜家）采用增强现实技术时，就能更清晰地理解广告媒介是如何改变人们的态度和行为意图的。在 IKEA 的移动应用中，引入了 AR（增强现实功能），允许用户使用手机或平板电脑在他们家中的空间中预览 IKEA 家具的外观。用户只需拍摄自己家中的一张照片，然后在应用中添加他们所喜欢的家具，便可以看到这些家具是如何融入他们的生活空间的。这种应用改变了人们购买家具的方式。在传统情况下，人们购买家具通常需要亲自到店里去，试坐试卧，然后决定是否购买。但是，通过 IKEA 的增强现实应用，消费者可以在家中就体验到不同的家具，看到它们与现有家居环境的契合度。这种沉浸式体验不仅使人们更加方便地选择合适的家具，也提高了他们的购买意愿。他们能够更准确地了解家具将如何适应他们的生活，从而更有信心地作出购买决策。

这种虚拟的购物体验不仅改变了人们对购物的态度，也提高了他们的购买意愿。通过这种新颖的广告媒介，IKEA 成功地引导了消费者的态度和行为，使得他们更倾向于选择这个家居品牌，因为它提供了与众不同的购物体验，更符合现代消费者的需求。

5. 行为反馈和用户体验

广告媒介的影响不仅仅在购买行为上体现，还在购买后的行为反馈和用户体验中得以体现。消费者购买后的体验将直接影响到对品牌的忠诚度和口碑传播。广告中承诺的服务、品质和体验应与实际购买产品时的体验一致，否则会导致消费者不满，降低他们对品牌的信任度。

一个经典的例子是苹果公司的产品发布活动。每当苹果公司推出新产品时，都会举办一场备受瞩目的发布会，向全球观众展示产品的特性和功能。在这些发布会上，苹果公司不仅展示产品的技术规格，还通过精心设计的广告和演示，营造出一种高端、创新、时尚的品牌形象。这些广告往往呈现出苹果产品与生活的融合，强调产品的易用性、美观性和性能。消费者通过观看这些广告，形成了对苹果产品的积极认知。当消费者购买了苹果产品后，他们往往会在使用中获得与广告中所承诺的相符的体验，如简洁的界面、顺畅的操作和高质量的摄影功能。这种一致性的体验使得用户感到满意，加强了他们对苹果品牌的信任和忠诚度。同时，苹果还提供优质的售后服务，包括定期的系统更新、问题解决、保修政策等，使得消费者在使用产品时感到安心。这种用户体验不仅促使用户继续购买苹果产品，也使得他们成为苹果品牌的忠实粉丝，口口相传，增加了品牌的口碑。这个例子显示了广告对用户体验和行为反馈的影响，以及良好用户体验在品牌建设中的关键作用。

总的来说，广告媒介通过塑造消费者的情感、认知和行为，深刻影响了消费者的购买决策和品牌忠诚度。了解广告媒介对消费者的影响，对广告策划和传播具有重要指导意义，也是品牌建设过程中需要高度关注的领域。这些例子不仅说明了广告媒介对消费者行为的影响，也显示了广告策略的多样性。了解这些影响因素，不仅可以帮助广告从业者更好地选择合适的广告媒介，也为消费者提供了更加个性化、更符合需求的广告体验。在不断创新和适应新技术的同时，广告行业将继续引领市场趋势，为消费者和品牌搭建更紧密的沟通桥梁。

第二节　我国媒体结构的主要特点

一、国有媒体主导

我国媒体结构的显著特点之一是国有媒体的主导地位。这一现象在我国的新闻和媒体领域非常普遍。

1. 主流媒体

我国的主要媒体机构，如中央广播电视总台（CCTV）和新华社，都由国家直接拥有或控制。这些机构不仅是新闻报道的主要来源，也是政府传递信息、宣传政策、引导公众舆论的重要平台。例如，在2008年北京奥运会期间，CCTV作为主要报道机构，向全球传递了中国的形象，展示了中国的现代化和发展速度。在2008年汶川大地震发生后，国有媒体的快速响应和深入报道为灾区的援助提供了有力支持。新闻报道的力量促使更多人参与救援，显示出国有媒体在关键时刻的责任与作用。

2. 媒体在宣传和监管中的角色

国有媒体在我国社会中扮演着宣传国家政策、引导正确舆论、维护社会稳定的重要角色，不仅是信息传递者，更是我国政府宣传工具的延伸。在重大事件发生后，国有媒体往往会集中报道，并在报道中强调国家的领导力和应对措施，以稳定社会情绪。在新冠疫情暴发时，国有媒体在全国范围内宣传防疫知识，引导民众科学防控，起到了舆论引导和社会稳定的作用。

二、新媒体崛起

随着互联网和移动技术的迅猛发展，我国新媒体迎来了前所未有的发展，这主要体现在以下两个方面。

1. 互联网和移动技术的普及

我国是全球最大的互联网市场之一，拥有庞大的在线用户群体。例如，我国的社交媒体平台微信拥有数亿用户，其日活跃用户已经超过10亿。通过微信，人们可以分享生活、交流观点，甚至开展商业活动。另外，移动应用成为人们日常生活的一部分，无论是购物、支付还是新闻阅读，都可以通过手机轻松完成。在2022年北京冬奥会期间，各大媒体通过移动应用推送了大量关于比赛结果、运动员访谈和幕后花絮的信息，使得全球观众能够第一时间获取最新的比赛动态。这种移动化的生活方式使得信息的传播变得更加迅速，人们可以随时随地获取所需的信息。

2. 社交媒体、短视频和直播平台的兴起

社交媒体、短视频和直播平台已经成为现代社交和信息获取的重要途径。例如，抖音是一款以短视频为主的社交平台，用户可以通过短视频展示生活、分享才艺。这种形式的视频内容更加易于传播，也更符合年轻人的消费习惯。另外，直播平台，如快手、B站等，为用户提供了实时互动的机会，观众不仅可以观看节目，还可以和主播互动、打赏礼物。这种互动性极强的直播形式深受年轻用户喜爱。在2022年的"双十一"购物狂欢节上，许多电商平台通过直播形式推介商品，消费者可以在直播间提问、了解产品详情，这种互动性的直播形式极大地促进了销售。

然而，这种媒体的崛起也带来了一系列挑战。例如，在社交媒体上，不少虚假信息、流言蜚语层出不穷，给公众带来了误导；在直播平台上，一些不良内容也时常受到争议。这些问题需要政府、企业和公众共同努力，制定更加完善的管理和监管机制，保障信息的真实性和用户的合法权益。在新媒体时代，权衡信息自由和社会责任，引导公众正确获取信息，成为我国媒体发展面临的重要课题。

三、地区差异

1. 媒体发展水平在不同地区的差异

我国地域辽阔，媒体发展水平在不同地区存在显著差异。例如，北京、上海等一线城市拥有高度发达的传媒产业。在这些城市，新闻媒体拥有丰富的资源，包括优质的记者团队和先进的报道技术。《人民日报》、新华社等国内顶尖媒体总部多位于这些城市，使得这些城市成为国内新闻舆论的中心。

相较之下，西部欠发达地区和偏远农村地区的媒体发展较为滞后。报道技术、新闻资源有限，导致新闻报道的时效性和深度受到限制。在这些地区，由于媒体的滞后，信息传递相对滞后，社会民众的时事了解程度较低。这种信息差距不仅影响了民众的知情权，也制约了当地经济社会的发展。近年来，政府投入资金支持欠发达地区和偏远地区媒体发展，推动了当地新闻报道的质量和时效性，提高了当地居民的信息获取渠道。

2. 大城市与农村地区的媒体资源差距

大城市的媒体资源相对较为充足，拥有广泛的新闻报道网络。然而，在我国的农村地区，尤其是偏远山区，受地理条件和经济因素影响，媒体的普及率相对较低。农村居民的主要信息来源仍然是传统媒体，如广播、电视。在这些地区，由于网络覆盖率低，新兴媒体的普及受到限制，农村居民获取多样化信息受到限制。

例如，在我国的西部地区，一些偏远山村的居民仍然依赖广播来获取新闻信息。这导致他们对于外部世界的认知相对狭窄，很多国内外重大事件他们并不了解。这种信息不对等的状态在数字时代显得尤为突出，凸显了我国媒体在不同地区普及程度的差异。近年来，当地政府采取措施，在山区建设了多个广播站点，提高了信号覆盖范围，使得当地居民能够接收到更多的新闻信息，拓宽了信息渠道。

四、商业化和市场竞争

1. 媒体市场的商业化趋势

随着我国经济的不断发展和市场经济体制的深化，媒体市场呈现明显的商业化趋势。传统媒体机构开始注重商业模式的创新，寻找盈利点。报纸、电视、广播等传统媒体纷纷拓展线上业务，构建数字化平台，吸引广告商和内容消费者。同时，新媒体崛起使得信息传播更加便捷，各类社交媒体、短视频平台纷纷推出广告投放服务，成为广告主和品牌商争相竞逐的市场。

例如，阿里巴巴和腾讯公司都在媒体领域有深厚的布局。阿里巴巴旗下的新闻客户端、UC头条等数字媒体平台通过大数据分析用户兴趣，为广告商提供精准投放服务。腾讯则依托微信、QQ等社交媒体平台，将广告与用户社交场景相结合，提供全方位的数字营销解决方案。

2. 广告和内容付费的竞争与多样性

在商业化进程中，广告和内容付费成为主要盈利模式。传统广告在电视、报纸上的投放逐渐向互联网媒体平台转移，但随着用户对广告的抵制增加，媒体需要更具创意性和差异化的广告以吸引观众。同时，内容付费模式也逐渐受到重视，包括订阅制、付费阅读等服务。这种多样化的商业模式竞争激烈，各类媒体纷纷提升内容质量，吸引用户付费。

例如，一些在线教育平台如“学术志”开始在新闻客户端上推出知识付费栏目，吸引用户购买高质量的专业知识内容。同时，视频平台推出的自制剧、综艺节目等内容也开始尝试会员付费模式，提供更多用户喜爱的独家内容。这种竞争推动了媒体内容的提升，也使得用户在内容消费上拥有更多选择。

五、国际化

1. 我国媒体在国际舞台上的影响力扩大

随着我国经济崛起，我国媒体的国际影响力也在不断扩大。国际新闻机构如新华社、CCTV等在全球范围内建立了广泛的新闻采编网络，报道我国的政治、经济、文化等方面的信息。此外，我国的社交媒体平台也逐渐走向国际市场，如微博、抖音等，在海外华人社区和其他国际用户中拥有大量活跃用户。

我国媒体通过翔实的报道、评论和分析，向世界传递中国的声音，推动中国智慧和中国方案在国际舞台上获得认可。同时，我国影视作品也在国际市场取得了不小的成功，如电影《流浪地球》在全球范围内引起热议，展现了中国科幻电影的创意和制作水平。

2. 国际传播和文化交流中的角色

我国媒体在国际传播和文化交流中扮演着重要角色。我国通过向外界展示自身文化、历史、发展成就等方面的内容，增进了不同文化之间的理解与尊重。文化输出成为我国在国际上增进友谊、加深合作的有效途径之一。

例如，我国的春节晚会，作为一项传统文化节目，每年都吸引着全球数亿观众。该晚会不仅是一场文化盛宴，也是我国文化走向世界的窗口。此外，我国的文化节、艺术展、体育赛事等活动也在国际上广泛开展，促进了中外文化的交流与互鉴。

整体而言，我国媒体在国际化进程中发挥了积极作用，为增进我国与世界其他国家的相互了解、促进友好合作提供了重要支持。

六、媒体环境的飞速变革

在我国，媒体环境正在以前所未有的速度发生着深刻的变革，这种变化在多个维度上体现得淋漓尽致。

1. 内容资源快速迭代

我国的媒体产业正在经历内容创作领域的快速变革。从“微电影”“互联网电影”到“新媒体电影”，再到如今的“网络大电影”，这一系列变化不仅是形式的创新，更代表了我国媒体企业在瞬息万变的市场中的灵活适应和快速创新能力。以爱奇艺为例，该平台的网络大电影数量成倍增长，凸显了我国媒体在内容领域的多元化探索和创意突破。

2. 受众兴趣点转移快

我国的社交媒体平台，特别是微博，以每 10 分钟一次的频率更新热搜榜，这种信息更新速度折射了我国受众的兴趣点和关注焦点的快速转移。这一现象不仅挑战着媒体从业者不断创造引人入胜内容的能力，也推动着媒体内容的多样性和深度。一条突发新闻、一个热门综艺节目或者一部引起共鸣的电影，都有可能在短时间内引发数百万人的讨论，这在其他国家难以找到类似情况。例如，宝洁和人民网在社交媒体上共同发起了话题＃妈妈的 100 种快乐＃，取得了巨大成功。这个话题在微博上收获了 16 亿阅读量、超 160 万条讨论，在快手上也有 3.9 亿的讨论。

3. 技术驱动形态多变

目前各种直播类应用数量众多。同时，虚拟现实（VR）和增强现实（AR）等技术正强势进入媒体领域。以 VR 为例，VR 市场规模持续迅速扩大，这种技术驱动下的多样化形态，为受众提供了沉浸式的体验，同时也为媒体行业带来了前所未有的挑战和机遇。在 VR 技术的支持下，新闻报道可以呈现更加真实、生动的场景，增强用户的身临其境感受。这种技术的运用，不仅提高了内容的吸引力，也拓宽了媒体传播的可能性。

4. 创新媒体形式的涌现

在我国媒体界，各种创新形式不断涌现。新型媒体平台基于区块链技术的尝试，以及利用人工智能算法实现个性化内容推荐的应用，都为媒体内容的生产和传播提供了新思路。有些新闻媒体甚至开始尝试利用区块链技术确保新闻稿件的真实性，提高新闻的可信度，这种尝试在全球范围内引起了广泛关注。例如，《新京报》利用区块链技术打造的新闻平台确保了新闻的真实性，增加了公众对新闻的信任度。

5. 移动支付与媒体整合

随着移动支付的普及，许多媒体开始将支付功能整合到自身平台上。通过媒体平台，用户不仅可以获取信息，还能够进行购物、在线支付等操作。这种整合不仅提高了用户体验，也为媒体提供了新的盈利模式。在一些新闻 App 中，用户可以直接购买新闻中提到的商品，实现了信息获取与购物的无缝连接。例如，微信推出的“小程序”功能允许用户在媒体平台上直接进行购物和支付，推动了媒体与电商的深度整合。

6. 媒体内容国际化

我国的媒体内容正在向国际市场延伸。影视作品、新闻报道等媒体内容正逐渐走向世界。我国一些纪录片作品在国际上取得了巨大成功，让世界更多地了解中国文化。这种国际化的传播不仅拓宽了我国媒体的影响力，也促使我国媒体更加关注和尊重国际舆论，提高了我国媒体的国际声誉。

7. 媒体与公众参与的增加

社交媒体平台的普及使媒体与公众之间的互动更加密切。公众不再是被动接收信息的对象，他们可以通过评论、转发等形式参与到媒体内容的制作和传播中。媒体从业者也更加重视公众的反馈和意见，以此改进他们的报道方式。这种互动促使了媒体内容更加贴近受众需求，也促使了媒体对社会事件更加敏感，迅速反应能力增强。

这些变化不仅对我国媒体行业构成挑战，更为媒体从业者提供了难得的机遇。在这个充满活力和创新的媒体环境中，我国媒体行业正在不断突破传统界限，勇于尝试，创造出更多令人振奋的媒体作品。

第三节　融媒体环境

一、融媒体的定义与背景

融媒体不再将文字、图片、音频和视频等传媒形式视为独立实体，而是将它们整合在一起，形成更为综合、多元的信息传递方式。这种整合性传播既包括传统媒体，也延伸至互联网和社交媒体，使得信息得以有效流动，实现了传媒形式的无缝连接。

融媒体的背景源于多方面因素的交织。随着互联网的普及，观众对于信息的获取途径变得更为多样化。传统的文字报道和图片新闻已经不能满足观众多层次、多样性的需求。现代观众希望通过多种感官通道获取信息，这种趋势促使了媒体形式的多元化发展。例如，随着社交媒体平台的崛起，用户既可以阅读新闻文章，又能观看新闻视频，甚至可以参与在线讨论，这种多元性使得信息的传递更为生动和立体。

同时，智能手机的普及使得人们能够随时随地通过文字、图片、音频和视频获取信息，这加速了融媒体的发展。现代人的生活方式也在不断变化，他们希望能够高效地获取信息，而融媒体正好满足了这一需求。比如，在社交媒体上，用户可以通过阅读文章、观看视频、参与直播等多种形式获取信息，使得信息传递更具娱乐性和参与性。

二、融媒体的应用领域

融媒体的崭新形式不仅改变了信息的呈现方式，更是深刻地拓展了媒体的应用领域，实现了知识的跨界传递和体验的多元化。在新闻报道领域，融媒体已经超越了传统的文字报道范畴。现代新闻机构通过融媒体手段，将文字、图片、视频相互交织，呈现更加生动、直观的新闻画面。以新浪微博平台为例，新闻不再受限于枯燥的文字表述，而是伴随着精彩图片和短视频，使得用户能够更加迅速地了解新闻事件的发展。这种形式的新闻报道不仅提供了更加立体的信息，也让受众更容易深入了解新闻事件的背后故事。

在教育领域，融媒体更是发挥着革命性的作用。教育机构不再依赖传统的教材和课堂讲解，而是充分利用多媒体手段，为学生提供丰富多样的学习资源。在在线教育平台上，老师不仅可以通过文字讲解知识点，还能上传相关的图片、视频进行详细讲解，使学生获得更加直观、形象的学习体验。这种互动式的学习不仅能够激发学生的学习兴趣，还能够帮助学生更好地理解和掌握知识。比如，数学老师可以通过融媒体制作精美的教学视频，用生动的图像和实例向学生讲解数学公式和定理，使得抽象难懂的数学知识变得形象易懂。

在企业营销方面，融媒体的应用也助力企业建立更加生动和深入人心的品牌形象。现代企业逐渐意识到，仅仅依靠传统的广告手段已经不能满足消费者的需求。通过融媒体，企业可以结合文字、图片、视频等多种形式，制作精彩的品牌宣传视频，在社交媒体上传播，吸引更多目光。例如，一些知名品牌在发布新产品时会制作宣传微电影，用小说式的叙述、精良的画面和音乐，将产品故事娓娓道来，引发观众的共鸣，使得产品更具人情味和故事性，提升了品牌的感染力。

这种全方位、多层次的信息传递方式，不仅提供了更多元、更具说服力的信息，也使得受众更容易沉浸其中，增加了信息传递的深度和广度。在当今信息爆炸的时代，融媒体的应用已经成为媒体和企业不可或缺的重要手段，为各行各业的信息传递和营销带来了各种可能性。

三、融媒体的成功案例

当谈到媒体的融合时，各地广电公司的努力和创新不容忽视。它们不仅是信息传递的媒介，更是媒体形式的先锋，不断寻求突破，创造新的传播模式。

1. 湖南广电：芒果模式

在湖南，芒果模式以其全面融合、深度融合和市场化运作的特点成为业内瞩目的焦点。芒果 TV 是湖南广电旗下的长视频平台，该平台在湖南广电整体生态下，推动深层次台网联动，利用品牌、资源和用户优势，在游戏业务、短视频等方面有所发展。湖南卫视与芒果 TV 双平台紧密结合，将传统电视、IPTV、OTT 等多个传媒渠道紧密融合，形成了湖南卫视、芒果 TV 的“双核驱动”格局。这种综合性融合不仅在内容上有所体现，更在组织结构、商业模式等多个方面形成了一体化。

2. 上海广电：看看新闻 Knews

上海广电通过“看看新闻 Knews”项目实现了传统电视媒体与新媒体的完美结合。传统媒体渠道与看看新闻 Knews 客户端有机结合，实现了全屏覆盖和全网分发。这种策略不仅在传统媒体中稳固了地位，还在新媒体领域形成了强大竞争力。特别是在短视频领域的探索，使得其在互联网舆论场中有了更大的话语权。在上海网络视听产业中，看看新闻 Knews 是一家备受关注的新闻资讯平台。

看看新闻 Knews 所具备的传播力和影响力，在全国广电媒体旗下的新媒体产品中稳居前列。上海广电的成功经验不仅在于技术创新，更在于对传统媒体和新媒体间关系的深刻理解。其善于发挥传统媒体的影响力，同时灵活运用新媒体的特点，使得信息传递更加高效，也为用户提供了更为多样化的新闻获取方式。这种深度融合不仅提升了传统媒体的竞争力，也为新媒体的发展提供了有益借鉴。

3. 湖北广电：长江云

湖北省长江云平台是由湖北省委省政府主管、省委宣传部主办，湖北广播电视台承办，湖北长江云新媒体集团建设和运营的全省移动政务融媒体平台。该平台的发展历程始于 2016 年 2 月 29 日，当时湖北省委常委会决定在湖北广播电视台新媒体云平台的基础上，建设一个“覆盖全省、功能完备、互联互通、运行通畅”的长江云移动政务融媒体平台。这一决策标志着湖北省政府在媒体资源、政务信息、技术应用、平台终端、管理手段等多种要素整合方面迈出了重要的一步。

长江云平台的独特之处在于其具备后台打通、平台快速复制和一键部署的能力，拥有极强的架构延展性。多个产品可以共享后台，这种灵活性使得长江云能够支撑万级产品，连接亿级用户。此外，长江云平台还包含中央厨房＋云稿库的功能，实现了广泛而深入的终端产品覆盖。作为湖北省县级融媒体中心建设的省级支撑平台，长江云通过“1＋N”模式，催生、带动、助推各地县级融媒体中心的成长壮大，形成了“四大效应”。

长江云平台的创新之处不仅体现在技术上，更在于其对信息传递的便捷性和广泛性。作为湖北广电打造的官方门户 App，长江云不仅是湖北广电媒体融合基础和功能性产品，还是湖北官方政务信息汇聚平台。该平台不仅在湖北省内广受欢迎，更在全国范围内引起了业内的关注。

综上所述，长江云平台不仅代表了湖北省政府在移动政务融媒体方面的前瞻性举措，也是一项具有广泛应用前景和社会影响力的创新项目。其快速发展和广泛影响力不仅受益于技术的支持，更离不开湖北广电及相关机构的精心策划和运营，为湖北省内外的用户提供了高效、便捷的信息传递和获取途径。长江云平台的成功经验也为其他地区搭建了可复制、可推广的模式，为中国移动政务融媒体的发展指明了方向。

4. 长沙广电：中广天择 MCN

长沙广电的中广天择 MCN 项目是垂直类短视频领域的一次成功尝试。该项目通过“千号计划”，在美妆、情感、影评、知识、特效等多个垂直领域建立了上百个新媒体账号和内容，构建了庞大的短视频矩阵。这种多角度的布局不仅满足了受众的多样化需求，同时也为广告主提供了更广阔的宣传渠道。其成功打造了多个知名 IP，并拥有多个垂直领域的自营账号矩阵，覆盖全网21%的自营账号。该公司在MCN行业爆发式增长中占据一席之地，市场规模迅速超过100亿元。中广天择MCN的成功秘诀在于对多元内容资源的运用，从内容引流到流量商业化变现形成了闭环。这个项目的成功表明，在新媒体时代，垂直类短视频具有巨大的市场潜力，同时也是广告主与受众之间交流的重要桥梁。

目前，中广天择已有上百人的团队在推进MCN平台相关工作，在美妆、情感、影评、知识、特效等多个垂直领域已有所布局。

通过以上的案例，我们可以发现，在数字时代的冲击下，传统媒体焕发出新的生机，融媒体的崛起为广告行业提供了前所未有的机遇。各地广电机构积极探索，形成了一系列引领行业的融媒体成功案例。这些案例共同揭示了新媒体时代的发展趋势：整合传统媒体与新媒体，创新商业模式，提升用户体验，形成更广泛、更深入的影响力。这些广电机构不仅是信息的传递者，更是引领时代潮流的先行者，为广告行业提供了宝贵经验，也为未来的媒体发展指明了方向。

四、融媒体的未来趋势

随着科技的飞速发展，融媒体正迎来更为多样化和复杂化的未来。新兴技术，尤其是人工智能、虚拟现实和增强现实等领域的突破，为融媒体的应用提供了前所未有的广阔空间。其中，人工智能主播崭露头角，为新闻报道注入了更多娱乐化和个性化元素。通过智能合成的方式，新闻呈现得更加生动，观众的参与感也得到了显著提升。

在融媒体的发展趋势中，专家们普遍认为，关键在于媒体行业要持续把握变革的机遇，同时保持传统的核心价值。深度融合不再是选择，而是必然趋势，媒体形态将呈现更加多元化的面貌。智慧融媒作为媒体融合的新阶段，将涵盖虚拟现实、增强现实、人工智能等技术，使媒体内容更加丰富多样。此外，互联网媒体将继续引领媒体行业的前进步伐，而智慧媒体将成为互联网媒体的重要组成部分。

然而，媒体融合的发展依赖于技术与内容的结合，更需要跨界合作与创新的推动。智能科技的快速进步意味着媒体从业者必须时刻保持对新技术的敏感度，勇于尝试新的创作方式，以满足观众需求的日益多样化。在这个过程中，持续学习和提升自身素养成为媒体人的必备品质。同时，政府和企业也应该加大对媒体融合发展的支持和投入，共同推动媒体行业迈向更加多元、创新的未来。

媒体融合不仅是当前媒体行业的热点话题，更是未来发展的趋势之一。深度融合与全媒体格局正在成为业界的共识，这不仅是中国媒体行业生存的路径，也是新闻舆论工作未来的发展方向。随着技术的持续创新，智慧融媒的发展将成为媒体行业的新亮点。跨界合作和多样化内容将成为媒体融合发展的新常态。传媒经营的新趋势，特别是智慧媒体的兴起，将引领未来媒体行业的发展方向。

综上所述，媒体融合将在技术创新、跨界合作和内容多样性等方面持续发展。这种发展对传媒行业提出了更高的要求，需要不断创新、跟进技术发展，并加强与其他行业的合作，以适应未来媒体融合的趋势。这不仅是中国媒体行业的发展需求，也是全球媒体行业共同面临的挑战和机遇。

第四节　印刷媒介的特点及在广告中的运用

在数字化时代，印刷媒介依然在广告领域扮演着重要角色。报纸和杂志作为传统的印刷媒介代表，不仅承载着信息传递的使命，同时也展现了其特点和广告运用策略。在这一节中，我们将深入探讨报纸和杂志作为印刷媒介的独特之处，以及它们在广告中的智慧运用。通过剖析这些传统媒介的特性，我们能够更好地理解印刷媒介在当代广告活动中的价值。

一、报纸的特点及在广告中的运用

1. 报纸的特点

（1）传播形式多样：主要以文字和图片为传达信息的方式，注重文字表达和视觉效果。

（2）受众广泛，覆盖面广：报纸广告触及大量读者群体，覆盖面广，适合大范围传播。

（3）传播速度较快：相较于杂志和书籍，报纸的信息传递更为迅速，但画面质量相对较差，艺术感染力较低，制作相对简便。

（4）保存便利，有效时间长：报纸广告相对容易保存，具有较长的有效时间，通常为1～2天。与电视广告相比，报纸广告的保存和传播周期更长。

（5）读者层面明确：大多数报纸有特定的读者层面，便于广告主根据目标市场需求进行选择，提高广告的精准度。

（6）历史悠久，提高信誉度：一些历史悠久的报纸在公众中享有较高声誉，有助于提高广告的信誉度和可信度。

（7）广告位置灵活：报纸广告一般不占据主导地位，但可以通过与新闻相结合的方式使广告在与读者接触时比较自然，不显得突兀。

（8）地点和设备无限制，随时随地阅读：报纸阅读不受地点和设备的限制，可随时随地进行。

（9）传阅率高，常被主动阅读：读报纸通常是人们的生活习惯之一，人们常常主动阅读，广告的传阅率相对较高，提高了广告被看到的概率。

（10）强调网络话题的激发和延伸：近期报纸广告开始强调网络话题的激发和延伸，结合在线平台进行广告传播，提高了广告的影响力和互动性。

2. 报纸在广告中的具体运用

当提及广告传播中的传统媒介时，报纸无疑是一个不可忽视的重要角色。当企业面向本地市场，并期望在该地区内拥有广泛市场覆盖面时，报纸广告成为一个理想选择。特别是在产品或服务能够被消费者以预期方式购买、无须复杂演示，且广告预算相对充足时，报纸广告具备独特优势。通过文字和图片传达信息，报纸广告能够吸引本地受众的关注，有助于建立企业在本地的知名度和客户忠诚度。作为印刷媒介的代表，报纸在广告传播方面具有广泛的应用领域。

（1）版面广告：报纸的版面广告是最经典的形式。广告商可以购买特定版面，根据版面大小和位置支付费用。首页、要闻版等热门位置价格较高，因为它们能够吸引更多读者的关注。例如，1979 年 1 月 4 日，天津牙膏厂在《天津日报》上购买了广告，成功推广了该厂的主要产品，成为经典的案例。

（2）分类广告：报纸按照内容常常分为不同的版块，如房地产、招聘、汽车、娱乐等。广告商可以根据产品或服务的性质选择合适的分类版块，以精准地触达目标受众。例如，某汽车制造商在周末版的汽车版块发布汽车购买优惠券，吸引了寻找购车信息的读者。

（3）刊登特刊或专题：某些报纸会定期出版特刊或专题，涵盖特定主题如节假日、健康、教育等。广告商可以选择在这些特刊中刊登广告，确保广告内容与特定主题相关，提高受众的关注度。例如，《国家地理杂志》每年会推出专题版块，涵盖全球各种自然和文化主题。在一期关于大堡礁生态保护的特刊中，各个环保组织和相关科研机构选择在该特刊上刊登广告，以支持大堡礁的生态保护项目。这些广告吸引了关心环境保护的读者，引发了社会对大堡礁保护问题的广泛讨论和关注。

（4）品牌故事和宣传报道：报纸提供了品牌故事或宣传报道的机会。品牌故事能够深入受众心灵，建立品牌与受众的情感连接。宣传报道则借助报纸的权威性，提高品牌的公信力。例如，某手表品牌在国内报纸上发布了一则广告，讲述了一位艺术家的故事，引发了读者的共鸣。

（5）优惠券和促销活动：广告商可以在报纸上发布优惠券和促销活动的信息，吸引读者前来购买产品或服务。这种方式在节假日和特殊促销季非常常见。例如，餐厅在周末版的报纸上发布优惠券，吸引食客，提高销售额。

（6）联合推广：报纸可以与多个商家合作，进行联合推广，即多个相关产业的企业共同在一则广告中露面，各自受益，扩大广告的曝光度。例如，时尚服装品牌与化妆品公司合作，在各大报纸发布广告，吸引购物和化妆品爱好者的目光，实现双赢。

（7）读者互动广告：通过报纸，广告商可以鼓励读者参与互动，如填写问卷、参与投票等。这样的广告形式提高了读者的参与度，加强了读者与品牌的互动。

整体而言，报纸广告是一种传统而依然有效的媒介，尽管在数字时代面临挑战。它以文字和图片为主要传达方式，简洁明了，能够迅速传递产品信息，引起读者兴趣。报纸的周期性特点使得广告能够多次曝光，增加读者的记忆深度。报纸受众广泛。报纸制作简单，成本相对较低，适合中小企业刊登广告。报纸通过文字描述和图片展示，能够吸引读者眼球，增加产品曝光度和销售机会。

二、杂志的特点及在广告中的运用

1. 杂志的特点

（1）传播形式多样，印刷精美：主要以文字和图像传达信息，具备较高的艺术感染力，制作较为复杂。

（2）传播周期长：通常以月为周期发布，传播速度较慢，但广告的有效宣传时间较长，一本杂志在读者手中可能传阅一个月甚至几个月，传阅率较高。

（3）有明确的读者特点和专业性：读者群体分界明确，更具专业性，使广告主能够更精准地锁定特定目标人群。

（4）便捷性：携带方便，易于保存，读者可以随时随地阅读，不受场地和时间限制。

（5）间歇性媒体，提供定期触达机会：属于一种间歇性媒体，以固定周期发布，为广告主提供了定期触达受众的机会。

（6）多样的广告版面：根据版面不同可分为黑白页和彩色页，进一步可细分为封面广告、封二广告、封底广告、特页广告、内页广告等。这些区分方式为广告主提供了多样选择，以更好地满足广告目标和传播需求。

（7）灵活的传播手段：以文字和画面为主要传达手段，传播不仅限于实物，也可以通过视觉和文字展现产品或服务的特点，为广告内容提供更多的表现空间。

2. 杂志在广告中的具体运用

杂志作为传统媒介，在广告领域拥有多种独特运用方式，为广告商提供了丰富的选择。选择杂志作为广告媒体的时机通常包括以下情况：企业需要准确定位目标受众，并希望在他们心中留下深刻印象；广告内容不需要进行产品演示，但需要通过精美的图片和文字精确展示产品特点，提供充足的产品信息。此外，企业的广告预算在适中或较大范围内，选择杂志广告能够确保在专业、高品质的媒体上进行宣传，增加广告的影响力和接受度。

（1）全页广告：占据整个页面，提供充足的空间展示产品或服务，具有很强的视觉冲击力。这种广告形式适合用于宣传品牌形象或大型活动，能够吸引读者的眼球，传达明确的信息。

（2）半页广告：占据半个页面，常常横向排列，适合展示中等数量的产品或服务。这种形式具有平衡信息量和版面利用率的特点，适用于多种产品的宣传。

（3）四分之一页广告：通常竖向排列，占据杂志版面的四分之一，适合展示单个产品或提供简短信息。这种广告形式简洁明了，便于读者快速获取信息。

（4）插页广告：将广告制作成一页或多页，插入杂志中间，与杂志内容相邻，吸引读者的眼球。插页广告能够融入杂志内容，使得广告更容易被读者接受，具有较高的阅读率。

（5）抽页广告：在杂志内设置可以抽取的广告单页，读者可以将广告单页取出阅读，增加了互动性。这种形式可以提高读者的参与度，增加广告的曝光率。

（6）封底广告：位于杂志背面，通常是高档产品或服务的广告位置，具有很强的独特性和吸引力。封底广告能够吸引读者，增加品牌的印象深度。

（7）封面广告：出现在杂志封面，是最显眼和昂贵的广告位置，用于宣传高端品牌或特殊活动。封面广告能够在读者接触杂志的第一时间引起他们的注意，产生强烈的视觉冲击。

（8）专栏广告：在杂志的特定栏目或专栏中投放广告，针对特定读者群体，提高广告的针对性。专栏广告能够精准定位目标受众，提高广告的转化率。

（9）赞助广告：赞助整个杂志的特定栏目或活动，获得特殊宣传权益，通常在相关内容旁边显示赞助商的信息。赞助广告能够提高品牌的知名度，增强品牌的公信力。

（10）编辑特辑：由杂志编辑团队制作的特别报道，与广告商合作，以一种更具吸引力的方式呈现产品或服务。编辑特辑通常融入杂志的主题，使得广告更容易被读者接受。

（11）嵌入式广告：将广告内容融入杂志文章中，以一种不显眼但引人注目的方式进行宣传，提高读者接受度。嵌入式广告能够自然融入内容，避免了明显的广告痕迹。

（12）折页广告：广告页面可以展开，呈现更多的内容，读者可以根据需要展开或折叠，提供更多信息。折页广告适用于介绍复杂产品或服务，为读者提供详尽的信息。

（13）彩页广告：使用多种颜色进行印刷，通常比单色或双色广告更具视觉吸引力。彩页广告能够吸引读者的眼球，使得产品或服务更具艺术性和吸引力。

（14）特殊形状广告：广告版面可以定制成特殊形状，突出产品特点，引起读者兴趣。特殊形状广告能够打破常规，吸引读者的好奇心，增加广告的关注度。

三、印刷媒体平台的主要广告术语及计算方法

1. 主要广告术语及其含义

（1）曝光率（exposure rate）：指广告在印刷媒体中被曝光或看到的程度，反映了广告触达目标受众的范围和效果。

（2）转化率（conversion rate）：指看到广告并采取行动的人数与看到广告的总人数之比，反映了广告的实际效果。

（3）广告投放预算（advertising budget）：指广告投放的总费用，包括广告制作费、版面费、印刷费等。

（4）版面费（placement fee）：指广告在印刷媒体上刊登所需要支付的费用，与广告的位置、大小、颜色等因素有关。

（5）印刷费（printing fee）：指广告印刷所需要的费用。

2. 其他术语

（1）刊例价（rate card）：媒体提供的标准广告价格列表，列出了各种不同广告规格和位置的价格。

（2）插页（insertion）：将广告插入印刷媒体（如杂志、报纸）中的一页或多页之中。

（3）广告版面（ad. placement）：广告在印刷媒体上的位置安排，包括封面、内页、特定版块等。

（4）广告效果评估（ad. effectiveness evaluation）：对广告投放后的效果进行评估和分析，包括曝光量、反馈率、品牌知名度等指标。

（5）撰写稿件（copywriting）：为广告编写文字内容的过程，要求文字内容吸引人、简洁明了、突出产品或服务特点。

3. 计算方法

（1）预期销售额（expected sales）：广告投放后预计能够带来的销售额。计算方法如下：

预期销售额＝曝光率（转化率）×投放预算×每个曝光（转化）带来的销售额

（2）预期收益率（expected ROI）：广告投放后预计能够获得的收益率。计算方法如下：

预期收益率＝预期收益/投放预算×100％

了解印刷媒体平台的主要广告术语及计算方法有助于评估广告效果、制定有效的广告策略，并为广告主提供更精准的广告投放决策。

整体而言，杂志作为传统媒介，在数字时代同样面临挑战，但凭借其独特的优势，依然在广告传播中发挥着不可替代的作用。杂志的高品质印刷和精美排版赋予广告更高的艺术感染力，使得广告商能够通过各种形式精确地传达产品信息。与此同时，杂志的传播周期相对较长，广告在读者手中有更多的时间传阅，提高了广告的传阅率和影响力。不仅如此，杂志具备明确定位的读者群体，有助于广告主更精准地锁定目标市场。因此，杂志的灵活运用使广告商能够根据不同需求选择合适的形式，以实现广告效果的最大化。

第五节　户外媒介的特点及在广告中的运用

户外媒介作为一种广泛覆盖人群的媒体形式，具有鲜明的特点，能够在人们的日常生活中创造出引人注目的广告宣传效果。在这一节中，我们将深入探讨户外媒介的特殊性，以及在广告领域如何充分发挥这些特点，实现广告传播的最大化效果。通过了解户外媒介的独特价值，我们可以更好地理解其在广告行业的角色，并为创造引人瞩目的户外广告提供启示。

一、户外媒介的特点

户外媒介指的是设立在公共生活空间，面向公共环境中的规模化大众进行广告信息曝光和传播的载体。在传统媒体环境下，户外媒介被视为广播、电视、报纸和杂志之外的辅助性传媒形式，随着数字传播技术的不断发展，户外媒介正在经历屏幕化、数字化和智能化的转型和发展。

1. 广告类型多样性

根据美国户外广告协会（OAAA）的定义，户外广告主要分为广告牌（billboard）、街头设施（street furniture）、交通工具类（transit）和其他类型（如护栏广告、数字显示屏广告等）。这种多样性和灵活性使得广告主有更多选择，能够根据需求定制合适的广告形式。

2. 广告经济地位突出

在我国，户外广告的经营额占据整个媒介投放的15%左右，位居我国广告市场的第三位，这显示了户外广告在广告经济体系中的重要地位。

3. 广泛暴露和多次接触

户外广告能够在地方性市场上大面积暴露广告信息，特别适合那些固定人群多次接触的场景。例如，每天在同样路线上下班的消费者总是能看到相同的广告牌，这有效地建立了品牌知名度和维持了品牌记忆度。

4. 创意空间广阔

户外广告为创意提供了广阔的空间。它可以与人们的日常活动或特定环境巧妙关联，留下深刻印象。这种特点使得户外广告成为广告创意发挥的理想平台。

5. 信息简短明了

由于户外广告通常在嘈杂环境中或远距离下被观看，广告信息必须简短明了，有人甚至认为户外广告的文字不应该超过六个字。因此，信息的简短性和对视觉传达的依赖性成为户外广告的显著特点。

6. 现代制作技术

现代计算机辅助设计系统和喷绘系统的应用大幅度提升了户外广告的制作质量，同时缩短了制作周期。这使得户外广告制作更高效、更具创意。技术密集和场景密集成为现阶段户外广告发展的重要特点。

二、户外媒介在广告中的具体运用

户外广告通常适用于以下情况：地方企业希望在当地销售产品，或区域性/全国性企业希望提醒消费者或者加深品牌印象；产品无须详细信息和演示，而是强调宣传目标或特定活动；企业广告预算有限，但需要在特定区域内获得广泛曝光。户外广告在地方市场上具有显著暴露度，适用于有限预算下寻求有效广告宣传的企业。户外媒介是一种强大的广告传播方式，通过在公共场所展示广告信息，能够触及大量观众，增加品牌曝光度。

1. 广告牌和横幅

高度可见的广告牌通常位于主要道路、车站、商业区等地，传达简洁明了的信息。横幅广告则常挂在建筑物上，吸引行人和车辆上的人们的视线。例如，1979 年 12 月，北京王府井百货大楼的“松下橱窗”广告吸引了无数人的眼球，甚至形成了围观的情形，充分显现出人们追求美好生活的良好愿望。

2. 公交广告

这类广告是在公交车身、车站和站台展示品牌，以扩大品牌知名度的营销策略。这种广告形式特别在高峰期和拥挤的区域效果显著，能够吸引大量目标受众。例如，在候车亭内设置虚拟现实头戴式显示器，路人只需戴上，便可以与运动员、音乐家、舞蹈家互动，参与到盛大的街区聚会中。

3. 地铁和火车广告

利用地铁和火车的空间展示广告，能够覆盖大量居民。这种广告形式在乘客等待和旅途中提供了持续的曝光机会。

4. 交通工具广告

将广告印刷在出租车、自行车、电动车等交通工具上，使得广告信息随着车辆的移动在城市中传播，增加品牌的露出频次。

5. 户外数字屏幕

利用大型 LED 屏幕或电子屏幕，在公共区域播放视频、动画和图片广告。这种形式具有高度的视觉吸引力，能够引起行人的注意。例如，在高速公路旁竖立一个巨大的背景牌，上面绘有一件白色衣服和树状牌，远看像是衣服上的污点。随着车辆前行，污点迅速移动，直到消失，露出碧浪标志。当车辆靠近时，牌子下部的字幕清晰可见：“去污如此快!”这是宝洁的户外广告作品，名为“碧浪路线”，推广碧浪洗衣粉。

6. 户外活动和赞助

这类广告通过赞助体育赛事、文化活动或公益活动，将品牌与正面的社会价值相结合，提高品牌形象。同时，在这些活动现场设置广告牌和展台，增加品牌曝光。例如，京东赞助足球赛事，在北京工体足球比赛中都能看到京东的广告。

7. 建筑物外墙广告

在高楼大厦的外墙展示巨大的广告画面，吸引远处行人和车辆上的人们的视线。这种广告形式在城市的地标性建筑上常见，具有很高的知名度。

8. 灯箱广告

利用发光的灯箱，在夜晚或昏暗的环境中展示广告信息，增加广告的可见性，提高夜间曝光率。

9. 临时性广告

利用临时性结构，如活动帐篷、展览展示，举办户外活动，吸引人群参与，同时在这些场合展示广告，增加品牌曝光机会。

三、户外广告的效果评估

户外广告效果评估的标准更为多元化和精细化。触达率、曝光率和记忆率仍然是评估户外广告效果的基本指标，但随着数字技术的发展，新的衡量标准和分析方法不断涌现，为广告主提供更准确的数据支持。

在数字户外广告领域，曝光次数的评估已经变得更加精细化，人们不再仅仅关注广告牌整体的曝光次数，而是将注意力集中在屏幕在特定时间段内的曝光次数。这种细分使得广告主能够更准确地了解广告在不同时间段内的曝光效果，从而优化广告投放策略。

另外，总收视点（GRP）的引入为数字户外广告的触达受众规模提供了更为精确的度量方式。通过 GRP，广告主可以了解广告触达的人群规模，进而根据目标受众的特征进行广告内容和形式的定制。这种定向投放大大提高了广告触达受众的准确性，增加了广告传播的效果。

影响户外广告效果的因素不仅限于数字技术的运用，还包括广告载体的特性。以电梯广告为例，其高渗透率、高曝光频次和高吸引力使得其在触达率和观看率方面表现突出。这种具体的广告形式不仅提高了广告的曝光效果，也增加了观众对广告内容的关注度，进而提高了广告的记忆率。

受众数据的整合、清洗和分析成为提高广告效果的关键。通过深入分析受众的特征和行为习惯，广告主能够更好地了解目标受众的需求和偏好。这种针对性的广告投放不仅提高了广告的点击率，还增加了广告被分享和传播的可能性，进一步提高了广告的曝光率和记忆率。

综合来看，在数字化和大数据时代的推动下，户外广告效果评估的指标和方法得到了极大的丰富和拓展。这种变化不仅为广告主提供了更为精准的数据分析，也为户外广告的创意和传播带来了更多可能性。在不断创新的广告形式和科技手段的支持下，户外广告将继续在多个维度上提高其效果和影响力。

四、户外媒体平台的主要广告术语及计算方法

1. 主要广告术语及其含义

（1）曝光率（exposure rate）：指广告在户外媒体中被曝光或看到的程度，反映了广告触达目标受众的范围和效果。

（2）转化率（conversion rate）：指用户完成预期动作（如购买、注册等）的比例。

（3）点位价值（position value）：指广告位于户外媒体上的位置所具有的广告效果和价值，受到人流量、车流量、视觉可见性等因素的影响。

（4）传播效果（propagation effect）：指广告在户外媒体上传播后所产生的影响和效果，可以通过品牌知名度、购买意向、销售额等指标进行评估。

2. 计算方法

（1）预期曝光率（expected exposure rate）：指广告投放后预计能够达到的曝光率。计算方法为：

预期曝光率＝(广告被看到的次数/总人流量)×100％

（2）点位价值评估（position value assessment）：指对户外广告点位进行效果和价值评估的过程。计算方法为：

点位价值＝广告效果×广告位置因素×广告展示时长

了解户外媒体平台的主要广告术语及计算方法有助于评估广告效果、制定有效的广告策略，并为广告主提供更精准的广告投放决策。

整体而言，户外广告作为一种传统媒介，在数字时代同样面临挑战，但凭借其独特的功能，依然在广告传播中扮演着不可或缺的角色。户外广告种类多样，包括广告牌、街头设施、交通工具类等，每种形式都具备特定的传播优势。户外广告通常能够在地方性市场上大面积暴露广告信息，特别是对于那些有固定路线的人群，他们能够多次接触到相同的广告，这提高了广告的品牌知名度和记忆度。与此同时，户外广告也为创意提供了广阔的空间，巧妙的广告设计可以与周围环境融合，给人留下深刻印象。户外广告的信息通常简短明了，因为观众通常是在嘈杂的环境中或远距离下观看，因此文字和图像必须能够迅速传达核心信息。现代技术的应用使得户外广告的制作更高效、更具创意性，从而提高了广告的吸引力和影响力。综合考虑这些特点，户外广告为广告主提供了广泛选择的空间，以实现广告效果的最大化。

第六节　电波媒介的特点及在广告中的运用

当我们谈及广告传播的媒介时，电波媒介无疑是其中一支强大的力量。在数字化时代，电波媒介依然不可替代。广播和电视作为传统的电波媒介，在广告领域扮演着至关重要的角色，它们通过声音、图像和视觉效果，将品牌故事传递给观众，引发共鸣，推动消费者的购买决策。在这一节中，我们将深入探讨广播和电视这两种电波媒介的特点以及它们在广告中的运用。

一、广播的特点及在广告中的运用

1. 广播的特点

（1）传播手段多样：以有声语言、音乐和音响为主要传达信息的手段，具有独特声音表达优势。

（2）传播速度极快：电波每秒绕地球七圈半，实现了传播和接收的同步，比电视更具迅捷性。

（3）受众广泛：覆盖面比报纸更广，不受地域和国界限制，听众群体不受文化程度限制。

（4）传真性强：能真实、直接地传递产品功能、作用和品质，给人以信得过之感。

（5）传情性强：语言通俗生动，加上播音员的生动演播，能调动听众情绪，激发购买欲望。

（6）制作简便，成本较低：制作较为简便，不需要制版、印刷等复杂流程，只需撰写好广告词，录制后在节目中即可播出，适合中小企业。

（7）瞬间性和流动性：声音瞬间即逝，易出现误听、漏听等现象，需要以更好的广告创意和内容吸引听众。

（8）形象感相对较弱：无法通过视觉形象来塑造产品或品牌形象，形象感较弱。

（9）保存和查阅相对麻烦：作为资料保存和查阅相对麻烦，不具备便捷的检索性。

（10）常见时长短：常见的广播广告长度有 20 秒、30 秒、60 秒等，要求广告内容简洁、生动，能够在有限的时间内精准传递信息。

2. 广播在广告中的具体运用

广播在广告领域具有独特的运用方式，它借助声音的魔力，能够深入人心，激发情感共鸣，为品牌传递信息和价值观。

（1）广播广告剧：广播广告通常以一段短小精悍的广告剧形式呈现。这些广告剧以生动的故事情节、有趣的角色和引人入胜的情感表达，吸引听众的关注。例如，苏州广电 FM104.8 在周日晚上经常播放广告剧，深受当地网约车司机的喜爱和关注。

（2）口播广告：一些广播广告采用主持人或著名人物的口播形式，增加了广告的可信度。听众更容易接受他们喜爱的主持人或名人所推荐的产品或服务。例如，一位著名体育明星在广播中分享自己使用的健身器材，强调其效果和便捷性，从而提高了广告的影响力。

（3）广播直播和互动：广播媒体也可以进行现场直播和互动活动，广告商可以借此机会与听众互动，回答问题，提供优惠券或奖品。这种互动性有助于建立品牌与听众之间的联系。例如，一家电台可能会在广播中宣传一场音乐会，并在活动中提供免费门票或特别座位。

（4）音频串流平台广告：随着音频串流平台的兴起，广播广告也逐渐在这些平台中崭露头角。品牌可以在音频串流服务中购买广告位，根据用户的音乐喜好和兴趣，将广告精准地传递给目标受众。

（5）频道赞助和主题广告：广播频道或节目往往会有赞助商或主题广告。赞助商通常会在广播中被提到，并与特定节目或主题相关联。例如，一家汽车制造商可能会赞助一档汽车评测节目，并在节目中提供车型信息和广告宣传。

广播广告是传统而不可或缺的广告形式，尽管在数字时代面临挑战。广播广告以声音、音乐和语言为主要传达方式，具备快速、广泛、真实的特点；不受地域和文化限制，能触及不同听众；制作简便，成本较低，时长通常较短，能在短时间内吸引听众并激发其购买欲望。通过独特的声音表达，广播广告为广告主提供了多样选择的空间，以实现广告效果的最大化。

二、电视的特点及在广告中的运用

1. 电视的特点

（1）传播手段：电视广告利用有声语言、流动画面、音乐、音响和字幕，集合了报纸、广播和电影的优势。它不仅将广告信息与艺术、娱乐融合，展示产品形象，还创造了一种愉悦的生活氛围，具有强大的感染力，深受广大观众喜爱。

（2）时长限制和留痕问题：电视广告通常持续时间不超过 30 秒，限制了详细介绍产品功效、作用等细节的可能性。此外，电视广告一闪而过，不留下痕迹，需要在极短时间内吸引观众并传达信息。

（3）成本高昂：制作和播放电视广告的成本相对较高，这要求广告主精心策划广告内容，确保每一秒的播放都能达到最佳传播效果。

（4）广泛观众基础：电视已成为现代人主要的娱乐方式，不受观众的受教育程度和年龄的限制，是影响力最大的媒体之一。因此，许多广告主将电视广告视为主要宣传手段。

选择电视作为广告媒体时，需考虑收视率及排名、播放时段、节目形态和观众群等因素。常见的电视广告时长为 5 秒、15 秒、30 秒，偶尔也有 60 秒或更长时间的广告，广告主可根据产品特性和宣传需求进行选择。

2. 电视在广告中的具体运用

（1）创意广告片：电视广告通常是一种通过视频和音频呈现的广告，可以制作具有故事性、创意性的广告片，通过影片的叙述，引发观众的共鸣，提高品牌认知度。例如，苹果公司的“1984”广告是一部标志性的电视广告，以其独特的叙事风格和创意影像在 1984 年超级碗上首次亮相，引起了广泛关注。这则广告以反乌托邦的题材呈现，展示了苹果电脑的独特性，成功地吸引了观众的关注。

（2）商业广告：商业广告是最常见的电视广告形式，通常以产品或服务为主题，向观众介绍产品特性、优势、使用方法等。这种广告通常具有强烈的营销性质，旨在促使观众购买或者使用宣传的产品或服务。例如，可口可乐的广告经常采用快乐、欢庆和友情的主题，通过音乐和场景的精心设计，将产品与积极的情感联系在一起，给观众留下深刻的印象。

（3）品牌宣传：电视广告是品牌宣传的重要手段。品牌广告的重点在于提高品牌知名度和形象，通常侧重于品牌的核心价值观、文化内涵，以及品牌与消费者之间的情感连接。例如，耐克的“Just Do It”系列广告以鼓舞人心的口号和励志故事，成功地传达了品牌的核心价值观。这些广告不仅提高了耐克的品牌知名度，还建立了品牌与消费者之间的情感连接。

（4）活动促销：电视广告也常用于宣传特别活动、促销活动或限时优惠。通过电视广告，广告主能够迅速向观众传达活动信息，刺激观众的购买欲望，促使他们参与促销活动。例如，许多零售商通过电视广告宣传各种特价商品和折扣，吸引消费者参与。

（5）公益广告：电视广告也用于传播社会公益信息，引导观众关注社会问题、提高公众意识。这种广告通常由非营利性组织或政府部门制作，旨在引起社会共鸣和改变观念。例如，联合国儿童基金会（UNICEF）的亲情公益广告在多个国家播出。这些广告通常通过温暖、感人的故事，呼吁观众关心贫困儿童的生存、健康和教育问题。通过展示贫困儿童的真实生活，触动观众的心弦，促使他们参与捐赠、志愿活动，为改善贫困儿童生活提供支持。这种类型的广告不仅提高了公众对贫困儿童问题的认知，还鼓舞了人们积极参与慈善事业。

（6）互动广告：随着技术的发展，电视广告也可以与观众进行互动。例如，上汽荣威广告提供了二维码，观众可以扫描以获取更多关于车型的信息，甚至预约试驾。

（7）嵌入式广告：有些电视节目或影视作品中会嵌入广告内容，使广告自然融入剧情中，避免了传统广告的打扰感，增加了观众的接受度。例如，在电影《变形金刚》中，主要角色经常驾驶特定品牌的汽车，这种自然的产品展示成为一种嵌入式广告，无须中断节目，仍能有效传递广告信息。

三、电波媒体平台的主要广告术语及计算方法

1. 主要广告术语及其含义

（1）收视率（viewership rate）：特定时间段内观众收看广告的比例，反映了广告触达目标受众的程度和效果。

（2）点播率（playback rate）：特定时间段内观众选择观看广告的比例，衡量了广告的吸引力和受众的活跃程度。

（3）毛评点（gross rating points）：广告媒体受众的总量指标，是收视率和频次的乘积，代表了广告媒体的总触达量。它是广告在特定时间段内对目标受众的总曝光次数，是衡量广告覆盖率的重要指标。

（4）转化率（conversion rate）：用户完成预期动作（如购买、注册等）的比例。

2. 计算方法

（1）预期销售额（expected sales revenue）：指广告投放后预计能够带来的销售额。计算方法为：

预期销售额＝收视率（点播率、转化率）×投放预算×每个收视率（点播率、转化率）带来的销售额

（2）预期收益率（expected return on investment，ROI）：广告投放后预计能够获得的收益率。计算方法为：

预期收益率＝总预期收益/总投放预算×100％

了解电波媒体平台的主要广告术语及计算方法有助于评估广告效果、制定有效的广告策略，并为广告主提供更精准的广告投放决策。

电视广告作为传统媒介，面临数字时代挑战，但其独特的视听体验和即时性，使其在

广告传播中不可或缺。电视广告通过视觉、音乐和影像传递信息，快速吸引观众；受众广泛，不受地域和文化限制，视觉效果和音乐相结合，营造愉快氛围，调动情绪，激发购买欲望；制作复杂，需精心策划确保广告效果，成本相对较高；时长有限，需在短时间内引起观众共鸣，达到品牌传播和销售效果。

第七节　数字媒介的特点及在广告中的运用

本节将探讨数字媒介在广告领域的特点和创新运用，揭示数字时代广告传播的新面貌。随着技术的飞速发展，数字媒介已然成为广告界的一颗明星。它不仅打破了传统媒体的时空限制，还为广告带来了前所未有的创意和互动性。

一、数字媒介的特点

1. 传播速度与即时性

数字媒介以其快速的传播速度和即时性而著称。信息在互联网上可以瞬间传播到世界各地，广告内容可以迅速传递给数以万计的用户，实现即时传播。这对于推广限时优惠、新品发布等活动至关重要。

2. 全球覆盖和定位精准

互联网具有全球性的覆盖范围，广告商可以通过数字媒介触达世界各地的受众。同时，通过高级的数据分析和用户行为追踪技术，广告主可以实现定位精准，将广告信息精准地传递给特定目标受众，提高广告的针对性和有效性。

3. 互动性与用户参与

数字媒介具有强大的互动性，用户可以直接参与到广告内容中。社交媒体平台、在线调查、评论区等功能使得用户能够与广告主进行互动，提供反馈，增加用户参与感。

4. 多样化的广告形式

在互联网上，广告形式多种多样，包括横幅广告、视频广告、原生广告、社交媒体广告等。这些多样化的形式能够满足不同广告需求，增加了广告传播的灵活性和创意性。

5. 数据驱动的决策

数字媒介具备强大的数据分析和挖掘能力。通过深入分析用户数据，广告主可以更好地了解受众特征、喜好和行为习惯，为广告策略的制定提供有力支持。数据驱动的决策使得广告活动更加精准和有效。

6. 24/7 全天候服务

互联网提供 24 小时不间断的全天候服务，不受时间和地域的限制。用户可以随时随地获取广告信息，这为广告商提供了更大的传播时机，也为用户提供了更加便利的广告获取途径。

数字媒介的特点使得它在当代广告传播中具备独特的优势，成为广告商不可或缺的传播渠道。通过充分利用这些特点，广告商可以更好地实现品牌传播和营销目标，与受众建立更紧密的连接。

二、数字媒介在广告中的具体应用

数字媒介作为现代广告领域的重要创新，适用范围广泛。它不再受传统媒体的时空限制，为企业带来了无限的创意可能性。通过多媒体互动，数字媒介能够以更直观、更引人入胜的方式传达信息。传真性在数字媒介中得到了充分发挥，精准的定位和个性化的推送使得产品信息能够迅速触达目标受众，建立信任关系。数字媒介具备高度互动性，观众不再是被动接收信息的对象，而是可以参与、评论、分享的主体，这种互动性不仅增强了用户参与感，也激发了购买欲望。数字媒介的制作和发布相对便捷，企业可以更灵活地调整广告内容，实时响应市场需求。成本较为灵活，可以根据需求和平台选择适当的投入。数字媒介能够以各种形式呈现，包括文字、图片、视频、动画等，为广告带来了更多创新元素。它是一个高度个性化和定制化的广告形式，为企业树立品牌形象、推广产品提供了广泛的空间。

1. 社交媒体广告

在社交媒体平台上，广告商可以通过精准的定位功能，将广告展示给特定兴趣、年龄、性别等群体，为品牌提供了与受众直接互动的机会。

2. 搜索引擎广告（SEM）

搜索引擎广告通过在搜索引擎中购买关键词，使得当用户搜索相关词汇时，品牌广告会出现在搜索结果页面的顶部或底部。这种广告形式具有极高的点击率，能够将用户引流到品牌网站。

3. 内容营销

内容营销是指广告主在博客、视频分享网站、播客等平台发布有关产品或服务的内容。内容质量高、有趣、有教育性，能够吸引受众，提高品牌认知度和忠诚度。例如，支付宝推出了“小荷包”服务，可以用于分摊日常开销和旅行费用。很多网络红人制作了短视频，将广告融入内容中，成功推广了“小荷包”的服务。这种内容营销策略使得品牌信息在受众中更加生动和引人入胜。

4. 移动应用广告

这是指在手机应用内部显示的广告，包括横幅广告、插页广告、视频广告等。这种广告形式适合在应用内部进行品牌推广，尤其是在免费应用中，用户更容易接受内嵌广告。

5. 电子邮件营销

这是指发送定制化的电子邮件给潜在客户或现有客户，提供产品信息、促销活动等。通过个性化的邮件内容，增加用户点击链接的可能性，实现销售转化。

6. 视频广告

这是指在视频分享平台或社交媒体上发布视频广告。视频广告通常更具吸引力，能够传达更多的信息，提高用户的参与度和记忆度。

7. 程序化广告

这是指利用人工智能和大数据技术，将广告展示给特定受众，提高广告的精准度。程序化广告可以在多个平台上实现，确保广告在最适合的时间、地点和受众面前展示。

8. 虚拟现实（VR）和增强现实（AR）广告

这是指运用虚拟现实和增强现实技术，创造沉浸式的广告体验。这种形式的广告可以在游戏、应用程序或社交媒体上实现，提供与传统广告不同的互动性和体验感。

9. 互动广告

互动广告利用互动技术，使观众能够参与到广告中来。例如，通过点击、滑动、旋转等手势，观众可以与广告互动，提高参与度和用户体验。

三、数字媒体平台的主要广告术语及计算方法

1. 主要广告术语及其含义

（1）点击率（click-through rate，CTR）：在特定时间段内用户点击广告的比例，反映了广告触达目标受众的程度和效果。

（2）曝光率（exposure rate）：广告被展示给用户的次数与总曝光次数的比例，衡量了广告在数字媒体上的曝光程度。

（3）千人成本（cost per mille，CPM）：广告投放每千次曝光所需的成本，是衡量广告在数字媒体上投放效果的重要指标之一。

（4）点击量（clicks）：广告被点击的总次数。

（5）点击成本（cost per click，CPC）：每次点击所需的平均费用。

（6）转化率（conversion rate）：用户完成预期动作（如购买、注册等）的比例。

2. 计算方法

（1）预期销售额（expected sales revenue）：广告投放后预计能够带来的销售额。计算公式如下：

预期销售额＝点击率（曝光率、转化率）×投放预算×每个点击率（曝光率、转化率）带来的销售额

（2）预期收益率（expected return on investment）：广告投放后预计能够获得的收益率。计算公式如下：

预期收益率＝总预期收益/总投放预算×100％

（3）千人成本（cost per mille，CPM）：广告投放每千次曝光所需的成本。计算公式如下：

千人成本＝广告投放费用/曝光次数×1 000

了解数字媒体平台的主要广告术语及计算方法有助于评估广告效果、制定有效的广告策略，并为广告主提供更精准的广告投放决策。

数字媒介作为现代广告的前沿工具，在当今数字时代具有巨大影响力。其突出特点在于高度个性化和互动性，通过多种数字形式，包括文字、图片、视频、互动界面等，数字媒介实现了信息的多层次传递；具备强大的在线用户群体，不受地域和文化限制，触达面广。互动性是数字媒介的核心优势，用户可以自由参与、评论和分享。此外，数字媒介的制作和发布更具灵活性，广告主可以实时调整广告内容，满足市场需求的变化。相对于传统媒介，数字媒介成本更为灵活，可以根据需求和平台选择合适的投入，同时也更容易进行效果评估，确保广告投入的有效性。总体而言，数字媒介为企业提供了高度个性化、定

制化的广告形式，不仅树立了品牌形象，也为产品推广带来了无限可能。

第八节　数字媒体环境对广告媒介的影响

在数字时代，广告不仅是信息传递工具，也是品牌与消费者之间互动沟通的桥梁。本节我们将剖析数字媒体带来的颠覆性变革，包括个性化广告的定位、社交媒体口碑营销、虚拟现实技术等，研究数字媒体如何提升用户体验，探讨数据隐私和广告伦理在数字广告中的角色。

一、个性化广告和用户体验

1. 精准定位和个性化广告

数字媒体借助先进的数据分析技术，深入了解受众的兴趣、喜好和行为习惯。通过分析用户的浏览历史、搜索记录和社交互动，广告商能够精准定位潜在客户群体，并为他们提供个性化的广告内容。例如，如果一个用户经常搜索健康食品，数字媒体能够向他展示与健康生活相关的产品广告，提高用户对广告的关注度和兴趣。

此外，通过人工智能算法的运用，数字媒体还可以分析用户的行为模式，预测其未来的需求。这种预测性的个性化广告不仅提高了广告的点击率，也为用户提供了更符合实际需求的购物选择，提升了购物体验。

2. 用户数据分析

数字媒体平台积累了海量的用户数据。通过高级数据分析工具，广告商能够深入挖掘这些数据，了解用户的消费习惯、购物偏好和在线行为。这些数据为广告商提供了宝贵的市场洞察，帮助他们更好地了解受众的需求。

利用大数据分析，广告商还可以实时监测用户的反馈，从而及时调整广告内容和形式。这种即时反馈的机制使得广告更具针对性，更能迅速适应市场变化，提供更好的用户体验。例如，在了解到用户更愿意在特定时间段网上购物后，广告主可以在这一时间段增加广告曝光，提高购买转化率。

3. 广告内容的个性化制作

基于用户数据的分析，广告主可以定制广告内容，使其更符合用户的兴趣和需求。这不仅包括产品本身，还包括广告的文案、图像和视频内容。个性化广告制作确保了广告更好地契合用户的心理预期，增加了用户的情感共鸣，进而提高了用户的满意度和参与度。

另外，随着虚拟现实（VR）和增强现实（AR）技术的发展，个性化广告已经开始进入沉浸式体验领域。通过 AR 技术，用户可以在现实世界中与产品进行互动，增加了用户的参与感，使广告不再是被动接受，而是一种引人入胜的体验。这种沉浸式广告体验大大提高了用户的满意度和品牌记忆度。

在数字媒体的引领下，个性化广告和用户体验的提升不仅使广告内容更具吸引力，也为用户带来了更有趣、更相关的广告体验。这种精准定位和个性化制作的广告不仅提高了广告的效果，也为用户营造了更加愉快、个性化的消费体验。

二、社交媒体与口碑营销

1. 社交媒体广告的崭新面貌

社交媒体广告已经发展成为一种高度互动的形式，不再是传统广告的简单转载。通过社交媒体平台上的“点赞”“评论”“分享”等功能，用户能够立即与广告内容互动，分享自己的看法和观点，从而创造更有趣、引人入胜的广告体验。这种强调互动性和个性化的广告形式更好地满足了用户的需求，使得广告内容更具吸引力，用户参与度更高。

此外，社交媒体广告还能够借助用户生成的内容，如图片、视频和评论，增添真实性和亲近感。用户生成的内容使得广告更加接地气，更能引起用户的共鸣，进而提高广告的影响力和传播效果。

2. 口碑营销的社交力量

在社交媒体的广阔舞台上，每个用户都隐含着成为品牌代言人的潜力。他们能够分享自己的购物心得、产品评价，或是使用体验，这些分享不是仅限制在他们的朋友圈，也能触达朋友的朋友，甚至是网络上完全陌生的人。这种社交力量是传统广告所无法企及的。以一个用户在社交媒体上发布的一条关于某产品的好评为例，这个好评可能会影响到他的朋友购买该产品，然后这个影响力会逐渐扩大，形成病毒式的传播。这种用户生成的内容具有真实性和说服力，因为它们来自真实的经历，而不是商家的宣传。社交媒体上的口碑传播不仅传播速度快，而且因为是由普通人生成的内容，所以更能够赢得用户的信任，为品牌带来迅速提升的知名度和美誉度。

3. 社交媒体的数据洞察

社交媒体平台拥有丰富的用户数据，包括用户的基本信息、兴趣爱好、购买行为等。通过精细分析这些数据，广告主可以更深入地了解用户的需求和喜好，实现更为精准的目标受众定位。例如，社交媒体平台可以分析用户在特定时间段的活跃度、购物偏好，甚至是他们在社交圈子的影响力。基于这些数据，广告主可以量身定制个性化的广告内容，更好地吸引用户的注意力，提高广告的点击率和转化率。这种数据驱动的个性化广告策略，有效地提升了用户与广告内容的互动体验，也增加了广告主在市场中的竞争优势。

在社交媒体与口碑营销的结合中，品牌不再是单向传播者，而是与用户形成互动关系的参与者。通过积极参与用户的互动，品牌能够更好地了解用户的需求，增强用户黏性，建立起长期稳定的品牌忠诚度。社交媒体的特性为口碑传播提供了无限可能，品牌的声誉和影响力将更容易在社交网络中迅速扩散，为品牌赢得更多用户信任和支持。

三、移动设备与广告触达

1. 移动应用广告

随着移动应用的普及，移动应用广告的设计变得愈发重要。这类广告必须具备引人注目的特性，以吸引用户的眼球。视频广告、插屏广告和原生广告等形式崭露头角。这些广告能够自然呈现，不会打断用户的体验，却能够引起足够的关注。通过个性化的定位和推送，移动应用广告能够呈现更符合用户兴趣和需求的产品和服务，从而提高点击率和转化率。例如，游戏应用内的奖励视频广告，玩家可以选择观看视频广告来获取游戏内的虚拟奖励。这种形式的广告既不打扰用户游戏体验，又吸引了用户的参与。

2. 响应式网页设计

随着移动设备的普及，响应式网页设计已经成为标配。在这种情况下，广告的设计也需要具备响应式特性，确保在不同屏幕尺寸上都能够完美呈现。广告应该自适应不同的屏幕尺寸，保持一致的布局，以提供更好的用户体验。此外，响应式广告的内容应该与网页的主题和风格相融合，使得广告不再显得突兀，而是能够融入整体页面，增加用户的接受度和点击率。亚马逊的移动网页具有出色的响应式设计。无论用户是使用手机、平板还是电脑访问网站，页面布局和内容都能够自动适应屏幕大小，用户购物体验非常流畅。网站上的广告也同样遵循了这种设计理念，保持了一致的风格，不会让用户感到突兀，提高了广告的点击率。

3. 移动广告的数据驱动

移动设备的广告触达依赖于精准的数据分析。通过分析用户在移动应用和响应式网页上的行为，广告主能够更好地了解用户的喜好和需求。这些数据为广告的个性化推送提供了有力支持。真实的用户数据不仅使广告更具针对性，也帮助广告主更好地了解市场趋势，从而更好地制定广告策略。

4. 移动广告的社交整合

移动设备多用于社交媒体，因此移动广告需要整合社交元素。通过在社交媒体平台上推送广告，用户可以在和朋友互动的同时接触到品牌信息。这种社交整合不仅提高了广告的曝光度，还增加了用户参与度，因为用户可以在社交圈内讨论和分享他们看到的广告内容，从而增加品牌的口碑。例如，广告主在抖音等社交媒体平台发布广告时，通常会利用演员或意见领袖作为代言人。如耐克公司在世界杯期间投放的广告中邀请了多位著名运动员，这种社交整合提高了广告的认可度和影响力。用户在浏览社交平台信息的时候，既能够看到自己喜欢的演员，又能够接触到相关品牌的广告信息。

移动设备与广告的结合已不再是简单的信息传递，而是一个多层次、多元化的体验。只有在用户体验、数据分析和社交整合方面下足功夫，广告才能够真正触达用户，引发他们的兴趣，最终实现广告主的营销目标。

四、虚拟现实和增强现实技术

虚拟现实（VR）和增强现实（AR）技术已经在广告领域崭露头角，在广告领域引发了革命性的变革，为用户带来了前所未有的沉浸式体验。

1. VR/AR 广告

虚拟现实技术让用户能够穿越到虚拟世界，与产品和服务进行互动。例如，在房地产广告中，用户可以通过 VR 眼镜“走访”未建成的房屋，体验空间和环境，帮助用户更好地作出购买决策。增强现实技术则将虚拟元素叠加在现实世界中，创造出令人惊叹的互动效果。比如，在汽车广告中，用户可以使用 AR 应用程序观看虚拟汽车在车道上行驶，这种互动性使得广告更具吸引力。

2. 改变用户与广告互动的方式

传统广告通常是被动的，而 VR/AR 技术使得用户能够更主动地参与其中。在 VR 广告中，用户可以控制自己的视角，选择自己想要探索的元素，使得广告更具个性化。在 AR 广告中，用户可以通过手机或 AR 眼镜与虚拟元素进行互动，例如尝试产品的不同颜色或样式，增强了用户的参与感。这种互动性不仅提高了用户的投入度，也加深了他们对广告内容的记忆和印象，从而提高了广告的效果。这种个性化体验，使得广告不再是一种干涩的信息传递，而是一个充满乐趣和互动性的冒险。

通过引入这些技术，广告已经不再只是传达信息，而是创造情感共鸣，激发互动，使用户成为广告故事的一部分。未来，随着技术的不断进步，我们将会看到更多种类、更引人入胜的 VR/AR 广告，它们将继续改变用户与广告互动的方式，创造出更加丰富、有趣的广告体验。

五、内容营销和影响者营销

1. 内容创作与传播

在数字媒体时代，内容是王道。与传统广告相比，内容营销通过深入挖掘品牌故事，创作吸引人的文章、视频、图片等多媒体形式，使广告融入受众的生活，而不再是单一的促销信息。例如，一个健康食品品牌可能在社交媒体上发布关于健康饮食、运动锻炼等方面的文章，与受众分享健康生活方式。通过这种内容的传播，品牌逐渐建立了专业、可信赖的形象，受众则在接触广告的同时获得了有价值的信息。

内容与广告的融合还可以通过视频、漫画、微电影等创意形式实现。这些形式往往更具有叙事性，能够引发观众共鸣，使广告信息更加深入人心。比如，一则情感触动的微电影广告可能在短短几分钟内，通过精彩的故事情节，将产品或服务的核心价值观传递给观众，触动他们的情感，引发共鸣，进而提高观众的品牌忠诚度和购买意愿。

2. 影响者营销策略

社交影响者（influencers）已经成为数字媒体广告中不可或缺的一环。他们是在社交媒体上拥有大量粉丝和影响力的个人，能够通过自身的观点、生活方式和体验影响他人的消费决策。品牌可以与这些影响者合作，将广告信息嵌入他们所发布的内容中，以更真实、更亲近的方式接触受众。

例如，一个时尚品牌可能与时尚博主合作，在博主的社交媒体上展示品牌的新款服装。由于博主在时尚领域有很高的权威，他的推荐和展示能够引起粉丝的关注和信任，从而增加了购买的可能性。这种合作不仅是广告的传播，还是品牌与消费者之间建立信任和情感联系的桥梁。

影响者营销的策略也包括选择合适的影响者，因为不同的影响者有着不同的受众群体和影响力范围。品牌需要根据产品特性和目标受众，选择那些与品牌形象契合，且具有共鸣力的影响者进行合作，以实现广告效果的最大化。

综上所述，内容营销和影响者营销在数字媒体时代发挥着巨大的作用。通过深入挖掘内容，使广告融入受众的生活，再结合影响者的力量，品牌能够更加深入人心，建立起稳固的消费者关系，实现广告传播的最佳效果。

六、数据隐私和广告伦理

1. 用户数据隐私

在数字媒体时代，用户数据被广泛应用于个性化广告推送。随之而来的挑战是如何平衡个性化广告和用户隐私。合规的数据隐私法规如欧盟的《通用数据保护条例》和美国的《加州消费者隐私法案》规定了广告商在收集、存储和使用用户数据时的限制。广告商需要遵守这些法规，保护用户隐私。例如，在广告中引入明示的隐私政策，向用户解释他们的数据将如何被使用，同时提供选择，让用户决定是否分享他们的数据。

技术也在帮助解决这个问题。例如：采用匿名化的数据处理方法，广告主可以分析用户的行为模式，同时不泄露个人身份；采用加密技术保护数据传输过程中的安全，确保用户数据不被黑客攻击或不法分子窃取。

2. 广告伦理

数字广告中的伦理问题不仅包括广告内容的真实性，还涉及广告的道德性和社会责任。广告主需要避免虚假宣传，确保广告内容真实可信，以维护消费者的权益。例如，在产品广告中，不应该夸大产品的功效或误导消费者。同时，广告内容也应该尊重文化差异和社会多样性，避免侮辱、歧视或者挑衅性的内容。

广告还应该承担起社会责任。例如，广告内容不应该鼓励消费者浪费资源，应该倡导绿色、可持续的生活方式。社会责任广告也逐渐在数字媒体上崭露头角，这种广告关注社会问题，呼吁人们关心环境、健康、教育等社会议题，引导社会价值观念的提升。

整体而言，遵守数据隐私法规，保护用户隐私，以及遵循广告伦理，确保广告内容真实、道德、具有社会责任感，是数字媒体广告发展中的关键因素。只有在合法、合规、合乎伦理的基础上，数字媒体广告才能够赢得用户的信任，实现可持续发展。

在线自测

扫一扫　练一练

第九章　广告产业

第一节　广告产业链

一、广告产业链提出的理论依据

产业链的概念源于迈克尔·波特的产业价值链理论。波特于 1985 年在其出版的《竞争优势》一书中提出："价值链是在特定产业内的各种活动的组合。"与波特对价值链的定义相关，产业价值链是从价值角度来考量产业主体在竞争活动中的一切经济活动，凸显的是产业链的价值属性，即各产业主体围绕"创造价值"这一最终目标，联合推动价值在产业链中的传递、转移和增值的整个过程。从广告产业价值创造的过程来看，广告产业链主要包括广告主、广告公司、媒体和广告受众四个环节，这也是广告活动的四大主体。其中，前三个主体分别构成了广告产业链的上游、中游和下游。受众则主要决定了广告产业链价值创造的情况。

应当注意的是，广告产业链不是一成不变的固定结构，而是随着传播环境和企业营销目标的变化，产业主体的范畴也在不断裂变和细分，很多新的主体会参与到产业链条的上中下游之中，从而形成新的产业价值增值路径。例如，广告公司从最初的媒介代理公司为主，逐渐变化为综合性公司、战略咨询类公司，在数字媒体时代又出现了创意热店、程序化购买机构等不同的类型，是一个不断丰富的裂变过程。在这种情况下，理解广告产业链的发展和变化，需要注意三个原则：一是产业链的提出应当以现阶段核心业务作为依托，脱离了业务指向的产业链结构没有实际意义；二是产业链应当将参与产业内各活动的全部主体囊括在内，具有完整性特征，且应当随产业活动的变化而不断变化，具有动态性特征；三是产业链结构应当能够突出价值在不同环节之间的传递、转移和增值过程。

具体来说，关于广告产业链的描述，首先要考虑业务维度，出现了什么样的业务，决定了需要有什么样的产业主体与之匹配，因此也就会相应带来产业链的变化和调整；其次要考虑产业活动主体发生了哪些变化，新出现的产业主体势必会打破原有产业链的平衡，应当在产业链结构中明确其角色定位；最后要考虑每个环节的输入价值和输出价值，价值的传递过程是如何实现的，在这一过程中哪个环节实现了最大程度的价值增值。

二、传统广告产业链结构及利润分配

传统广告是将广告服务作为核心，凭借广告的供需关系而围绕在广告产业及其衍生出的产业周围的各企业，以某种特定方式联结起来的链式组织。传统广告产业链结构如图 9－1

所示。

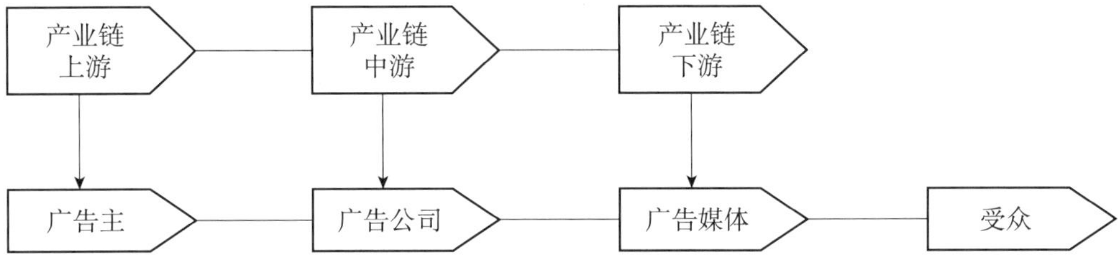

图 9-1 传统广告产业链结构

从产业链上游到下游，传统广告产业的活动流程囊括了包括广告主、广告公司和广告媒体在内的三大产业主体。根据迈克尔·波特的价值链理论，产业上下游企业之间的价值活动共同构成了广告业价值链。从价值属性来看，传统广告活动中与品牌的关系、自我的专业能力和三个阶段共同构成了一个完整的价值链。根据李志恒的观点，传统广告的价值链可具体分为媒体销售、媒体营销、媒体购买、媒体策划、品牌服务、营销顾问、管理顾问、企业发展、CEO 修导等主要环节，如图 9-2 所示。相关研究表明，这些环节的专业度越高，回报率越高；价值链越完整，整体收益越高。

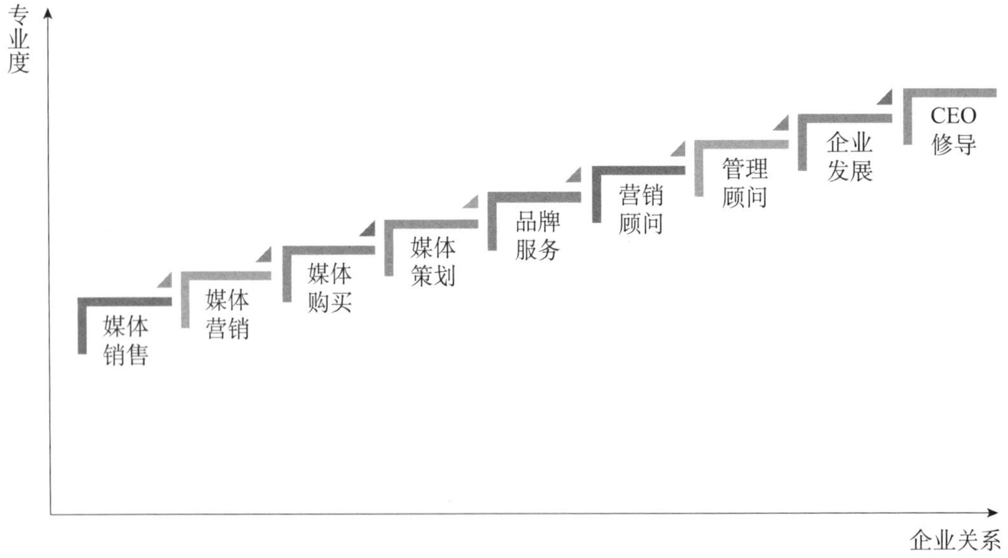

图 9-2 传统广告价值链

换言之，传统广告产业链的研究价值，不仅仅是从传播流程的视角概括了参与广告信息传播的各个环节，其关键在于对产生价值的各种活动进行了梳理和呈现，即按照专业程度和客户关系两个维度，对不同环节的利润分配进行类型划分。整体而言，可以分为三个板块。板块一包括媒体销售、媒体营销、媒体购买；板块二包括媒体策划、品牌服务、营销顾问；板块三包括管理顾问、企业发展、CEO 修导。在这一框架下，可以看出传统广告价值链的盈利分布：板块一与板块三具有高回报率，而板块二则是相对的低回报。板块一与板块二的利润率与其自身的专业度成反比，如表 9-1 所示。

表 9-1　广告业务与利润率

板块	专业度	利润率
板块一：媒体销售、媒体营销、媒体购买	低	高
板块二：媒体策划、品牌服务、营销顾问	高	低
板块三：管理顾问、企业发展、CEO 修导	高	高

由此可见，传统广告产业链结构中，价值的增值环节主要发生在板块一和板块三。究其原因，首先，板块一依托的竞争核心是资源的稀缺性，优质媒体资源等于优质传播效果。在这一置换逻辑的指引下，板块一的利润率在多年期间持续走高，也支撑了围绕央视及头部卫视广告资源形成的大量“依附性”广告公司，对接稀缺性优质资源的能力成为广告产业链结构中实现价值增值最为重要的途径，并常年围绕这一业务进行了产业主体的调整和演化。例如我国曾经出现的媒介购买公司，当时就是在广告产业链最容易实现价值增值的板块形成的新型资源型广告企业，这种广告公司的裂变或新增，始终围绕的是核心业务和最为稀缺的资源。其次，广告的核心知识体系对应的板块二，本该是广告活动中价值增值最主要的部分，然而从传统广告产业链开始，由于代理制的存在和在中国的推行，广告公司将自己与媒体资源过于紧密地绑定在了一起，由此造成了利润获取中过度依赖媒体的“曲折变现”过程，这种模式的存在，在很大程度上降低了广告专业知识和专业服务的利润回报率。最后，板块三依托的竞争核心其实是企业战略，无论是营销还是广告，都是企业战略和企业管理的有机组成部分，因此，在广告产业链的价值增值过程中，长期存在着“重战略、轻策略”的问题，这一点，从板块三的高利润回报率可以略见一斑。尤其是当原本由广告公司承担的管理、战略咨询被咨询公司替代的时候，广告公司的生存状况发生了深刻的变化，原本与稀缺性资源绑定的变现模式受到了来自互联网媒体资源过度丰裕的替代性冲击，原本在企业战略层面发挥作用的品牌战略和企业管理咨询业务受到来自咨询公司和内部团队的替代性竞争，而剩下的广告专业核心技术又难以直接变现，造成了广告公司经营和发展中面临的相关问题。

由此可见，广告产业利润分配的决定因素包括两个方面：一是产业主体与稀缺性资源之间的绑定关系；二是产业主体在企业战略高层决策中的影响能力。上述两个方面，决定了产业主体参与产业活动中的角色和自我定位。波特的价值链理论认为：企业活动中并不是每个环节都能创造价值，只有那些战略环节才能真正为企业带来价值增值。以此逻辑外推，广告产业价值链上能真正创造价值的战略性关键环节往往集中于某几个部分，在传统广告产业链中，可以通过 U 形的微笑价值曲线形象地展示出传统广告产业价值链活动与附加值之间的关系，如图 9-3 所示。

由图 9-3 中可见，传统广告产业价值增值的主要环节居于微笑价值曲线的两端，分别是与企业战略决策密切相关的类咨询业务和与稀缺资源对接相关的优质媒体传播业务。上述两个领域的可替代性门槛较高，分别是广告行业与企业和传播载体实现资源链接的重要链接点，汇集了大量的人力资本和知识资本，并将这些要素导入战略决策层面和传播层

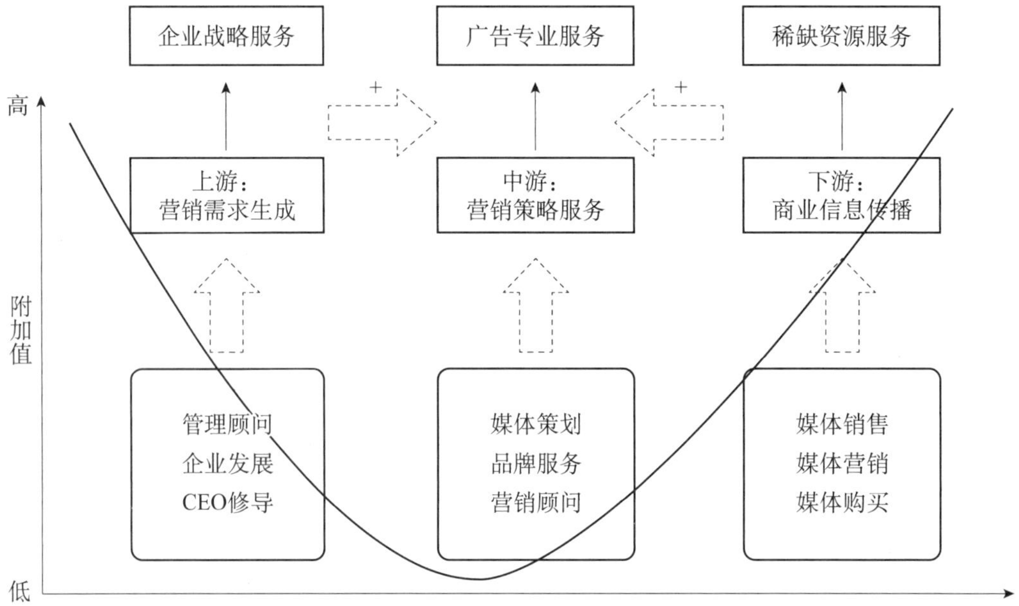

图 9－3　传统广告产业微笑价值曲线

面而提高了广告产业的附加值，提升生产效能。从产业价值链上来看，广告专业服务环节看似专业度最强，其实竞争门槛不高，创意、策划等服务看似专业，但其缺乏刚性的评判标准，极易被模仿，且变现环节较为曲折，陷入了高专业度、低利润率的微笑价值曲线“洼地”，因此难以形成持续有力的竞争优势，导致我国广告产业主体纷纷向两头靠拢，想要通过与稀缺资源服务和企业战略决策的紧密绑定来产生持续的差异化竞争优势，保持较高利润回报率。未来要在广告产业分工体系中占据主导地位，仅仅有高专业度的业务能力还不够，关键是要考虑以什么样的业务作为支撑，才能牢牢掌控价值链两端的高附加值环节，同时考虑要通过什么样的方式，实现对中游低利润率板块的附加值提升和产业价值拓展，从而提升自身产业环节的价值增值能力。

第二节　传统广告产业链变化

一、广告产业链变化的两组驱动力

广告产业链的表面结构之下，隐藏的是围绕核心业务形成的利润分配和价值增值流程。因此，广告产业链主体发展变化，表面上看是随着业务变化而不断出现新型机构和企业，实际上则是围绕不同的产业竞争要素进行的企业类型拓展和商业模式转型。这其中，稀缺性资源和高利润率业务是驱动产业链变化的内生驱动力，技术、资本等因素则是广告产业链变迁的外在驱动力（见图 9－4）。

二、广告主

广告主是营销需求的提出方，在原本的广告产业链条中，企业主要是向市场提出营销

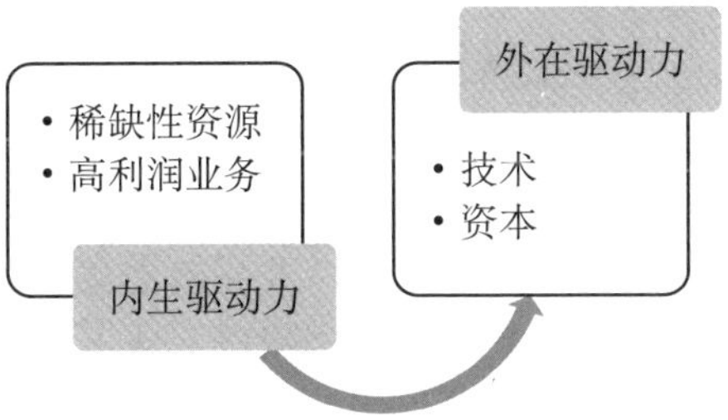

图 9-4 广告产业链变化的两组驱动力

需求，由专业的营销策略公司和集中化的媒体传播平台来满足这些需求。随着信息时代的到来，广告主与市场对接和信息交换的能力全面提升，广告主被赋予了在产业链条中更为主动的控制力和自给自足实现营销目标的能力和手段。具体表现在两个方面：一方面，广告主的营销传播素养在快速提升，对于用户和媒体了解都更加深入；另一方面，丰富的自媒体传播平台构建了一个新的媒介生态，广告主所掌握的营销传播主动权越来越多，在广告产业链上的主动权越来越大。

1. 企业的自传播能力增强

随着社交媒体的发展，“公司即媒体”成为越来越多企业的战略布局，企业借助各种媒体平台进行营销推广的案例频繁出现。众所周知，数字营销的前提在于流量引导，相较于线下广告，互联网平台的流量转化和变现的路径、效果都更为直接，社交平台赋予了广告主与规模化流量直接连接的能力。例如，中国企业在海外布局中，直接运用社交平台，不时更新有关公司与品牌的信息，大量粉丝还可以直接完成销售转化，颠覆了传统广告销售的模式，出现了“按效果付费”的新定价体系。企业的营销预算在可量化思维的推动下不断精细，强调对于营销效果的预期和回报率的准确预期，追求短期、直接的销售拉动。

2. “去乙方化”浪潮兴起，品牌趋向内容自营

企业对自身的品牌建构和营销传播活动逐渐自主化、熟悉化。广告主开始自制内容、自主广告、自我管理品牌。品牌正在进行“去乙方化”，减少甚至停止与乙方合作，而转向自建内容中心。如可口可乐成立的北美社交中心，是一个实时新闻编辑室，用来管理所有可口可乐商标品牌（包括健怡、可口可乐、芬达、雪碧）的社交媒体营销事务。以沃尔玛为例，作为世界上最大的零售商，2019 年沃尔玛终止了与 WPP 集团长达 15 年的合作，收回了广告销售权，开始大力自主开发广告业务，形成能与亚马逊和字母表公司（Alphabet）相竞争的零售和营销能力。

公司自建内容团队在内容营销策略与执行上更具品牌敏感度和控制权，更了解如何生产有价值的品牌服务；自建团队凭借能够有效消除人力层级的独到优势，减少内容生产的时间成本。此外，内部团队的建立将有利于广告主对自身各类历史数据的跟踪与留存，实现数字资产积累，更精准地构建消费者画像，改进后续营销方案。一些优秀的企业，如华为，拥有一整套品牌推广、各种手册等。宝洁逐步把全球的广告和 PR 代理商由 6 000 个精简到 2 500 个。在费用支出上，削减了高达 5 亿美元的广告预算，并且这种节省还在继续。

3. 从“硬广”发布到内容营销

随着受众对信息，尤其是对广告的接触场景和信息处理方式的巨大变化，相对应的传统广告强迫性的“推送”方式正在失去原有的效力。这一变化直接带来了广告资源的内容化趋势。广告主的广告需求开始和节目、电视剧深度融合。原来的广告时段与节目时段的分割不再清晰，广告主和节目制作方、媒介、广告公司从节目策划开始，更加深入地在广告内容化基础上进行相应广告资源开发、设计与创意。这也形成了不同于传统“硬广”的新型商业信息传播模式，IP 经营、内容营销、原生广告以及创意中插等新型广告产品层出不穷。

4. 企业营销需求裂变，媒介素养提升

在以往单一的“硬”广告模式崩塌后，不断裂变的广告主需求又体现在不同的广告主需求目的，有的注重覆盖，有的注重定向和精准。广告主需求的裂变，客观上需要相应的精准调研和具体分类，并提供相应的资源整合和整体方案，以及更加具体的数据支撑与效果评估。

5. 从“购买覆盖率”到“购买注意力”

有观点认为，广告主正在发生从“媒体购买”到“受众购买”的变化，在传统广告产业链中，广告主在定位其目标用户之后会对相应的媒体资源进行购买，使广告信息得到传播，其本质上是对媒体进行购买而非受众。然而在程序化购买产业链中，是先对用户进行数据分析找到目标受众，然后购买这些受众浏览的广告位，其整个过程变为对受众的购买。在这种情况下，广告主在意的不再是广告出现的具体位置，而是能否精准找到其目标用户。

随着广告信息的海量传播，无论是物理空间还是数字空间，用户对广告信息的麻木程度也在蔓延，用户与媒介的亲密程度，不能简单等同于与广告的亲密程度，受众可能离不开手机，可能对某些媒体信息平台的使用黏性很强，但未必等于他们留意到了广告信息，更加不能简单认为广告信息对他们产生了影响，相反有可能带来广告的“壁纸化效应”，对商业信息进行有意回避和选择性注意。

因此，今天的广告主仅仅购买受众已经不够，核心在于如何获取受众的注意力，简单的“流量”概念，已经不能等同于广告的传播效果，因此如果只强调流量规模，那数字媒体和传统媒体就没有本质区别，因为只是将覆盖规模换算为“日活跃度”“月活跃度”“粉丝数量”等，本质上没有区别。综上，未来广告主购买的不是模糊化的受众，而是清晰化的注意力。换言之，流量将不再是稀缺资源，注意力才是信息社会中决定媒体传播价值的稀缺资源。

总之，广告主环节的变化主要表现为企业的赋权增加，媒体素养提升，在自我品牌管理、营销目标设定和具体传播实践中的主体性越来越强。同时应当注意的是，企业看待媒体价值的思维正在回归理性，在喜欢尝试新媒体的同时，也能够理性认知传统媒体的价值，注重综合应用各种媒体渠道，实现营销传播效果最大化。

三、广告公司

在传统广告产业链条中，广告公司是广告专业服务的主体，同时也是价值增值的

“洼地”，它们必须与优质稀缺资源实现绑定，才能实现服务价值变现，因此，在央视周围形成了大量的资源代理公司。然而，随着传播资源的稀缺性被互联网打破，传统媒体传播价值虽然依然在某些方面具备较强优势，但企业可以选择的触达消费者的信息通道不再唯一，在一定程度上影响了广告公司通过代理媒体资源实现自身变现的商业逻辑。与此同时，在传统广告产业的另一个价值增值环节，广告公司在企业战略服务层面遭遇了来自咨询公司的替代性竞争，曾有观点提出：“干掉广告公司的将会是咨询公司”，因为营销服务属于策略层面，咨询公司立足企业管理和品牌战略的顶层层面，由战略导入策略较为容易，但由策略层面延伸到战略层面则难度较高。因此，现阶段广告公司正在面临异业竞争与降维竞争的双重压力。这一压力引发了广告公司人才模式、费用结算方式、媒介策划与购买事务等方面的变革。近年来，广告公司板块的主要变化包括以下几个方面。

1. 所有权转移

据统计，广告、公关和营销公司并购中，约39%的收购是由“非传统广告”公司完成的。然而，应当注意的是，在广告公司领域，收购公司不等于打通业务，表层业态丰富不等于内部架构合理。真正通过转移所有权来拓展业务范围和竞争活力，广告公司还需要经历漫长的探索过程。

2. 业务转型

广告公司业务正在从创意代理走向技术驱动下的资源整合。调研发现，当前广告公司最直观的感受是其传统优势正在被掳夺。传统广告产业活动中，广告公司擅长基于深刻客户洞察的创意和对于传统媒介投放的熟练运作，这些优势如今正在被技术分化和瓦解，广告公司的上述业务正在被技术型公司取代。中国传媒大学广告学院近年来调研发现，很多广告公司都存在不同程度的技术焦虑和本领恐慌。

当数据和技术日益成为广告公司的核心竞争力，实际上意味着广告创意的价值、地位、作用、回报正在被大大低估。好的创意如果不能获得与之相匹配的价值肯定，长此以往则很可能会造成广告产业核心业务的畸形发展。

3. 新型广告企业不断裂变出现

随着业务操作的不断创新，广告价值链也处于调整和变化的过程之中，广告产业各环节的功能和作用不断变化，产业分工进一步趋于精细，新型广告企业也随之出现。

根据IBM商业经济研究所的研究成果，信息时代广告产业主体的裂变主要发生在两个环节——广告公司及媒体，也就是传统产业链的中游和下游（见图9-5）。对于此种判断应当注意以下两点：一是图9-5所描述的这种变化，是一个阶段性时段呈现的现象，而产业主体的裂变是一个动态过程，随时都会有新的企业裂变出现，或随着技术迭代而消失；二是这些新机构背后的驱动力来自技术、业务和资本三个方面，由于产业链是围绕核心业务进行构建的，在业务从单一走向多元的同时，围绕不同的业务类型，当前的广告产业环境其实形成了多个产业链条。

具体而言，现阶段广告产业链出现的新兴主体主要包括以下几个：

（1）新型创意工作主体。

如创意众筹平台，创意的设计者通过众筹平台，将设计者自己的成果展示给大众，而

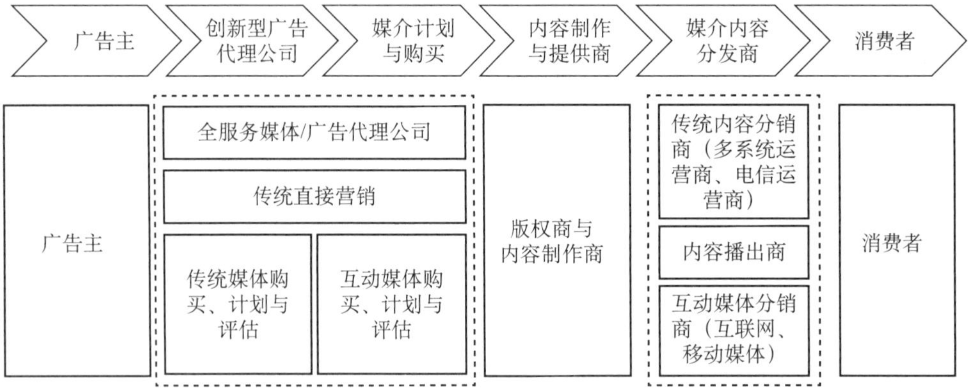

图 9－5　新型广告企业裂变出现

大众通过众筹平台可以了解到自己感兴趣的优秀项目并提供资金支持。创意众筹平台的价值就在这个过程中得到了充分体现：为创意者和支持者提供沟通桥梁，从而使信息得以交互，使资金得以流通。再如程序化创意，程序化创意是以大数据为支撑的动态化的广告生成技术，基于一定的程序化创意平台，通过大数据与创意的程序化算法，程序化创意系统能向设计师推荐相关设计素材，从而自动生成适合不同消费需求的多版本创意，并能对不同的广告创意进行实时投放筛选，根据这些创意的效果进行动态优化。

（2）平台化的互联网企业。

近几年，以百度、阿里巴巴、腾讯为代表的平台纷纷布局营销领域，从技术的角度出发，发挥自身优势，打造技术营销业务，衍生出新的广告产品，同时并购或投资广告代理公司、广告制作公司、传统媒体公司等，逐渐将业务拓展至数字营销以外的全广告产业链条。对于平台而言，广告营销收入也成为其营收的重要组成部分。如阿里巴巴于 2018 年入股分众传媒。

（3）程序化购买平台。

程序化购买的兴起，使得广告公司传统的调研方法、用户洞察、媒介策划、创意制作等不再适应新的需求，程序化购买带来的挑战既包括对广告公司内部业务模式、组织架构、收费模式、人员构成的挑战，也包括对广告主、媒体等广告公司外部主体的影响。自 2012 年“程序化元年”起，程序化购买受到了资本的热烈追捧，上百家程序化购买平台涌现，先后历经了 RTB（实时竞价技术）爆发期、PMP（私有交易市场）引领期、视频猛增期、移动普及期四个关键发展节点。随着程序化购买的不断发展，其内部产业链也不断趋于完善。

（4）创意热店。

创意热店流程简化、反应迅速、效率较高，创意突出，旨在带给客户一对一的传播体验。由于品牌服务的需求结构在新的传播背景下发生结构性的剧变，因此广告主对品牌传播的服务提出了新的要求。创意热店的产生正是因为传统广告形态无法充分满足这样的对社会热点更快反应、更加去中间化的服务结构、更专业的细分优势等新需求。此外，创意热店的出现，其实是市场对于创意分散化的一种适应性调整。随着创意的适用场景不断变化，传播效率不断提高，传统广告产业链中创意环节集中于广告公司环节的现象客观上已经不能满足新兴的创意需求变化，大量分散性创意热店的出现，恰恰适应了这一环境变化的需要。

（5）咨询公司。

咨询业和广告业的交融渗透，似乎已经成为一种不可逆转的潮流与趋势。埃森哲等咨询巨头打着数据、技术的名号，纷纷加速涉足数字营销领域。相比于传统广告代理机构，埃森哲等咨询公司虽在创意内容、媒体计划、品牌战略部署等业务上与之相通，但手握市场洞察和数据报告的优势使它们往往更了解全球消费群体和市场舆情，再加上母公司商业资源的推动助力，打造一站式营销咨询平台就成为这些公司的卖点。

四、媒体

首先是媒体资源的分类标准发生了变化，传统上基于媒体类型的资源划分，正在转向以内容为中心进行的重新定义。一些有稀缺性资源优势的媒体也开始尝试“去乙方化”，开始涉足传统广告代理公司业务，并且在内容制作和广告植入层面开始主动创新，尤其是在媒介融合的推动下，广告投放逐渐实现自动化，广告媒体程序化运作成为必然趋势，广告媒体成为广告交易平台。拥有稀缺型资源的广告媒体开始吸收产业资源、扩大业务层次，往往凭借优质的流量资源推出广告交易平台，与广告主形成利益共同体。

1. 行业融合形势在加剧，媒体产业边界淡化

从行业发展来看，近年来 TMT 融合模式加速推进。所谓 TMT 融合，是指媒体与其上游的电信运营商及下游的科技企业之间的融合，这其中涉及行业的融合以及产业的融合。如美国四大电信运营商之一 AT&T 并购传媒巨头时代华纳，实现了从通信行业向传媒行业的大联通；腾讯先后投资数亿元入股创维旗下的酷开和 TCL 旗下的雷鸟，百度与小米、华为、高通等合作，不断加码对智能硬件的投入等，科技公司正在从内容、平台、入口等全方位向媒体领域布局。

从媒介业务来看，多家媒体机构、集团均已开始跨界运营。如默多克新闻集团入股印度数字房地产网站 Proptiger. com 以及数据与信息订阅业务网站 VCCircle Network。迪士尼集团业务则从早期动画业务拓展到娱乐产业多个领域，如主题公园及周边消费产品等。这些融合有助于媒体多层面获取受众需求信息和行业数据，并为行业提供更有效的咨询，也为自身拓展了收入来源，带来更多效益。

2. 从媒介资源产品到产业化思考

新的传播语境下，以内容和受众的需求为切入点，媒体不再定义自己是一个媒体，而是定义成一个产业公司、一个产业平台，整合产业的资源去经营，过往积累的优质内容是一个重要的优势。2018 年，北京卫视和三元食品联手将新产品衡安堂 166 优效酸奶推向市场，被视为一线卫视与一线品牌之间的深度产业战略合作。因为其打破了平台与企业之间广告资源买卖的传统关系，北京卫视的台属企业“京视卫星”承担起了“总经销商”的角色，独立承担新品的推广、销售，并且与三元食品进行利润分成。这一合作模式说明，媒体可以从下游媒体播出到整个产业链的运营，将原有的内容做好，以此吸引观众，在线上线下打造爆款，强化内容的持续影响力。

3. 从媒介资源产品到平台化运作

迈克尔·哈耶特在《平台》一书中提到，在当今市场要想获得成功，必须拥有两项战

略资产：让人欲罢不能的产品和有效的平台。相较于之前的产品逻辑，平台超越了企业的内部资源，而将价值升级到了企业相关的利益体中。“整合、互利、共赢”成为平台的关键词。充分利用第三方专业机构的力量，在节目开发的前端就理清商业价值的开发思路，甚至充分利用民众、网络的力量，从节目形态到合作机制，充分整合各方面资源。受众在进行内容接收时出现跨屏协作、多屏互动趋势。尼尔森市场调研公司作出的2018年度《媒体观察报告》指出：近年一个明显的变化是，从消费者的角度来看，我们在设备、服务和内容上，都已经拥有了更加丰富的选择。45%的受访者表示“经常”或“总是”同时使用数字设备和观看电视；近1/3的人表示“偶尔”同时使用这两个平台；只有12%的人声称“从未”“一心二用”。71%的受访者称，他们会检索与正在观看的电视内容相关的信息；51%的受访者表示，他们会检索音频相关的内容。这一趋势表明，当今的广告营销需要以内容为中心形成渠道共振协作。报告中提到，35%的电视观众以及25%的音频听众都购买了主平台上宣传的产品与服务。

4. 以内容为中心的产业链重构

今天的媒体有双重身份：作为多元化内容的聚合和播出平台，以及作为内容生产机构。当下的媒介渠道史无前例的丰富与多元，传统媒体在播出方面的优势在削减。进入互联网“下半场”，流量红利在消失，与此同时，各类互联网媒体也在遭受下滑。

以电视为例，广告主并不在意其选择的媒介平台是否为电视，而是更在乎内容，或者说相应的IP资源。内容可以通过二次创作，甚至引入第三方机构，激发受众来完成加工和改造。内容可以搭载任何平台，实现商业文化流行潮流的塑造。因此，业界曾经有观点提出“T2O”模型，从电视内容引爆互联网话题，实现传播影响力的放大和扩散。由此可以看出，对于内容原创性媒体机构而言，内容可以称为今天全媒体环境中实现传播价值的核心环节。如果能够围绕内容优势，打通产业结构的上下游各环节，则能够更好地发挥媒体的传播价值。对于媒体而言，具体在内容设计和创新时，需要结合自身的资源和优势，细分内容战略，比如是全民节目还是垂直节目，是高格调文化节目还是娱乐性节目，然后在此基础上去设计相应的经营策略，以匹配广告主需求。

总之，新的媒介生态环境下，媒体需要在格局中思考自己的位置，提炼自身的优势，聚焦到某一领域。原有的广告市场中，开始出现多样化、差异化。不同的品类产品，不同的市场阶段，广告主都有着不同的需求。媒介环境越多元化、碎片化，中心媒体的公信力、背书就越有价值。在销售为王的“所见即所买”时代，与消费者有着紧密关系的品牌建构的价值也愈发重要。信息的泛滥与可信赖的信息，信息层面的“流量”概念与认知层面的“信任”概念需要彼此互补、共同促进。

五、受众

传统广告产业链中，受众是模糊化、被动式信息接收环节，甚至没有被列入广告产业的主体之内。互联网时代，受众被物化为“流量”，作为可在一定程度上进行量化和二次让渡的媒体资源，被纳入广告产业链的环节之中。更为重要的是，当前的产业环境下，受众不再是信息传播的模糊化终点，而是直接关系到产业活动价值增值能力的重要力量。

具体而言，传统的广告活动以企业的生产为起点，以受众的传播触达为终点，有了触达就一定会有效果，因此传统广告活动中，传播力往往被作为衡量效果最为重要的标尺。在这种情况下，广告活动中受众观察的颗粒度较粗，对于以个体、个人为单位的受众并不关心，而对于受众的群体规模则非常重视。随着新媒体的勃兴，移动互联网时代受众颗粒度从群体逐步过渡到个体，随着传播力的下沉，被激活的信息化个体不仅以信息传播的终点而存在，还同时成为内容的生产者与传播者，多级传播、互动传播、群体传播的效力愈发明显，而原有的一对多的单向大众传播的效果不断削弱，随着个体受众主动性不断增强，受众观察的颗粒度不断细化，广告传播的起点正在从以企业生产为起点，转换为以受众的消费偏好和信息需求为起点。在这种情况下，单纯规模层面的覆盖和粗线条的简单触达，已经不能满足广告案例效果的有效达成，而信息传播的精度和对于受众行为的影响则成为广告主关注的重点。

1. 接触信息与回避广告的双重能力

今天的用户处于一种非常矛盾的境地之中，处于海量信息旋涡中的用户，一方面不断接受各种以精准为卖点的信息推送，算法决定了每个人在数字空间中接触到的信息类型和信息外延，也引发了人们对于算法霸权、信息茧房问题的反思；另一方面，受众也正在变成用户，以自身为中心主动建构自己的信息圈。对于主动的用户而言，随着媒介素养的不断提升，能够主动回避和忽略自己不感兴趣或不愿意关注的内容，而随时在不同信息平台之间进行跳转，用户无限接近媒体，但未必无限接近媒体提供给用户的所有内容。因此我们应当看到，今天用户与媒介之间的关系，不能简单等同于用户与内容之间的关系，尤其是不能等同于用户与广告之间的关系。用户也许离不开手机，但未必手机上出现的广告一定是有效的。从 2016 年开始，视频网站的注册用户数量开始快速发展，通过付费来避免广告带来的骚扰，已经成为很多用户的媒体使用习惯。尤其是当互联网的付费行为逐渐被越来越多的人接受之后，网络视频广告的传播效果肯定也会随之受到影响。

日本学者山本武利 20 世纪 80 年代初通过对中国电视受众进行深入研究发现，当时中国民众对广告的喜好度很高，甚至超过了电视剧。这一现象往往被作为广告在特定社会空间中影响力的有力佐证，但从根本上说，广告的受欢迎程度，其实是因为当时的社会空间中，广告几乎是唯一的优质商业信息来源，广告中寄托着受众对于美好生活的企盼，因此人们对广告的喜好程度和需要程度自然非常高。如今海量信息传播环境下，广告的“唯一”与“优质”特性逐渐弱化，良莠不齐的信息增加了受众的信息获取成本。人的主体性往往被淹没在“流量”的商业世界中，如何优化信息、适度传播、柔性传播将会是未来广告思考的关键点。

2. 碎片化受众的标签化重聚

消费需求的个性化形成了营销层次的细分，以及营销关系的进一步深化。关系深度不一样，获得的效果也不一样，最终还是要读懂人心才能真正在营销上建立对不同的量和价值的管理。广告传播始终追求一种规模化效应，是碎片化受众的重新聚合，只是重新聚合的维度与以往的地理人口等细分方式截然不同。如何把具有共性行为的典型用户筛选出来，进而推衍辐射到更宽泛的用户群体是未来广告专业化的重要领域。

3. 受众的主动性与主体性

在互联网时代，受众处于普遍连接的环境之中，并且越来越多的用户深谙营销传播之道。所处的场景、主动搜索、体验与分享成为商业信息传播的最重要组成部分。作为消费者的我们，会把自己对产品、对服务、对购买和使用过程中的感受，快速地分享给这个世界。与此相匹配的是新的内容需求、新的叙事表达、新的信息传播目标。很多传统媒体对此理解存在偏差，比如网络弹幕的发布者并不是发给平台方看的，是发给同时看视频的其他的同质化人群看的，因此对于媒体而言，应当明确一点，所谓用户的互动传播，其实指的是用户之间的互动，而非用户与媒体平台之间的互动。

这一点体现在消费和营销领域，也出现了从消费者到生活者的转向。在这个世界上，其实没有消费者存在，因为每个人购买产品的目的不是让企业赚钱，而是实现自己需要的价值。这就需要企业借助多学科知识，深度洞察受众需求的多元化，形成营销内容、手段、渠道的协同作用。

第三节　新型广告产业的结构变化和发展趋势

一、广告产业呈现局部链状、整体环状的结构特点

传统广告产业链结构中，位于产业链上、中、下游的企业分别为广告主、广告公司及媒体，受众作为广告的接收者，并没有参与广告产业价值增值活动，因此未被列入广告产业链之中，而是作为一个模糊的传播目标存在，如图 9-6（a）所示。然而，当受众的主体性越来越强，技术赋权下完成了从受众到用户的转变，实现从被动到主动的蜕变，这一板块已经深入参与并影响了现阶段广告产业活动的价值创造过程，主要体现在两个方面：一方面，受众是数字营销一切活动的基础和起点，传统的广告活动以企业的生产为起点，有什么样的商品，做什么样的广告，数字营销环境下的广告则更强调以受众的个性化需求为起点，满足用户需求的过程，就是企业与用户共创价值的过程。另一方面，受众更为主动地参与到商业信息的加工、筛选及分享的各个环节之中，在这一过程中，受众的主体性对于营销效果的最终达成至关重要，同时在广告价值增值的过程中，受众与产业其他主体全程进行着信息交换和交互影响，共同决定着最终的营销效果。

由此可见，从整体而言，今天广告产业结构已经脱离了线性链状的结构，演进成了循环轮状的结构，如图 9-6（b）所示。

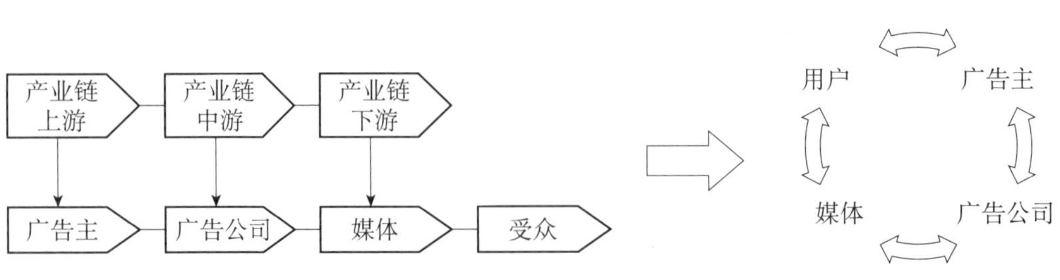

（a）广告产业链　　（b）广告产业环

图 9-6　广告产业结构从"链状"到"环状"

这一新产业结构与传统广告产业链相比，主要呈现三种变化：一是四个产业主体形成

了完整的营销闭环，商业信息的传播不再有明确的起点和终点，而是随着具体的营销目标进行业务流程的选取；二是各部分之间的双向互动和实时反馈成为常态，从整体层面来看，绝对意义上的产业活动固定顺序被打破，各产业主体之间的连接不再拘泥于中间环节，依托传播资源的不断泛化，各产业主体之间的连接、合作和价值交换更加直接；三是在四个主体范围内形成了一系列新兴业务，每项业务往往伴随着技术的更新和商业模式的调整，在这一过程中，形成了新的产业主体和价值增值过程。因此，虽然从整体结构而言，当前广告产业结构已经成为环状结构，但局部具体广告业务领域，实质上在新技术和新模式的搅动下，则裂变出了同时存在的多条产业链，呈现局部链状、整体环状的特点。

二、围绕具体业务形成的多条广告产业链

随着广告产业结构日趋复杂，当前对于广告产业链的定义维度也正在经历从单一到多元的变化，具体体现在通过不同的视角形成各有侧重的界定和描述，较为典型的有以下三种。

1. *以资源购买模式为依据的广告产业链*

这种产业链结构以“程序化购买”的数字广告资源销售为主，主要描述的是程序化购买流程中参与产业活动的各个环节，以及各环节之间的角色和关系，如图 9-7 所示。

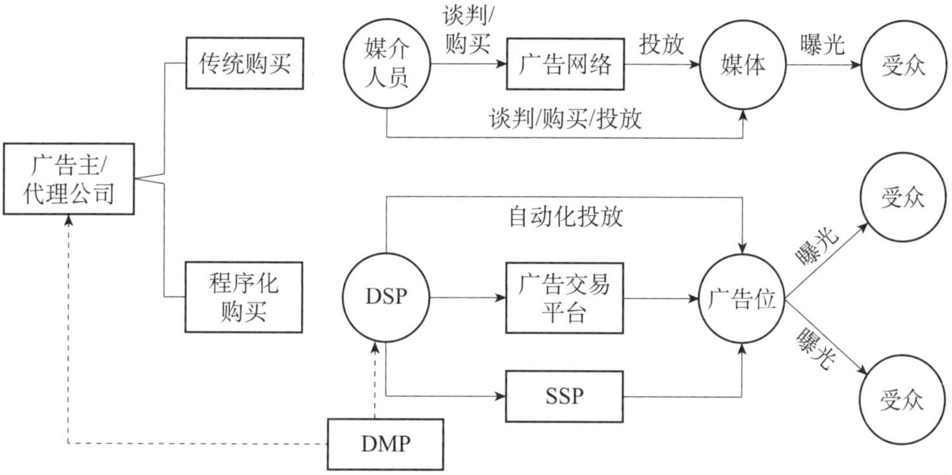

图 9-7 程序化购买广告产业链

大数据与云计算的兴起使得程序化购买的广告模式对传统广告产业形成冲击，随着行业的发展，程序化购买也逐渐形成一条清晰的产业链，从中我们可以看出传统广告产业中角色的转变。程序化购买产业链上出现的新角色主要包括 DSP（demand-slide platform，需求方平台）、广告交易平台、SSP（sell-slide platform，供应方平台）、DMP（data-management platform，数据管理平台）。与传统广告相比，程序化广告具有自动化、分散化和即时化三个特征，不但大大压缩了广告媒体投放的流程和时间，也打破了媒体的集中化购买行为，同时对于传统媒体而言，程序化广告的出现，使得媒体代理变成了媒体交易，客观上改变了广告活动中媒体资源与投放需求之间的绑定关系，从而带来了价值增值和价值分配环节的一系列调整。由于这一过程中整个广告的交易通过广告交易平台来进行，媒介代理公司

在这个过程中逐渐趋于消解。

2. 以媒体形态更新为依据的广告产业链

传统广告产业链的建构逻辑，其实遵循的是商业信息的提出、加工和传播流程。随着媒体形态的不断更新，围绕移动互联网等新兴媒体平台，也提出了相关的产业链设想。其中，移动互联网广告产业链无疑是其中热度颇高的领域之一。

从图 9-8 可以看出，当前业界对于移动互联网广告产业链的理解，总体上依然遵循传统广告产业链以商业信息传播为主体的逻辑，主要特点在于格外关注各环节裂变形成的新主体和新机构。应当明确的是，目前这一领域的变化速度较快，裂变产生的新机构层出不穷，会随着具体业务的探索和支撑技术的更新而不断变化。

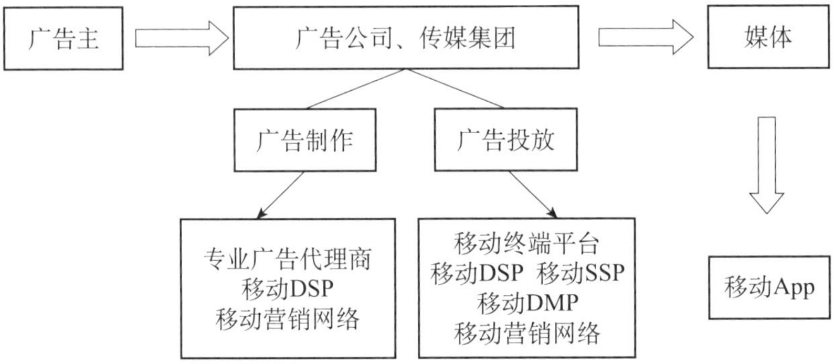

图 9-8 移动互联网广告产业链

3. 以新技术应用为依据的广告产业链

相较于上述两个产业链结构的假设，在技术浪潮中还有第三种常见的广告产业链视角，即以新技术应用为依据的广告产业链构建。此类产业链以技术在某一部分的应用为特征，强调技术对现有广告产业活动流程的优化和补充。从当前情况来看，并非所有的技术都能带来广告产业结构的系统性变化，有很多技术适用于产业流程的局部调整和产业活动价值增值过程的局部优化，因此，从新技术应用的角度来针对广告产业活动的痛点进行定向升级，应当是传统广告产业主体在发展中考虑的重点。

例如，近两年出现的区块链技术，从现阶段来看并不能全面改变广告产业的活动逻辑和产业结构，然而，对于当前数字广告中存在的痛点——“流量造假”，这一技术却有可能提供定向优化，即运用区块链技术记录广告点击次数，点击信息一旦通过验证进入区块链之后就不能进行篡改，单个节点对数据的修改是无效的，由此，有可能达到有效管控广告数据作弊、杜绝数据虚假泡沫的可能。

从图 9-9 可以看出，将区块链作为一个只能附加数据的分布式数据库引入程序化广告的产业链中，由于其技术本身是加密的，其内部的数据不可挖掘、不可篡改，在这个协议之下是全机器的处理，排除了人为干扰的可能，并且所有节点都可以对其进行监督，意味着历史数据不能丢失或损坏，这将改变许多行业的中间商在渠道分销方面近乎垄断的局面。所有广告主、各类媒体、创意者以及制作者等广告活动主体，均可通过区块链技术下的智能广告交易平台发布供需信息。这意味着广告主可以直接与适宜的创意者、制作者以及投放媒体等达成交易，缩减广告代理与媒介代理活动中的环节与流程，减少资源耗费。

无须第三方介入就能够进行点对点、多方、安全透明的广告市场交易，这不仅有利于减少由于数据不透明导致的虚假流量，而且可以提高广告行业的生产、传播效率。

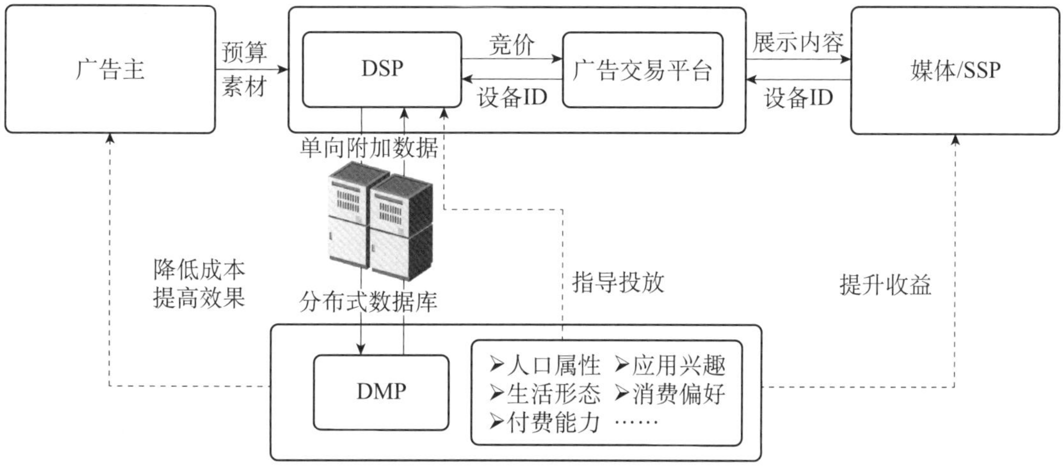

图 9-9 基于区块链技术的广告产业链

总之，思考广告产业结构，应当摒弃互联网企业常见的打破一切传统规则，过度追求颠覆式创新的思维定式，尤其是对于传统广告产业主体而言，考虑如何将新技术与广告产业活动的痛点结合，对于局部的优化和升级，其实是更加直接和高效的产业结构创新。

三、广告产业结构的发展趋势

1. 从明确主体到边界模糊

传统广告产业链各个主体之间的清晰边界，在互联网技术等多重因素的冲击下开始逐渐模糊。在广告主、广告媒介、广告公司的三者框架中，裂变出诸多新兴主体。万物皆媒的"泛媒体化"、不同媒体形态的融合、媒体与广告公司的跨界等现象屡见不鲜。以腾讯为例，它究竟是一家媒体，或是一家广告公司，或是一个拥有亿万量级用户集合体的媒体平台，已经很难去界定，只能说这种新的产业主体，是一种集合了大量受众、具有广告传播功能的综合信息服务平台，未来还有可能演化出不同的创新业务。

2. 从线性链状到生态系统

以往有着严格的线性链状的广告运作流程，在传播环境变革，尤其是受众的信息权力变化之后开始逐渐崩溃。广告产业链中的传播发起者、影响者、作用对象难以确定。在互联网所构建的大数据、云计算和人工智能等基础设施之上，用"产业链"来理解广告产业已经显得越来越无力，广告业各个主体之间的关系更像是一个处在不断变革与平衡的生态系统，各个主体之间的协同关系越来越紧密。

3. 稀缺性依然是竞争的核心命题

相较于传统广告产业链中对媒介资源稀缺性的争夺，当下出现了诸多的新概念，如"流量""爆款"等。这些新概念背后依然是"稀缺性"。"流量"经济的背后是受众注意力，注意力成为一种新的稀缺资源。媒介在极大丰富的同时，头部资源的稀缺性开始备受重视，优质客户在产业链中的价值也成为一种新的"稀缺资源"。

各个产业主体，尤其是媒体需要跳出信息层面的近乎“无限”的生产，回到“有限”的一些维度。一年365天是有限的、不变的，受众的注意力是有限的，受众的心智是有限的，受众对信息源的接受和理解是有限的。

从整体上来看，在媒介资源过剩与商业信息泛滥的同时，注意力和强影响力开始稀缺，媒体的头部资源的稀缺性依然存在，甚至较之以往更为重要；从媒介与人的关系来看，以人为中心的海量信息中那些基于人的场景的“适度连接”的传播触点，成为每个媒体应着重思考的要点；从媒体形态与媒体内容来看，按照传统媒体形态分类已无意义，广播、电视、短视频、竖屏等具体形态的划分，需要转向音视图文等媒体表现要素上；从现有媒体和新的媒体场景来看，借助新的技术浪潮去不断优化现有的连接方式和用户体验，也需要从用户角度去尝试思考并开发新的用户连接方式。

那么，新环境中，稀缺性资源究竟包括哪些呢？传统广告产业活动中，价值增值较高的环节分别是与企业战略决策密切相关的咨询类业务和与稀缺资源对接相关的优质媒体传播业务。真正的广告专业服务如创意、策划等反而由于存在变现曲折，缺乏刚性评价标准等问题而利润率较低。因此，传统广告产业竞争中的稀缺性资源主要有两方面：一是在企业战略层面的影响力；二是在优质媒体资源领域的代理权。然而，新型广告产业活动中，围绕用户关系和企业营销需求，正在形成新的稀缺性资源，其中主要有以下五个方面：

（1）数据。这不但包括用户个体的数据，还包括企业及行业的数据，对于数据的理解应当具有整体性，避免偏颇。

（2）注意力。新媒体的内容无限，但用户的时间有限，因此今天的广告竞争已经从比拼用户触达发展为比拼用户的时间占据。占据用户时间的核心其实是争夺用户的注意力资源。新媒体对传统媒体的冲击不在于内容质量，而在于培养了高黏性的用户使用习惯，从而在很大程度上瓜分了用户与媒体接触的有限时间，因此新媒体和传统媒体的竞争，其实就是对于用户注意力的争夺。

（3）信任。新媒体带来了高度开放化的信息传播环境，在这一过程中，信息的不确定性较高，用户呈现主动验证、选择性信任和选择性自我封闭等新的行为特征。信息的不确定性在一定程度上影响了广告在降低消费时间成本层面上的功能和价值，增加了消费者的选择性焦虑和试错风险。因此，信息越泛滥，信任越稀缺。

（4）规模化流量入口。未来媒体价值不再取决于形态和新旧，也不再拘泥于线上还是线下，而是取决于对于流量规模的吸附能力和引导能力。因此，从这一层面来讲，优质的媒体资源始终具有不可替代的稀缺性价值，权威主流媒体对企业品牌的背书效应始终是企业追求的营销战略目标，无论新媒体多么异彩纷呈，能够在央视、《人民日报》等媒体上进行品牌露出，都拥有不可比拟的价值和影响。未来的关键是这一价值如何沉淀及变现。对于传统媒体而言，应当思考如何从“流量”进化为“留量”，否则很容易陷入为他人作嫁衣的尴尬境地。

（5）优质的广告主资源。新媒体让不同规模的企业都拥有了对外发声的渠道，然而无论何时，优质客户对于广告产业主体而言都是一种稀缺资源，无论是广告公司还是媒体，在广告活动中其实都在强调自己服务了哪些品牌，与优质客户形成稳定的合作关系，是广告产业主体彰显自我实力的具体表现。媒体平台、广告公司和客户之间是彼此成就、相互背书、荣辱与共的关系，这一特点在未来的广告生态系统中将会更加明显。

4. 理性选择新技术应用的发力方向

从过往的广告产业链发展历史可以看到技术的深远影响力。作为未来社会生活与商业活动的基础界面，技术维度需要充分考虑5G、AI、区块链等新兴技术潮流。4G带来短视频，5G对应的是万物互联。对5G的思考需要从技术本身的革命价值出发，而不只是作为一种视听技术的应用。5G技术视角下的视听媒体技术应用，需要与5G所开创的更多新的智能应用场景的出现结合起来。对于传统媒体而言，如何将原有的数据资源、内容资源、制作能力优势等，与5G时代打造新的受众接触点进行有机结合，是开创一个新的产业格局的重要切入点。

在线自测

扫一扫 练一练

第十章　广告伦理与广告法规

当前，我国广告市场中互联网广告的市场规模已大大超越电视、广播、平面等传统媒体广告。但与传统媒体广告相比，新兴且发展势头良好的互联网广告存在更广泛的强迫侵扰、隐私侵犯、虚假欺诈、低级庸俗等问题，并受互联网分布式内容传播特性的影响，对社会的公序良俗造成危害。对广告活动主体进行有效的道德伦理与法律体系约束，能够实现广告活动的经济效益与社会效益的兼顾，引导广告市场向良性健康方向发展。

第一节　广告伦理

广告活动总是立足于一定的社会文化环境，并受其所处文化环境的伦理准则的制约。广告伦理贯穿广告活动的各个阶段，与广告主、广告代理商、广告媒介、广告受众等多个主体息息相关。广告活动主体需遵循诚实守信、公正平等、兼顾经济效益与社会效益等基本伦理原则，但由于技术进步及行业发展等原因带来的新的伦理问题，仍需各主体通力合作解决。

一、广告伦理解读

伦理（ethic）指一定社会的基本人际关系规范及其相应的道德原则。在中国，伦理二字连用而成为一个词始见于《礼记·乐记》："凡音者，生于人心者也；乐者，通伦理者也。"东汉郑玄注："伦犹类也；理，分也。"唐孔颖达疏："阴阳万物各有伦类分理者也。"意指把不同的事物、类别区分开来的原则、规范。在西方国家，英文 ethic（等于 ethics）一词源于希腊语 ethos，意为风尚、习俗、德性等，汉语译作"伦理"。"伦理"一词与"道德"一词通用，如"伦理关系"亦即"道德关系"。但也有人主张分开使用，"伦理"指社会的人际"应然"关系，对这种"应然"关系的概括就是道德规范，而"道德"则是主体对道德规范的内化和实践，即主体的德性和德行。"伦理"更侧重于社会，更强调客观方面，"道德"则更侧重于个体，更强调内在操守方面。这种区分，多见于社会伦理学、制度伦理学的研究。ethic 末尾加字母 s 后，用作单数时译为伦理学。

广告伦理是具体与广告活动有关的伦理现象。从广告业市场运作过程来看，广告伦理是指广告主、广告人、广告发布者等从事广告经营活动的广告从业人员在广告活动中应该遵守的行为规范。

作为应用伦理学的一个分支，广告伦理借鉴了古典伦理学和现代伦理学的理论，如功利主义、义务论、人道主义、正义论等，以解决广告实践中出现的具体伦理问题。具体来看，广告伦理具有以下的特点：

一是多元化广告主体。广告伦理所涉及的对象是多元化的，包含广告发布者、广告代理商、广告媒介、广告受众等多个主体，以及他们之间的相互关系。不同主体可能有不同的伦理观点和利益诉求，因此需要平衡和协调不同主体之间的冲突和矛盾。

二是多样化研究方法。广告伦理的研究方法是多样化的，包括文献分析、案例分析、情境分析、问卷调查、实验研究等。这些方法既可以从宏观层面探讨广告对社会和文化的影响，也可以从微观层面分析广告从业人员和消费者的伦理态度和行为。

三是动态变化的伦理议题。广告伦理的涉及范围是动态变化的，随着社会经济、科技发展、法律制度、文化传统等因素的变化，广告伦理面临着新的挑战和机遇。例如，数字化时代的广告创新带来了隐私保护、数据安全、用户体验等新的伦理议题。

二、广告伦理的主要原则

广告的伦理规范，就是制约广告传播行为及其过程和效果的潜在的道德规则，是广告传播所蕴含的伦理规律。广告传播的伦理规范，不是社会规定的，而是约定的，是在长期的广告传播行为中形成的。广告传播的伦理规范，是调节广告传播所涉及的各种利益主体之间关系的行为准则。具体来看，广告伦理的诚实守信原则、公正平等原则、维护公共利益原则是广告活动中应遵循的三个重要原则。

1. 诚实守信原则

诚实守信原则要求广告发布者在广告活动中提供真实、准确、完整的信息，不欺骗或误导消费者，信守承诺，不损害消费者的合法权益。这一原则体现了广告与消费者之间的信任关系，是维护市场秩序和诚信的基础。

2. 公正平等原则

公正平等原则要求广告发布者在广告活动中尊重消费者的自主选择，不利用消费者的无知、弱势或情感来操纵他们的行为，不歧视或侵犯消费者的人格尊严。这一原则体现了广告与消费者之间的平等关系，是保护消费者权益和尊严的前提。

3. 维护公共利益原则

维护公共利益原则要求广告发布者在广告活动中考虑广告对社会和环境的影响，不违反社会道德和公序良俗，不损害社会和谐和可持续发展。这一原则体现了广告与社会之间的责任关系，是促进社会进步和文明的动力。

三、常见的广告伦理失范问题

广告伦理失范，即广告从业者的职业行为与职业道德相悖逆，导致广告活动中的价值标准错位，广告行为的动机、手段和效果偏离了广告伦理的相关原则与规范。广告实践活动中最典型的伦理失范问题主要有隐私侵扰、低级庸俗、歧视伤害和强迫侵扰。解决伦理失范问题，需要各广告相关主体通力合作，通过明确责任、界定范畴，以及在深刻了解相关文化背景的基础上相互尊重，实现广告伦理失范问题的积极处理。

1. 广告伦理的失范行为

广告实践活动中最典型的伦理失范行为有以下几种：

（1）虚假欺诈广告。

虚假欺诈广告指一些广告发布者或经营者为了获取更多的利润或市场份额，使用不真实、不准确、不完整的信息，欺骗或误导消费者的现象，违反了广告法律法规和商业道德。这种现象在互联网广告中尤为普遍，因为互联网广告具有传播速度快、覆盖面广、成本低等特点，一些不法或不良的广告经营者更容易利用互联网平台进行虚假欺诈。具体而言，广告中的虚假欺诈现象有以下几种表现形式：

1）虚假宣传。在广告中提供不真实、不准确、不完整的信息，欺骗或误导消费者，夸大产品或服务的功能、效果、质量等，隐藏产品或服务的缺陷或风险等。例如，一些医疗广告和保健品广告宣传能够治疗或预防各种疾病，但不能提供有效的证据或科学依据。

2）误导性陈述。在广告中使用模糊、含糊、暗示等语言、图像、声音等，让消费者产生错误的联想或推理，对商品或服务的性质、来源、价格、用途等产生误解。

3）虚假代言。在广告中使用特定人物的形象或声音，未经本人同意或授权，或者与本人没有实际合作关系。例如，一些化妆品或服装的广告擅用演员、专家、权威机构等进行推荐。

（2）低级庸俗广告。

低级庸俗广告指一些广告发布者或经营者为了吸引消费者的注意力，使用一些与广告内容无关或不符合社会公序良俗的语言、图像、音乐等元素，制造冲击、刺激或争议的效果，损害社会公共利益和文化品位的现象。这种现象在互联网广告中尤为突出，因为互联网广告具有传播速度快、覆盖面广、成本低等特点，一些不法或不良的广告经营者更容易利用互联网平台进行低俗宣传。具体而言，广告中的低级庸俗现象有以下几种表现形式：

1）性暗示。在广告中使用含有性意味或色情暗示的语言、图像、声音等，诱导消费者产生好奇心，从而达到吸引眼球或刺激消费的目的。

2）恐怖暴力。在广告中使用含有恐怖、血腥、暴力等内容的语言、图像、声音等，制造惊吓或恐慌的效果，从而达到引起注意或创造话题的目的。

3）低俗。在广告中使用含有粗俗、下流、无厘头等内容的语言、图像、声音等，制造笑料，从而达到娱乐消费者或增加亲和力的目的。

（3）隐私侵犯广告。

隐私侵犯广告通常包括两种情况：一种是在广告中收集、使用或泄露消费者的个人信息，如姓名、电话、地址、邮箱、银行账户等，侵犯消费者的隐私权。例如，一些广告利用用户的网络行为或地理位置等数据，进行个性化或定位化的推送；一些广告将用户的个人信息出售或提供给第三方。另一种是在广告中侵犯他人的合法权益，如名誉权、肖像权、隐私权、知识产权等。例如，一些广告擅用特定人物的形象或声音作为代言人或角色，未经本人同意或授权。

（4）强迫侵扰广告。

强迫侵扰广告指在广告中使用强制、威胁、诱惑等手段，干扰或影响消费者的正常生活和工作，剥夺消费者的自由选择权。例如，一些电视或网络广告过于频繁或过长，打断消费者的观看或浏览；一些电话广告或短信广告不顾消费者的意愿和时间，强行推销商品或服务。互联网广告中的强迫侵扰现象尤为严重，部分广告发布者利用互联网媒介，如网站、网页、应用程序等，以弹出、推送、跳转等形式发布或发送广告，强制用户观看或点击，干扰用户正常使用网络的行为。这种行为不仅影响用户的体验和效率，还可能侵犯用户的隐私和安全，误导用户消费，损害社会公共利益。

(5) 歧视伤害广告。

歧视伤害广告指那些在宣传商品或服务的过程中，对某一特定的群体或个体进行贬低、侮辱、嘲讽或误导的广告。这些广告不仅违反了广告法的规定，也违背了社会良好风尚和公序良俗，损害了消费者的权益和尊严，引发了公众的不满和抵制。广告中的歧视伤害现象有以下几种表现形式：

1) 性别歧视广告。这类广告以男性或女性为目标，利用性别刻板印象或偏见来宣传自己的产品或服务，暗示或明示某一性别的优越或劣势，或者将某一性别物化、贬低、羞辱。

2) 种族歧视广告。这类广告以不同种族或民族为目标，利用种族或民族特征或文化来宣传自己的产品或服务，暗示或明示某一种族或民族的优越或劣势，或者嘲笑、歧视、侮辱某一种族或民族。

3) 残疾歧视广告。这类广告以残疾人为目标，利用残疾人的身体缺陷或困难来宣传自己的产品或服务，暗示或明示残疾人的可怜，或者表现出对残疾人的嘲弄、讽刺。

案例分享

某茶饮品牌的低俗广告风波

一家以中式古风为特色的茶饮品牌，曾因为在其马克杯产品和茶包上使用含有侮辱女性的语言，引发了网友的强烈抗议。该品牌先后两次致歉，承认自己在创作中不当，表示会下架所有涉及问题产品，并从创作尺度、创作管理、产品管理等各个环节去改进工作。

这起事件引发了社会对广告伦理和广告监管的关注和讨论。一些专家和媒体认为，广告创意不应该以低俗和歧视为卖点，而应该遵循广告法和社会公序良俗的要求，尊重消费者的权益和尊严。同时，也呼吁相关部门加强对广告内容的审查和监督，及时查处违法违规的广告行为。

对此，人民网发布评论《品牌营销也要把握好幽默的边界》，指出："品牌在做宣传营销时，都有其想要表达的主题，但广告是面向所有人的，自然要考虑绝大部分人的感受。不能为了宣传效果，而忽略可能会造成的社会影响。在营销上搞创意、抖机灵无可厚非，但不可破了底线。守法遵规、尊重公序良俗是红线也是底线。任何试图挑战公众底线、突破幽默边界的手段、套路，不仅添不了彩，反而会起到反作用。"

2. 数智时代广告引发的科技伦理隐患

数智时代，广告经历了机器内容生产、传播场景扩充、精准分发等智能进阶，这无疑冲击了传统广告产业，使其迈向全面智能化，是技术创新颠覆人类社会的重要体现。然而，智能化广告产业还潜含着一系列伦理问题。由于伦理学关涉人与人、人与社会的关系，故而从人本身出发探寻智能广告引发的科技伦理隐患具有一定的合理性。

（1）隐私危机与难以满足的安全需求。

在万物皆数据化的数智时代，人们所处物理世界乃至人本身经历了数据化转移，“安全需求”由此便有了新的含义：一是人们有保障个人数据隐私安全的需求；二是人们有拒绝数据侵袭，从而确保所处环境私密安全的需求。目前，广告产业的智能化演进表明，数智时代人们的安全需求正面临危机。

一方面，基于个人数据分析而实行的广告精准分发正侵犯着个体的数据隐私安全。数智时代，线下广告数字化布局、线上广告群体定向乃至个体定向、OMO 模式等广告分发规则，无一不是建立在分析用户数据基础之上的，为了节约广告成本适当进行用户数据聚类本无可厚非，但目前大量广告平台凭借技术手段无底线挖掘用户隐私信息的行为实则破坏了伦理秩序。

另一方面，泛滥的广告传播场景实则意味着人们摆脱广告进行独处的权利被剥夺。当人们在公共场合时，基于物联网、通信技术展示的电梯广告、快递柜广告、地铁广告不断出现。当人们在私人领域时，基于浏览历史出现在手机、电脑中的广告层出不穷。工作时，隐私泄露导致垃圾短信、推销电话泛滥。娱乐时，基于用户画像分发的信息流广告、植入广告数不胜数……人们已经处于一个每时每刻都被广告裹挟的世界。

（2）信息“茧房”与逐步丧失的归属需求。

数智时代，算法主导的广告分发规则正通过精准营销形成信息“茧房”，从而造成人与人的疏离。与传统的信息“茧房”效应相比，数智时代的广告算法技术使得人与信息的关系范式发生了逆转，人不再是完全主动选择信息的主体，而成为被动喂养信息的他者。此外，智能化广告已通过个体定向真正实现了千人千面，每个人看到的广告都不可能完全相同，寻找志同道合者的机会被进一步缩减。

在算法私人定制下，信息“茧房”式的广告推送模式将产生如下伦理问题：一是广告信息同质化，如年轻女性看到大量美妆类广告、中年人看到的广告集中于投资、老年人看到的广告集中于养生等。二是广告圈层破碎化，前数智时代较大的群体圈子被打散为若干小圈子，乃至被精确至个人。信息同质化和圈层破碎化将导致人们很难在网络世界得到多元信息与群体认同，进而将产生孤独感，如此，人与人之间将产生疏离，人们的归属需求难以得到满足。

（3）算法歧视与无法达成的尊重需求。

数智时代算法精准分发在广告中的应用消解了人们的尊重需求，这主要源于算法模型中潜在的歧视倾向。统计表明，广告推荐算法在种族、性别、价格等诸多方面存在歧视，如谷歌广告服务潜含种族歧视，若用户姓名中包含黑人特征的字眼，无论其是否有过犯罪记录，都更可能被推送隐示逮捕的广告，而使用具有白人姓名特征的字眼接收到的广告则更偏中性。自动投放的招聘广告具有性别歧视，男性更容易看到高薪广告，女性则相反。价格歧视屡见不鲜，电子商务中根据用户黏性及消费能力不同而差异化定价等。

数智时代，与算法打交道成为人们日常生活的重要组成部分，算法歧视折射出的不被算法尊重正损伤着人们的自尊，使人们的尊重需求从根本上难以得到满足。此外，算法歧视还将进一步拉大数字鸿沟。因此，数智时代基于算法与用户数据而进行的广告精准分发从两个层面难以给予人们尊重：一是源于算法本身的歧视，使人们在与算法打交道时不被尊重；二是算法歧视引发的人与人在现实社会中的差距被拉大，使人们难以得到他人的尊重。因此，无论是广告智能分发，还是其他内容领域的精准推送，都必须匡正算法歧视，从而培养人们的自信与力量。

（4）创意阶层被取代与难以满足的自我实现需求。

数智时代机器智能生产取代人工设计广告内容的出现正通过加速创意阶层消亡的方式阻碍着人们的自我实现。创意阶层是后工业化社会的产物，伴随着技术的进步、经济的发展，工业时代那种分工协作已无法满足人们对工作的需求，物质生活的极大丰富也激发了人们对创意产品的兴趣，伴随着创意经济的来临，创意阶层应运而生。里查德·佛罗里达认为，创意阶层并非生而为之，而是通过努力开拓才成为其中的一员，这意味着，成为创意阶层并努力发挥创意天赋是自我实现的一种方式。在广告领域，作为超级创意核心，广告设计师凭借创意思维设计出海报、视频等广告内容，并通过广告的成功获得自我实现；数智时代，基于大数据并通过 AIGC 辅助进行的创意内容生产，在数量、效率等方面碾压人类设计师，侵蚀着创意阶层的生存空间。智能机器取代创意阶层，实际上侵占了创意阶层释放潜能的机会，使其自我实现的需求难以被满足。

第二节 广告法规

广告市场的平稳、健康、可持续发展，离不开一套完备科学的广告管理体系。目前我国的广告管理体系采用的是以政府规制为主、行业自律机制和社会监督机制为辅的政府主导型规制模式。其中，政府规制最重要的手段是法律规制和行政规制。两者中，法律规制起到基础性作用，行政规制、行业自律机制、社会监督机制等规制模式均需参照相关的广告法规和政策措施，对广告行业主体及其活动进行监督、检查和指导。

一、我国广告法规的演变

我国广告法规的演变历程可以分为以下几个阶段。

1. 第一阶段：起步与曲折发展（1949—1978 年）

新中国成立后，国内各大中城市立即着手对广告业进行整顿，取缔了国民党政府发布的广告管理法规，并先后制定颁布了一些新的广告管理办法和规定。1949 年 12 月，上海市人民政府公布了《广告管理规则》，对新中国成立后如何在上海从事广告活动作了具体规定。新中国成立之初也是广告法律体系建设的起步阶段，这一时期广告法律体系建设特征明显以地方行政规定和措施为主，国家法律、法规中基本未涉及广告管理方面的内容，不同城市的相关规定也不尽一致，各地规定中对广告管理更多的是强调政策上的相对独立性，此时所制定的所有广告管理法规均明显突出广告为社会主义服务的特点。

从 20 世纪 50 年代起，我国开始实行社会主义条件下的计划经济体制。各个生产厂家，无论是国有体制的大中型企业，还是公私合营企业，所生产出来的产品全部由国家统一调配销售，因而所有的企业也就不用为自己产品的市场营销操心。此后“文化大革命”的十年间，广告的商品宣传作用遭到否定，已经制定并实行多年的广告管理规定被废除，新中国成立后所取得的广告法律体系建设成就也被推翻。

2. 第二阶段：恢复与探索（1979—1991 年）

这一阶段是改革开放后中国广告产业开始恢复和发展的阶段，也是中国广告法规建设的起步阶段。1979 年，《文汇报》上发表了文章《为广告正名》，呼吁重新认识和发展广告业。同年，中宣部下发了《关于报刊、广播、电视台刊登和播放外国商品广告的通知》，标志着政府对广告业的鼓励和支持。1982 年，国务院颁布了《广告管理暂行条例》，这是新中国成立后颁布第一部广告管理法规，对广告活动的内容、形式、主体、监督等方面作出了规定。1987 年，国务院颁布了《广告管理条例》，对《广告管理暂行条例》进行了修订和完善，增加了对广告经营者、发布者、代言人等的责任规定，明确了对违法广告的处罚措施。这两部法规为中国广告业的健康发展奠定了基础。

纵观这一时期的广告法规建设，基本上完成了我国广告法律体系的大框架，由部门、地方制定行政规定上升到由中央、国务院来统一规划制定，广告监督管理工作也在全国范围内有了统一、明确的规范，即国家各级工商行政管理局为广告监督管理和广告行政执法机构，并初步形成了一个与之相配套的行政法规系统，即以《广告管理条例》为核心的广告法律体系，这就为《广告法》的制定打下了必要的理论和实践基础。

3. 第三阶段：快速发展与完善（1992—2001 年）

这一阶段是我国社会主义市场经济体制确立后广告产业进入快速发展的阶段，也是我国广告法规建设进入完善的阶段。1992 年，邓小平同志发表“南方谈话”，提出要坚持改革开放，建立社会主义市场经济体制。1994 年，全国人大常委会通过了《中华人民共和国广告法》，这是我国第一部专门针对广告活动的法律，对广告内容、行为、监管、责任等方面作出了全面、系统、具体的规范，是新中国成立后的第一部社会主义性质的广告法。《中华人民共和国广告法》的出台，是我国改革开放以来，适应社会主义市场经济体制的需要，对广告业进行法治化管理的重要举措。它填补了我国这一领域立法的空白，为广告业的健康发展提供了法律依据和制度保障。它标志着中国广告法律体系正式形成，并与国际接轨。

4. 第四阶段：持续发展与调整（2002—2014 年）

这一阶段是我国加入世界贸易组织后广告产业进入持续发展的阶段，也是我国广告法规建设进入调整的阶段。2002 年，我国正式加入 WTO，开启了全球化进程。在面对巨大机遇和挑战的情况下，广告产业不断创新和转型，涌现出互联网广告、移动媒体广告等新型媒介和形式。为适应新形势下的市场需求和社会变化，我国对《广告管理条例》进行了修订，并于 2003 年颁布实施。修订后的《广告管理条例》对互联网等新媒介的管理作出了明确规定，并增加了对虚假和违法广告的处罚力度。

5. 第五阶段：转型升级与修订（2015 年至今）

这一阶段是数字时代到来后我国广告产业进入转型升级阶段，也是我国广告法规建设进入修订阶段。随着互联网技术的飞速发展和普及，数字媒体成为主流媒介之一，网络营销、社交媒体营销、移动营销等新兴模式不断涌现，给传统广告业带来了巨大的冲击和挑战。为了适应新的市场环境和消费者需求，2015 年和 2021 年，我国对《中华人民共和国广告法》进行了两次修订。修订后的《中华人民共和国广告法》对互联网广告、广告代言人、医疗、药品、保健食品等领域的广告管理作出了更加明确和完善的规定，并提高了对虚假和违法广告的处罚标准，以保护消费者的合法权益，促进广告业的健康发展。2016年颁布实施了《互联网广告管理暂行办法》，这是针对互联网广告领域的专项部门规章，对互联网广告的定义、内容、形式、主体责任、监督管理等方面作了明确和完善。2023年，国家市场监督管理总局修订发布了《互联网广告管理办法》，进一步细化互联网广告相关经营主体责任，明确行为规范，强化监管措施，对新形势下维护互联网广告市场秩序，助力数字经济规范健康持续发展具有重要意义。

我国的广告法治建设是整个经济建设一个重要组成部分，是维护社会主义市场经济秩序的强有力保障。伴随着我国法律制度的日趋完善，广告法律体系的构架亦基本成形，到目前为止，已形成了以《中华人民共和国广告法》为主要法规，以《广告管理条例》为必要补充，以国家市场监督管理总局单独或会同有关部门制定的相应行政规章和规范性文件为具体操作依据，以地方行政规定为运作措施，以行业自律为补充的广告管理的立体式、分层次法律体系。

二、我国的广告法律体系

我国现行的广告法律体系主要由以下部分构成。

1.《中华人民共和国广告法》

作为广告业务监管的基本法，《中华人民共和国广告法》（以下简称《广告法》）规定了商业广告活动的一般要求，是广告业务行政监管法律体系的基础。《广告法》自1995年2月1日施行以来，在规范广告活动、促进广告业健康发展和保护消费者权益方面，发挥了重要作用。2015年4月24日，第十二届全国人民代表大会常务委员会第十四次会议第一次修正了《广告法》，对广告内容、形式、主体责任、监督管理、法律责任等方面作了完善，增强了针对性和可操作性。

2021年4月29日，第十三届全国人民代表大会常务委员会第二十八次会议第二次修正了《广告法》，体现了适应新形势、新问题、新需求的要求，对完善我国广告法制体系、提高广告监管效能、维护市场秩序和社会公益具有重要意义。具体而言，《广告法》2021年修正的意义主要体现在以下几个方面：

一是强化了广告主体的责任和义务。修订后的《广告法》明确了广告主、广告经营者、广告发布者和广告代言人的定义和责任，规定了他们应当遵守的行为规范和内容准则，增加了对他们的监督管理和处罚措施，强化了他们的诚信经营和合法经营的意识和能力。

二是完善了广告内容的规范和限制。修订后的《广告法》对广告内容作出了更加明确和细化的规定，禁止或者限制了一些不利于消费者权益、社会公益或者国家利益的内容，如使用极限用语、涉及疾病治疗功能、含有歧视性或者侮辱性的内容等，并规定了一些特殊领域或者特殊对象的广告应当遵守的特别要求，如医疗、药品、保健食品、教育培训、招商等领域以及针对未成年人或者残疾人的广告等。

三是适应了新媒介和新形式的发展变化。修订后的《广告法》对互联网等新媒介和形式的广告进行了专门规范，明确了互联网平台企业经营者、电子商务经营者等新型主体在发布或者传播广告时应当履行的审查义务和管理责任，并规定了互联网广告应当具有可识别性，不得以新闻报道等形式变相发布或者利用其他商品或者服务的广告变相宣传烟草制品等内容。

四是提高了违法广告的惩治力度。修订后的《广告法》对违反规定发布或者传播虚假违法广告的行为增加了处罚力度和范围，不仅对直接责任人员给予罚款、没收违法所得、吊销营业执照等处罚，还对相关责任人员给予警告、降级、撤职等处分，并将构成犯罪的依法追究刑事责任。

2.《广告管理条例》

《广告管理条例》是《广告法》的配套行政法规，对《广告法》的有关规定作了进一步细化和补充，对广告活动的具体管理办法和程序作了规定。《广告管理条例》自 1995 年 3 月 1 日施行以来，在指导和规范广告活动方面起到了重要作用。2016 年 9 月 1 日，国务院发布了修订后的《广告管理条例》，对互联网广告、广告代言人、医疗、药品、医疗器械、保健食品等领域的广告管理作了明确和完善。

3. 部门规章、规范性文件

部门规章、规范性文件是根据《广告法》和《广告管理条例》的授权，由国务院有关部门制定的具体执行规则，针对不同领域或者不同环节的广告活动作出专门规范。与广告相关的部门规章主要可以分为以下几类：一是国家市场监督管理总局（原国家工商行政管理总局）作为广告主管部门单独发布的有关广告的规章/规范性文件，如《互联网广告管理暂行办法》《房地产广告发布规定》《医疗美容广告执法指南》及 2023 年 3 月发布的《广告绝对化用语执法指南》等；二是国家市场监督管理总局联合其他部门制定的与广告有关的规章/规范性文件，如《大众传播媒介广告发布审查规定》《公益广告促进和管理暂行办法》《关于做好校外培训广告管控的通知》《互联网弹窗信息推送服务管理规定》《网络直播营销管理办法》等；三是其他有关部门制定的与广告有关的规章/规范性文件，如工业和信息化部发布的《关于开展信息通信服务感知提升行动的通知》等。

其中，《互联网广告管理暂行办法》是针对互联网广告行为制定的专门性规章。2023 年 2 月 25 日，国家市场监督管理总局发布了《互联网广告管理办法》，进一步明确了广告主、互联网广告经营者和发布者、互联网信息服务提供者的责任；积极回应社会关切，对弹出广告、开屏广告、利用智能设备发布广告等行为作出规范；细化了关于“软文广告”、含有链接的互联网广告、竞价排名广告、算法推荐方式发布广告、利用互联网直播发布广告、变相发布须经审查的广告的规定。《互联网广告管理办法》于 2023 年 5 月 1 日起施行，《互联网广告管理暂行办法》同时废止。

4. 地方性法规、规章

地方性法规、规章是根据《广告法》和《广告管理条例》的精神，由地方市场监督管理部门发布的相关指导意见或者通知，对某些具体问题或者情形进行解释或者明确，以便于执行和落实。例如，浙江省市场监管局于 2021 年 10 月发布的《明星商业广告代言行为合规指引》、上海市市场监管局于 2022 年 1 月发布的《商业广告代言活动合规指引》等。

广告业务行政监管主要法律规定的汇总见表 10－1。

表 10-1　广告业务行政监管主要法律规定的汇总

序号	名称	效力层级
一、综合性规定		
1	《中华人民共和国广告法》(2021 年 4 月 29 日第二次修正并实施)	法律
2	《中华人民共和国电子商务法》(2019 年 1 月 1 日实施)	法律
3	《中华人民共和国消费者权益保护法》(2014 年 3 月 15 日实施)	法律
4	《中华人民共和国反不正当竞争法》(2018 年 1 月 1 日实施)	法律
5	《广告管理条例》(1987 年 12 月 1 日实施)	行政法规
6	《广播电视管理条例》(1997 年 9 月 1 日实施)	行政法规
7	《互联网广告管理办法》(2023 年 5 月 1 日实施)	部门规章
8	《互联网弹窗信息推送服务管理规定》(2022 年 9 月 30 日实施)	部门规章
9	《广播电视广告播出管理办法》(2010 年 1 月 1 日实施)	部门规章
10	《公益广告促进和管理暂行办法》(2016 年 3 月 1 日实施)	部门规章
11	《互联网电子邮件服务管理办法》(2006 年 3 月 30 日实施)	部门规章
12	《市场监督管理行政处罚程序规定》(2021 年 7 月 15 日实施)	部门规章
13	《市场监督管理投诉举报处理暂行办法》(2020 年 1 月 1 日实施)	部门规章
14	《市场监督管理严重违法失信名单管理办法》(2021 年 9 月 1 日实施)	部门规章
15	《工商行政管理机关行政处罚案件违法所得认定办法》(2009 年 1 月 1 日实施)	部门规章
16	《市场监管总局关于加强网络直播营销活动监管的指导意见》(2020 年)	部门规范性文件
17	《网信办、公安部、商务部等关于印发〈网络直播营销管理办法(试行)〉的通知》(2021 年 5 月 25 日实施)	部门规范性文件
18	《市场监管总局关于深入开展互联网广告整治工作的通知》(2019 年 3 月 29 日发布)	部门规范性文件
19	《市场监管总局、中央网信办、文化和旅游部、广电总局、银保监会、证监会、国家电影局关于进一步规范明星广告代言活动的指导意见》(2022 年 10 月 31 日发布)	部门规范性文件
20	《国家发展和改革委员会、国家工商行政管理总局关于部门规范性印发〈广告服务明码标价规定〉的通知》(2006 年 1 月 1 日实施)	部门规范性文件
21	《国管局、中直管理局、财政部等关于严禁中央和国家部门规范性机关使用"特供""专供"等标识的通知》(2013 年)	部门规范性文件
22	《浙江省市场监督管理局关于印发〈明星商业广告代言行为合规指引〉的通告》(2021 年 10 月 29 日发布)	地方规范性文件

续表

序号	名称	效力层级
23	《上海市市场监督管理局关于印发〈商业广告代言活动合规指引〉的通知》(2022 年 1 月 20 日实施)	地方规范性文件
24	《北京市市场监督管理局关于印发轻微违法行为容错纠错清单的通知》(2023 年 8 月 22 日实施)	地方规范性文件
25	《北京市市场监督管理局行政处罚裁量权适用规定(2024 修订)》(2024 年 5 月 7 日发布)	地方规范性文件
二、专项规定		
(一)医疗、药品、医疗器械、化妆品广告		
1	《中华人民共和国药品管理法》(2019 年 12 月 1 日实施)	法律
2	《中华人民共和国中医药法》(2017 年 7 月 1 日实施)	法律
3	《医疗器械监督管理条例》(2021 年 6 月 1 日实施)	行政法规
4	《中华人民共和国药品管理法实施条例》(2019 年 3 月 2 日第二次修订)	行政法规
5	《化妆品监督管理条例》(2021 年 1 月 1 日实施)	行政法规
6	《医疗广告管理办法》(2007 年 1 月 1 日实施)	部门规章
7	《医疗器械广告审查办法》(2009 年 5 月 20 日实施)	部门规章
8	《药品、医疗器械、保健食品、特殊医学用途配方食品广告审查管理暂行办法》(2020 年 3 月 1 日实施)	部门规章
9	《化妆品标识管理规定》(2008 年 9 月 1 日实施)	部门规章
10	《互联网药品信息服务管理办法》(2004 年 7 月 8 日实施)	部门规章
11	《市场监管总局关于发布〈医疗美容广告执法指南〉的公告》(2021 年 11 月 11 日实施)	部门规范性文件
12	《市场监管总局办公厅关于做好药品、医疗器械、保健食品、特殊医学用途配方食品广告审查工作的通知》(2018 年 12 月 4 日实施)	部门规范性文件
13	《国家食品药品监督管理局关于进一步做好对严重违法部门规范性广告涉及的药品医疗器械保健食品采取暂停销售措施工作的通知》(2013 年发布)	部门规范性文件
14	《国家食品药品监督管理局关于印发药品、医疗器械、保健食品广告发布企业信用管理办法的通知》(2007 年 10 月 16 日发文)	部门规范性文件
15	《国家药监局关于公布允许发布处方药广告的医学药学专业刊物名单的通告》(2023 年 7 月 12 日发文)	部门规范性文件
16	《国家中医药管理局办公室关于规范中医医疗广告工作若干问题的通知》(2009 年 4 月 29 日发文)	部门规范性文件
17	《卫生部关于门诊病历登载医疗机构简介等不纳入医疗广告审查范围的批复》(2008 年 4 月 10 日发文)	部门规范性文件

续表

序号	名称	效力层级
18	《国家食品药品监督管理局关于在药品广告中规范使用药品名称的通知》(2006 年 6 月 1 日实施)	部门规范性文件
19	《市场监管总局办公厅关于印发〈药品、医疗器械、保健食品、特殊医学用途配方食品广告审查文书格式范本〉的通知》(2020 年 2 月 27 日发文)	部门规范性文件
(二) 食品、保健食品、烟草广告		
1	《中华人民共和国食品安全法》(2015 年 10 月 1 日实施)	法律
2	《中华人民共和国烟草专卖法》(1992 年 1 月 1 日实施)	法律
3	《药品、医疗器械、保健食品、特殊医学用途配方食品广告审查管理暂行办法》(2020 年 3 月 1 日实施)	部门规章
4	《农业部科技教育司关于指导做好涉转基因广告管理工作的通知》(2015 年 1 月 21 日实施)	部门规范性文件
5	《国家烟草专卖局关于发布〈电子烟管理办法〉的公告》(2022 年 5 月 1 日实施)	部门规范性文件
6	《国家烟草专卖局关于加强电子烟监管有关事项的通知》(2022 年 9 月 28 日发文)	部门规范性文件
7	《国家烟草专卖局、国家市场监督管理总局关于进一步保护未成年人免受电子烟侵害的通告》(2019 年 10 月 30 日发文)	部门规范性文件
8	《国家卫生健康委、中央宣传部、教育部等关于进一步加强青少年控烟工作的通知》(2019 年 10 月 29 日发文)	部门规范性文件
9	《北京市控制吸烟条例》(2015 年 6 月 1 日实施)	地方性法规
(三) 教育培训广告		
1	《中华人民共和国民办教育促进法》(2003 年 9 月 1 日实施)	法律
2	《中华人民共和国未成年人保护法》(2021 年 6 月 1 日实施)	法律
3	《中华人民共和国民办教育促进法实施条例》(2021 年 9 月 1 日实施)	行政法规
4	《中华人民共和国中外合作办学条例》(2003 年 9 月 1 日实施)	行政法规
5	《中华人民共和国中外合作办学条例实施办法》(2004 年 7 月 1 日发布)	部门规章
6	《教育部办公厅等十二部门关于进一步加强学科类隐形变异培训防范治理工作的意见》(2022 年 11 月 21 日发文)	部门规范性文件
7	《市场监管总局、中央宣传部、中央网信办、教育部、民政部、住房城乡建设部、国务院国资委、广电总局关于做好校外培训广告管控的通知》(2021 年 11 月 9 日发文)	部门规范性文件
8	《教育部等八部门关于规范“大学”“学院”名称登记使用的意见》(2021 年 5 月 13 日发文)	部门规范性文件

续表

序号	名称	效力层级
9	《教育部办公厅关于严禁商业广告、商业活动进入中小学校和幼儿园的紧急通知》（2018 年 10 月 10 日发文）	部门规范性文件
10	《教育部等八部门关于引导规范教育移动互联网应用有序健康发展的意见》（2019 年 8 月 10 日发文）	部门规范性文件
11	《教育部办公厅关于印发〈教育移动互联网应用程序备案管理办法〉的通知》（2019 年 11 月 11 日发文）	部门规范性文件
12	《教育部等六部门关于规范校外线上培训的实施意见》（2019 年 7 月 12 日发文）	部门规范性文件
13	《教育部、人力资源社会保障部、工商总局关于印发〈营利性民办学校监督管理实施细则〉的通知》（2016 年 12 月 30 日发文）	部门规范性文件
14	《教育部办公厅等五部门关于加强高等学历继续教育广告发布管理的通知》（2021 年 9 月 30 日发文）	部门规范性文件
15	《重庆市民办非学历教育培训机构管理暂行办法》（2014 年 7 月 8 日实施）	地方政府规章
16	《海南省市场监督管理局关于加强教育培训广告监管的提示》（2021 年 7 月 30 日发文）	地方规范性文件
（四）房地产广告		
1	《城市房地产开发经营管理条例》（1998 年 7 月 20 日实施）	行政法规
2	《房地产广告发布规定》（2016 年 2 月 1 日实施）	部门规章
3	《商品房销售管理办法》（2001 年 6 月 1 日实施）	部门规章
4	《城市商品房预售管理办法》（1995 年 1 月 1 日实施）	部门规章
5	《住房和城乡建设部等 8 部门关于持续整治规范房地产市场秩序的通知》（2021 年 7 月 13 日发文）	部门规范性文件
6	《国家发展改革委关于发布〈商品房销售明码标价规定〉的通知》（2011 年 3 月 16 日发文）	部门规范性文件
7	《珠海市市场监督管理局关于印发珠海市房地产广告合规指引的通知》（2022 年 4 月 13 日发文）	地方规范性文件
（五）招商引资、金融理财广告		
1	《中华人民共和国证券法》（2020 年 3 月 1 日实施）	法律
2	《中华人民共和国商业银行法》（1995 年 7 月 1 日实施）	法律
3	《防范和处置非法集资条例》（2021 年 5 月 1 日实施）	行政法规
4	《商业特许经营管理条例》（2007 年 5 月 1 日实施）	行政法规
5	《中国人民银行金融消费者权益保护实施办法》（2020 年 11 月 1 日实施）	部门规章
6	《证券发行与承销管理办法》（2023 年 2 月 17 日实施）	部门规章

续表

序号	名称	效力层级
7	《私募投资基金监督管理暂行办法》（2014 年 8 月 21 日实施）	部门规章
8	《北京市地方金融监督管理条例》（2021 年 7 月 1 日实施）	地方性法规
9	《上海市市场监管局、上海市地方金融监管局等九部门关于进一步加强金融广告监管工作的意见》（2020 年 10 月 4 日实施有效期至 2025 年 10 月 3 日）	地方规范性文件
（六）其他广告		
1	《农业转基因生物安全管理条例》（2001 年 5 月 23 日实施）	行政法规
2	《农药广告审查发布规定》（2020 年 10 月 23 日实施）	部门规章
3	《兽药广告审查发布规定》（2020 年 10 月 23 日实施）	部门规章
4	《公益广告促进和管理暂行办法》（2016 年 3 月 1 日实施）	部门规章

三、互联网广告管理的前沿

互联网广告是指利用互联网技术和媒介，通过电子设备向受众传播商品或服务信息的商业活动。互联网广告具有覆盖面广、信息量大、互动性强、精准投放、制作成本低、计费方式灵活等特点，因此在数字化时代发挥了越来越重要的作用。长期以来，互联网广告面临着一些挑战和问题，主要包括以下几个方面：

1. 法律法规的滞后和缺失

互联网技术和商业模式的迭代不断加速，而监管理念与政策法律体系的更新相对滞后，使得大量新生边缘地带监管缺失，立法的稳定性与行业快速发展之间客观存在的矛盾导致灰色地带乱象频仍。例如，互联网广告的定义、内容、形式、主体责任、监督管理等方面还没有形成统一的标准和规范，导致一些虚假、误导、欺诈、伤害公共利益或者损害消费者权益的广告难以有效地防止和惩治。

2. 数据安全和隐私保护的困境

互联网广告的精准投放依赖于大数据分析和算法推荐，这就涉及用户的个人信息和行为数据的收集、存储、处理和使用。然而，目前我国对于数据安全和隐私保护的法律法规还不够完善，一些不良的广告主或平台可能会滥用或泄露用户数据，或者未经用户同意就擅自获取或使用用户数据，给用户带来不必要的骚扰或损失。

3. 内容质量和创意水平的下降

互联网广告由于其碎片化、即时性和多样性的特点，往往需要持续不断地进行内容创作和运营，这就对广告人提出了更高的要求。然而，目前互联网广告市场存在着低价竞争、同质化严重、创意缺乏等现象，导致一些广告内容质量低下、形式单一、缺乏说服力和吸引力，甚至出现抄袭、侵权、违法等问题。

4. 受众需求和行为的多变性

互联网广告受众是一个非常复杂和多元的群体，他们有着不同的兴趣爱好、消费习惯、购买能力等，而且随着互联网技术和媒介的发展变化，他们的需求和行为也在不断变化。例如，受众对于广告内容的接受程度和敏感度可能会因为时间、地点、情境等因素而有所不同；受众对于广告形式的偏好也可能会因为媒介平台、载体设备、交互方式等因素而有所差异。这就要求广告人能够及时了解和把握受众需求和行为的变化趋势，制定合适的广告策略和方案。

延伸阅读

《互联网广告管理办法》的内容及特点

2023 年 2 月 25 日，国家市场监督管理总局发布了《互联网广告管理办法》，该办法自 2023 年 5 月 1 日起施行，原国家工商行政管理总局令第 87 号公布的《互联网广告管理暂行办法》同时废止。

《互联网广告管理办法》共有 6 章 36 条，主要内容包括以下几个方面：

第一章是总则，主要规定了该办法的立法目的、适用范围、基本原则、定义等。

第二章是互联网广告内容和形式，主要规定了互联网广告应当遵守的内容准则和形式要求，包括禁止发布或者变相发布广告的商品或者服务、审查制度、可识别性、一键关闭、欺骗误导、针对未成年人等方面。

第三章是互联网广告活动主体责任，主要规定了广告主、广告经营者、广告发布者、互联网信息服务提供者等各类主体应当承担的责任和义务，包括真实身份信息、证明文件、审核制度、档案管理、算法推荐等方面。

第四章是监督管理，主要规定了市场监督管理部门应当履行的职责和措施，包括日常监管、行业调查、监测检查、行政处罚等方面。

第五章是法律责任，主要规定了违反该办法规定的行为应当承担的行政处罚和其他责任。

第六章是附则，主要规定了该办法的施行时间和其他事项。

《互联网广告管理办法》主要有以下几个特点：

一是适应我国互联网广告业发展新特点、新趋势、新要求，对《互联网广告管理暂行办法》进行修改完善，创新监管规则。

二是进一步细化互联网广告相关经营主体责任，明确行为规范，强化监管措施。

三是积极回应社会关切，对人民群众反映集中的弹出广告、开屏广告、利用智能设备发布广告等行为作出规范。

四是细化了“软文广告”、含有链接的互联网广告、竞价排名广告、算法推荐方式发布广告、利用互联网直播发布广告、变相发布须经审查的广告等重点领域的广告监管规则。

五是新增了广告代言人的管辖规定，为加强互联网广告监管执法提供了重要制度保障。

《互联网广告管理办法》是对2016年实施的《互联网广告管理暂行办法》的全面修订和完善，体现了适应新形势、新问题、新需求的要求，对完善我国互联网广告法制体系、维护互联网广告市场秩序、提高互联网广告监管效能、助力数字经济规范健康持续发展具有重要意义。

在线自测

扫一扫　练一练

参考文献

[1] 朱贻庭．应用伦理学辞典．上海：上海辞书出版社，2013.

[2] 崔银河．广告法规与广告伦理．2 版．北京：中国传媒大学出版社，2017.

[3] 黄河．新媒体广告．2 版．北京：中国人民大学出版社，2022.

[4] 苏士梅，崔书颖．广告伦理学．开封：河南大学出版社，2010.

[5] 高嘉琪，解学芳．数智时代广告产业的伦理审视及治理路径．郑州大学学报（哲学社会科学版），2023（2）.

[6] 李名亮．智能广告信息伦理风险与核心议题研究．新闻与传播评论，2020（1）.

[7] 丁俊杰，康瑾．现代广告通论．4 版．北京：中国传媒大学出版社，2019.

[8] 吴晓铃，成博．这是一场亚洲古代文明的盛宴．四川日报，2022-02-18.

[9] 周有光．圣书字的故事．群言，2003（5）.

[10] 童恬甜．中国古代广告传播方式变革历程浅析．新闻研究导刊，2016，7（5）.

[11] 赵新利．古代商业广告的丰富形态与文化意蕴．人民论坛，2022（19）.

[12] 黄升民，丁俊杰，刘英华．中国广告图史．广州：南方日报出版社，2006.

[13] 李方红．《清明上河图》与宋代都城的市民生活．传记文学，2022（12）.

[14] 许俊基．中国广告史．北京：中国传媒大学出版社，2006.

[15] 许纪霖，王儒年．近代上海消费主义意识形态之建构：20 世纪 20—30 年代《申报》广告研究．学术月刊，2005（4）.

[16] 陈培爱．中外广告史．北京：中国物价出版社，1997.

[17] 朱英．近代中国广告的产生发展及其影响．近代史研究，2000（4）.

[18] 丁俊杰．广告改变了我们 还是我们改变了广告 中国广告影响力的“三观”解读．声屏世界·广告人，2013（6）.

[19] 威廉·阿伦斯，迈克尔·维戈尔德，克里斯蒂安·阿伦斯．当代广告学：第 11 版．丁俊杰，程坪，陈志娟，等译．北京：人民邮电出版社，2013.

[20] 胡晓云．现代广告学．2 版．杭州：浙江大学出版社，2022.

[21] 黄合水，杨道俊，许蕾，等．中国广告教育状况研究报告．广告大观（理论版），2008（5）.

[22] 本刊记者．在边缘处发现边界：广告学的未来已来．编辑之友，2020（12）.

[23] 丁俊杰，陈刚．广告的超越：中国 4A 十年蓝皮书．北京：中信出版社，2016.

[24] 托马斯·C. 奥吉恩，克里斯·T. 艾伦，理查德·J. 塞梅尼克．广告学：从 IMC 的视点重新审视现代广告活动：第 2 版．程坪，张树庭，译．北京：机械工业出版

社，2002.

［25］何鹄志．美国广告研究制度化研究．武汉：武汉大学，2016.

［26］QUENNTIN J SCHULTZE. "An honorable place"：the quest for professional advertising education（1900－1917）. The Business History Review，1956（1）.

［27］SMITH A N，FISCHER E，YONGJIAN C. How does brand-related user-generated content differ across YouTube，Facebook，and Twitter? Journal of Interactive Marketing，2012，26（2）.

后记

经全国高等教育自学考试指导委员会同意，由新闻类专业委员会负责高等教育自学考试《广告学》教材的审稿工作。

《广告学》自学考试教材由中国传媒大学王昕教授担任主编，全书由王昕教授撰写、统稿。参加本教材审稿讨论会并提出修改意见的专家有北京大学谢新洲教授、中国人民大学赵曙光教授、中国社会科学院黄楚新研究员。

对于付出辛勤劳动的编审人员，特此表示感谢。新闻类专业委员会最后审定通过了本教材。

全国高等教育自学考试指导委员会
新闻类专业委员会
2024 年 6 月

图书在版编目（CIP）数据

广告学 / 王昕主编．-- 北京：中国人民大学出版社，2024.11. --（全国高等教育自学考试指定教材）.
ISBN 978-7-300-33117-1

Ⅰ.F713.80

中国国家版本馆 CIP 数据核字第 2024SW9289 号

全国高等教育自学考试指定教材
广告学
（含：广告学自学考试大纲）
（2024 年版）
全国高等教育自学考试指导委员会　组编
主编　王　昕
Guanggaoxue

出版发行	中国人民大学出版社		
社　　址	北京中关村大街 31 号	**邮政编码**	100080
电　　话	010－62511242（总编室）		010－62511770（质管部）
	010－82501766（邮购部）		010－62514148（门市部）
	010－62515195（发行公司）		010－62515275（盗版举报）
网　　址	http：//www.crup.com.cn		
经　　销	新华书店		
印　　刷	北京市鑫霸印务有限公司		
开　　本	787 mm×1092 mm　1/16	**版　　次**	2024 年 11 月第 1 版
印　　张	15 插页 1	**印　　次**	2024 年 11 月第 1 次印刷
字　　数	290 000	**定　　价**	52.00 元